犯罪个案研究与启示

邵晓顺　著

群众出版社
·北　京·

图书在版编目（CIP）数据

犯罪个案研究与启示/邵晓顺著．—北京：群众出版社，2013.1
ISBN 978-7-5014-5036-7

Ⅰ．①犯…　Ⅱ．①邵…　Ⅲ．①犯罪分子—个案研究—中国
Ⅳ．①D926.7

中国版本图书馆 CIP 数据核字（2012）第 229690 号

犯罪个案研究与启示

邵晓顺　著

出版发行：群众出版社
地　　址：北京市西城区木樨地南里
邮政编码：100038
经　　销：新华书店
印　　刷：北京泰锐印刷有限责任公司

版　　次：2013 年 1 月第 1 版
印　　次：2013 年 1 月第 1 次
印　　张：13.5
开　　本：880 毫米×1230 毫米　1/32
字　　数：350 千字

书　　号：ISBN 978-7-5014-5036-7
定　　价：42.00 元

网　　址：www.qzcbs.com
电子邮箱：qzcbs@sohu.com

营销中心电话：010-83903254
读者服务部电话（门市）：010-83903257
警官读者俱乐部电话（网购、邮购）：010-83903253
法律图书分社电话：010-83905745

目　录

前 言

建设社会主义和谐社会，犯罪是其中最不和谐的部分。然而，犯罪有其规律性。从个体微观角度分析，犯罪人格、缺陷人格、犯罪心理素质，如认知能力低下、低层次需要恶性膨胀、是非观念不清、自我控制能力不足等因素是造成一个人违法犯罪的主要内在因素。而这些内在因素又与个体经历的家庭教育与学校教育中的偏差，以及与不良朋友交往和消极社会影响有关。本书通过对违法犯罪人员的个别访谈与问卷调查，来揭示造成个体违法犯罪的过程与规律，给家庭、学校教育以及矫正机构的工作以启示。

本书是个案访谈与理论分析相结合的作品。主要内容包括两部分：一是对 29 名各类违法人员的谈话记录。以一问一答形式呈现。访谈中主要是探究家庭与学校教育偏差、社会管理与个人成长中的问题与个体违法犯罪的关系，在明确个体犯罪心理与不良行为特征后，给每个违法犯罪人员提出针对性的自我改正或今后人生发展建议。对话结束之后是对该个案的简要分析，以给读者更多启示。二是对违法人员犯罪原因的实证研究、对家庭教育与矫正机构的对策建议。通过对 1100 名违法人员与 400 名大学生的问卷调查与统计分析，进一步从理论上探讨个体犯罪原因；同时，根据访谈个案与实证研究结果，结合发展心理学知识，对从出生到中学阶段有效家庭教育作阐述；对理论指导下的犯罪人个别谈话教育，希望能够对矫正机构与劳教机关的工作人员开展针对性教育改造工作提供新的参考思路。

在本书的创作思路上，谈话部分采用矫正性谈话法（见附录），以笔者与违法人员一对一、面对面的谈话方式进行，谈话结束以回忆方式整理出谈话内容。虽然这种资料整理方式会遗失一些信息，而且往往经过了回忆者的认知加工，但是，笔者努力还原谈话的真实过程，并且相信谈话中的主要内容都在本书中得到了体现。在谈话对象的选择上考虑了广泛性与代表性，包括目前国内各种类型的违法犯罪人员，即监狱成年男女服刑人员、社区矫正服刑人员、未成年犯、公安看守所服刑人员，以及成年男女劳教人员、未成年劳教人员、强制隔离戒毒人员。实证研究部分采用问卷调查与数理统计分析方法。调查问卷内容主要包括违法犯罪人的人口统计学信息、受教育情况、工作情况、婚姻家庭、交友情况、抚养人、父母文化程度与工作、家庭养育方式、家庭教育与经济情况、学校教育、早年不良行为、判刑（劳教）次数等。设计这些内容时主要依据了访谈个案中获得的信息，以及参阅了犯罪学、犯罪心理学等学科已有的研究成果。

本书的读者对象主要是：（1）父母（抚养人），特别是有18岁以下子女的父母与抚养人；（2）学校教育工作者，特别是中小学领导与教师；（3）政府教育主管部门工作人员；（4）矫正机构工作人员，包括监狱、未成年犯管教所、公安看守所、劳动教养管理所、强制隔离戒毒所等单位人民警察，以及社区矫正工作人员；（5）犯罪学与监狱学等学科理论研究工作者，以及相关学科专业的师生。

本书呈现的犯罪个案，作了诸多处理，以保障受访者的权益。首先，不呈现受访者的全名，而且对话中出现的姓氏，也不一定是受访者的真实姓氏；其次，受访者的家庭地址以及工作单位一般不呈现；再次，个别受访人由于经历过于敏感，对其省份亦作了处理。另外，著作中出现的警官姓氏，亦可能非该警官的真实姓氏。这样的处理，可能会影响到读者的顺利阅读，在此表示歉意。

在个别访谈以及问卷调查过程中，得到了许多单位领导与工作人员的支持和帮助；特别是在与犯罪人谈话时常常有警官陪同，有的可能是希望从中学习谈话的技巧，但许多情况下是为了保护笔者的安全。可是也因为考虑到保护受访者的权益，给予帮助与支持的单位与人员不能一一列出，在此表示诚挚歉意，并致衷心感谢。

本书的出版得到浙江警官职业学院的资助，在此表示衷心感谢。邵晓顺的电子邮箱是：sxs86918716@163.com。

2012 年 6 月

第一部分　个案访谈

个案访谈部分，是从笔者近三年来所谈的40余个案例中选择出的29个。每个案例基本包括五个部分：谈话时间，谈话地点，谈话对象简介，谈话过程呈现，案例简要分析。谈话过程都是以一问一答方式呈现，而案例分析主要是分析了造成个体犯罪的原因，有的还提出了矫正思路。

1. 要为今后人生作打算？没人跟我说过！
——Z省F监狱谈话记录之一

谈话时间： 2009年12月8日，9：30—11：00。
谈话地点： Z省F监狱出入监分监区阅览室。
谈话对象： 张××，男，25岁，浙江人，初中文化，未婚，抢劫罪，无期徒刑。

笔者找张××谈话时，是他到监狱的第8天。

邵： 张××，来，坐下来，我们一起聊聊。你今年几岁，哪里人？

张： 25岁，（浙江）××地方人。

邵： 你是抢劫罪，怎么一回事？跟我谈谈。

张： 我有个女朋友，20岁，在××地方一歌厅当妈咪。有一个45岁的私企老板李×，多次要求我女朋友跟我断绝关系，要包她。我当然非常恼火。在我女朋友与李×到宾馆开房后，我与两个手下冲进去，抓了个现场。拿了李×身上的1.8万元作为补偿，还拿了他的卡。第二天又打电话给李×，要他汇20万到卡里。我从他的信用卡中取走了20万。

邵： 你女朋友与李×到宾馆开房间，这是你设计好的吧。当场拿了他1.8万元，定抢劫罪还是准确的。

张： 这个……是的。这个事本来已经没事的。是我的两个小兄弟，（李×的）卡不是在他们手上么，一个月后，他们又向李×去要1.5万元，这个时候李×报警，就查过来了。

邵： 也不见得是你手下坏事。你女朋友怎样了？

张： 她判了7年，现在女监那边吧。

邵：你父母怎样？你来了后写信回去了吗？

张：我母亲已经死了，父亲还在的。

邵：母亲死了？怎么一回事呢？

张：哦（沉默，回忆）那时我父母在××地方开酒楼，当时还算比较大的，在当地有点名气。我12岁时，酒楼遭人下毒，父母、帮工都中毒了，送医院抢救，母亲没抢救回来，死了。（说到母亲死亡，张×有点难过）父亲、帮工救活了。不过医药费很多，再赔了帮工费用，酒楼就倒闭了。这个事情有点大，你到当地去问，还有人知道的。

邵：父亲现在怎样？家里还有其他人吗？

张：父亲？他，在我小时就赌博，根本不关心我。我现在跟他也没什么联系。家里就我一个小孩。

邵：母亲对你好的吧。

张：母亲对我很好的。（只是）在我12岁时死了。

邵：那你12岁后谁来管你呢？

张：我就回到农村跟爷爷过。

邵：12岁，你要读初中了。

张：是的，读初中，也不想读书，到初中二年级就不读了。

邵：是你自己决定不读书的吗？大人管你吗？

张：父亲就知道赌博，每天都去赌，不管我的。初中二年级我自己决定不读书了，也没人管这事。爷爷年纪大了，60多岁，管不了我。有什么事时，有时哄哄也就过去了。老人嘛，很好骗的，而且我不听他也没办法。爷爷也就管管饭。

邵：你不读书，或者你学习成绩不好时，老师有没有找你谈谈，或者找你家人去说？

张：好像没有的。老师也不那么管的。

邵：不读书了，你做什么呢？

张：去打工。当时，一年打工下来去结工钱时，老板告诉我

（工钱）给父亲结走了。（我）问父亲（要），说没钱，是拿去赌博输掉了。当时那种感觉真是差极了。什么亲情不亲情的！（沉默一会）后来我就不在当地打工，就来到了杭州××地方打工。

邵：是的，你父亲没有起到监护责任。而且赌博，对你带来不好的影响。

你到杭州××地方打工，人生地不熟的，开始很艰辛吧？

张：开始跟着人家做，反正打打小工。后来慢慢地做起来；再后来跟一帮小兄弟一起去承包房屋拆卸、建筑垃圾处理的工作。确实挺难的，因为大家都要做，都会做。到一个工地，拆拆房子、搬搬垃圾，很多人都会做。有什么办法?！有时就和小兄弟一起去“要”来做，有时就给建筑工地负责的人送钱、送东西。市场经济，就搞这一套。没有这个，做不了。

邵：市场经济肯定不是这样搞的。强买强卖、行贿送礼，这是没有法制的国家。你说的这些，也是有的，不能说不存在。你十五六岁出来打拼，也没有人帮你，也没有人指导你，（生活也）确实不容易。

那你从事这些工作，一年收入有多少呢？（钱）怎么花？

张：每年赚10万是有的，也许更多。如果平平常常过，也是可以过得挺好的（但做不到）。比如，回家就租一辆豪华轿车，风光风光，给当地人、亲戚看看，一般都是这样。有时小兄弟一起，就租二三辆车（回去）。

再就是，自己打工的钱，一个去赌博，一个则是到KTV唱歌、吃喝花掉了，还有就是穿名牌衣服。唱歌是这样子的，开始是一般的KTV，慢慢就高档起来，到后来就上××地方很（最）高档的KTV去唱歌。穿衣服也是这样，开始穿一般性的名牌，后来就越来越高档，穿世界名牌。

邵：你这是吃喝玩赌都有了。那么除了这些，你平时还做点什么呢？看点书吗？

张：看点书？没想到过。最多也是看点消遣类的书。

邵：消遣类的书？看些什么呢？

张：如“汽车”杂志，“服装”杂志。有时候觉得看点书也挺好的。

邵：有朋友吗？平时交往怎样？

张：朋友么？真正的朋友是没有的。有几个小兄弟。生意场上，想利用你的为多，生意场上都是这样的。

邵：知道一个人活在世上，除了吃喝玩，还要做点什么吗？

张：自己活得好就不错了，还能做什么呢？

邵：有没有去想过人生问题？人怎么过自己的一生？

张：人生问题？没怎么考虑，过一天算一天吧。自己要成为什么样的人？没去考虑过。今后怎么办？也没怎么考虑过。

邵：你现在有钱够你生活了，但你把所有的钱都花了、赌了，你有没有想过60岁以后怎么办？年老了怎么办？按照我国现在的养老保障体制，像你这样的人，养老的钱是要自己准备的。还有，你不是有女朋友吗？你总要结婚、生孩子吧。这些都是要花钱的。你把所有的钱都花了，怎么办？

张：（呆住，迟疑一阵后答）这个没考虑……怎么从没有人跟我说过这个！（这句话张××是喊出来的，并表现出一些愤怒之情）

邵：还有，人除了吃喝玩乐，还要追求精神生活，要去看些有意义的书，还要想到为这个社会做点什么，为他人做点什么，总不能只想到自己。

（张××听到这些话有些茫然，过一阵子点头称是。看到张××的迟疑，笔者就转换一种说法，更通俗些指导。）

邵：好吧，可以这样说，你12岁就失去了母亲。之前有母亲关心你、爱护你；你父亲沉溺于赌博，他不管你；爷爷年纪大了，管不了你。这样，你的一生，你这个人的发展到 12 岁就停止了。不是说，身高、体重发展停止了，而是你的心理发展停止了。一个人，从生下来到成长为大人，成为一个合格的社会公民，是要学习很多东西的，如生活的技能，赚钱的手艺，还有社会的规范。特别是要明白自己应当成为一个什么样的人。这些都是人的成长过程中要学习的、慢慢去弄明白的。当然需要父母、老师来教你。可惜你到 12 岁，就没有人教你了。从你刚才说的情况看，你长大后日常生活就是赚钱，然后吃喝玩乐，“今朝有酒今朝醉”，没有什么精神生活，没有高尚的东西。这是什么呢？一方面说，人生下来是个动物，只会吃喝，这是人与动物一样的，叫人的自然性。但是，人是社会性动物，自己要有所追求，除了想到自己还要想到他人，要遵守社会规范，这是人的社会性。你呢，社会性没有多少发展，还是一个只知道吃吃喝喝的动物。我这样说你不要生气。

另外一方面，有一个心理学家叫马斯洛的，他有一个需要层次理论，人的需要从低到高分为五层，最低层是生理需要，然后是安全需要，往上是爱的需要、自尊的需要，最高层是自我实现的需要。一个人在低层次需要满足之后，要去追求高层次的需要。你呢，仅停留于低层次的生理需要，追求吃喝玩乐，缺乏高层次的心理需要。或者说只有物质需要，没有精神需要。这个人是不完整的，只是一个低层次的人。

因此，我希望你“把刑期当学期”，在监狱里你会经常听到这句话，好好学点东西。你判无期，现在刚来，还有很长的时间要待，好好利用这个时间，学习一些东西，看些书报，向英雄模范人物学习。还要认真想一想“人为什么活着”、“人在世上要做点什么”这些问题，还有前面说的“自己年纪大了怎么办”。不能再这样糊里糊涂地过日子。自己要有个计划，可以跟这里的队长、警官商量，他们都会认真帮助你的。

如果有可能，下次我再找你谈，希望到时你自己有所思考：今后怎么办？要成为什么样的人？要有些想法；监狱里怎么过？也要有个打算。今天就谈到这里。

张：谢谢警官，谢谢。

[中间省略了一段关于对他人犯罪的举报是否属于立功的对话。交谈中还了解到15—18岁因盗窃（从犯）在未成年犯管教所改造3年。]

分析：张××的人生发展在12岁时出现了停滞。根据艾里克森的人生发展理论，当个体成长到12—18岁，其心理社会发展的中心任务，是形成自我意识和自我角色，获得同一感而克服同一性混乱，即个体会出现“同一性对角色混乱”的危机。个体如果解决了这一发展危机，将获得自我同一性，顺利进入人生发展的下一阶段；而当个体不能解决这一发展危机，将产生“消极同一性”或“角色混乱”，从而给个体的心理发展带来障碍，产生社会适应不良，甚至引发个体越规行为。[①] 观察张××的心理发展，没有能够解决人生发展的这一危机，出现了“消极同一性”。对“我是谁”与“我将走向何方”这些问题出现了彷徨、迷失。对自己是谁，在社会上应占什么地位，将来准备成为什么样的人以及怎样努力成为理想中的人等一系列的问题没有思考、缺乏思考，也没有人帮助、指导，甚至也没有提出这些问题叫他去思考。这是张××现在需要补偿完成的人生课题。

另一个严重的问题是，张××在少年、青年期成长过程中，缺乏关爱，而且由于是自己一个人在社会上独自打拼，自身生存的途径基本上是以越规方式实现的，再加上父亲的不良影响，其

① ［美］赫根汉著：《人格心理学导论》，何瑾、冯增俊译，海南人民出版社1986年版，第155－172页。

人格上消极因素较多，可以说是一个犯罪性人格。[①] 因此，矫正其犯罪人格，发展成熟自我，这些都不是一两次矫正性谈话所能解决的。对张××的改造，需要精心策划与实施一系列的矫正项目，以及在精神分析理论指导下的心理治疗。实现对张××的有效矫正，难度不小。

① 李玫瑾著：《犯罪心理研究——在犯罪防控中的作用》，中国人民公安大学出版2010年版，第59－61页。

2. 做生意么，总想越做越大
——Z省F监狱谈话记录之二

谈话时间：2010年8月12日，9: 15—10: 00。

谈话地点：Z省F监狱一监区厂房会议室。

谈话对象：周××，男，46岁，浙江人，小学文化，虚开增值税发票罪，死刑缓期二年执行。

谈话前笔者阅读了周××写的自传。

邵：来来，坐下来。你是周××哦。

周：（笑着说）嗳，是的。

邵：周××，你好，今天我们一起随意聊聊，你不用紧张。我看了你写的自传，你应该是46岁吧？

周：（笑着说）嗳，是的。

邵：文化（程度）是小学，我记得你小学也没念到毕业。

周：（笑着说）嗳，是的。小学念到三年级就不念了。

邵：你是家里的老大吧。书不念早点干活，好像是与爷爷一起撑船搞运输去了，挺不容易的。

周：（笑着说）是啊。15岁就跑船去了。

邵：判你死缓，那应是重罪，怎么一回事呢？

周：开那种发票，稀里糊涂的，我也不太懂。

邵：增值税发票吧，开了多少？

周：总共8000多万吧。

邵：8000多万，不少啊。老婆还在一起吧，来看你吧，小孩呢？他们也来看吗？

周：老婆来看的。小孩，一个女儿，一个儿子，他们也来看的。

（到目前为止，从进来到现在约5分钟，从外在表现看，周××表情轻松，谈笑风生，回答都是笑着说的。）

邵：父母好吧，兄弟姐妹怎样？

周：父亲48岁就过世了，母亲……（突然一下低下头，显得很难过。流泪，随后胸部剧烈起伏，难以开口。手不停抹眼泪，想停住，但难以做到。）

邵：（笔者停止说话，等着）……（过了一会儿）提到母亲，让你伤心了……（周××仍然难以抑制，笔者继续等着……）

周：（过了一阵子）……对不起啊（还是控制不了，继续流泪）……（又过一阵子，渐渐平静）

邵：是家里的什么事让你伤心呢？

周：（仍难过，没有回答）

邵：你母亲身体好吗？

周：（努力控制，断断续续地）母亲……今年62岁了……年纪大了……又有病，自己作为长子，一直是家里的顶梁柱，（现在）不能在身边照顾，还要（她）为我担心，想想就难过了……

邵：是啊。你在监狱里，母亲年纪又大了……（停顿了一下）判你死缓，现在改为多少年？（注：笔者在此没有按照心理咨询的要求去谈话，共情不够。这是笔者强调的矫正性谈话教育方式与心理咨询的区别之一。有关矫正性谈话的阐述，见本书的附录）

周：改为无期。

邵：哦。你经常想起这些伤心的事吗？比如晚上？

周：是的，总是会想起的，总要想起的。

邵：自己有没有去反思为什么会犯罪？

周：不懂哪，稀里糊涂的，等到知道已经来不及了。也是朋友说的，生意上的朋友，大家经常一起喝酒，熟了，就这么做起来了。

邵：跟你一起做的，开发票的，叫什么名字？我记不起来了。

周：焦××，他原来是开汽配公司的，我做生意时与他认识了。

邵：你是主犯还是……你判决书上谁写在前面，有几个人？

周：同案两个，他是主犯。他也判了死缓，两个死缓。

邵：知道同案犯以前曾判过刑吗？

周：听他老婆讲，焦××以前被公安拘留过，好像十几天吧。

邵：按照犯罪学的有关研究，成年人犯罪的一个重要影响因素，是朋友中是否有犯过罪的人。青少年人也一样，交的朋友是否不良，对青少年成长影响很大。

你小孩怎么样？还在读书吧？

周：女儿已经大学毕业了，在一个亲戚开的公司里做会计。

邵：哦?！大学毕业啦！好啊，不错，不错。

周：儿子在读初中。

邵：初中是一个人成长的关键时期。那他的生活谁管呢？

周：老婆在家管他。老婆绣花挣点钱，每天有十几块，过过日子刚刚够吧。

邵：小孩假期来看你吗？

周：来看的（语气不是很肯定）。

邵：母亲也来看过你吗？

周：也来看过。

邵：你判死缓，现在改为无期，还要改为有期，一般来说总要个十几年。

周：唉，出去总要60岁了。

邵：现在可能还没去想这个问题，出去后有什么打算？今后的路怎么走？不过现在还早吧，也不一定去想。

周：以后么，本本分分、老老实实地做点小生意。

邵：这个对的。我记得你后来是到北京做生意的。怎么到北京做生意的？

周：这个么，有亲戚在那边做生意，他们介绍过去的。

邵：哦，是这样。嗳，我想问一下，反正现在事情都过去了，已在里面了，你给我说实话，你在北京做生意，最好时一年或一月或半年能挣多少钱？或者就说一年吧。

周：开发票吧，有时一张能拿到几千块钱，最多时拿到两万。

邵：不一定指开发票，你做服装生意，你在自传上说的，与俄罗斯人做生意，很好赚的，现在（指写自传时）想想都要笑。

周：是的，一开始好赚，一开始俄罗斯人不讲价，一批几千件，上万件，有时一天都有二十来万的。

邵：那一年能赚多少呢？

周：（有点迟疑）这个……这个……不一定的，有时多，有时少，三四十万……（下定决心似的）……嗯，最好时有七八十万。

邵：你一年能赚七八十万，那应当是不错的啦。

周：是，不错的。

邵：一年赚七八十万，还想去做那种（违法开发票）生意？

周：这个开始不知道的，朋友说一起做，帮帮忙什么的。做生意么，总想越做越大点。唉，自己不懂，糊里糊涂的。

邵：我也许就跟你谈这么一次话，也许今后咱们也不会再见面了。有这么几件事想跟你说。一呢，你自己今后要怎么走，我觉得一个人不能太贪，本本分分的，做点小生意，这个想法是好的。二呢，你的儿子，刚好上初中，这个是关键的时期。可能你的犯罪会给他带来一定的影响，那么他来看你时，你可以跟他说，要诚恳地跟他说，自己犯罪正是因为学得少，知识少，道理就懂得不够，子女更要从中吸取教训，所以你一定要好好学习，多学点知识。爸爸呢，也一定从中吸取教训，以后走正道。三呢，国内外的研究都表明，青少年时期，初中阶段，小孩的交友情况非常要紧，作为父母，小孩的交友情况要注意，要知道如果交了坏朋友，那很容易使小孩走上歪路。最后，初中阶段的学生，作为父母，要抓三件事：一是小孩作业完成情况。可能你老婆文化程度低，看不懂小孩的作业，像我这么个文化程度，我的小孩也是初中，他的作业我看了也有不懂的。但是，是否完成了，这个应该能够看得出来。对照作业要求，一条一条地对对看，叫他指给你老婆看，这个作业做在什么地方，那个作业又做在什么地方。我想这个应该能够做得到。二是是否喜欢学校。喜欢学校的小孩那是好的。可以问问小孩，学校是否喜欢，或者说，在学校里感觉怎样？他可能不会说喜欢，也可能不会说不喜欢。不讨厌，那也行。三是学习成绩怎样。学习成绩很差，那要注意了。总之，父母，或者说，叫你老婆管住小孩三个事：作业完成情况、对学校的态度、成绩怎样。你看，是不是这样？

好，今天我们就谈这么多，应当谢谢你！

周：不是的，不是的，应该谢谢你！谢谢！谢谢！

（周××连声说“谢谢”，站起来，双手合十，弯腰拜下，反复感谢）

分析：在与周××谈话时，笔者明显感到其认知能力不强，言语反应简单且有点木讷。出现这种现象可能是监狱的关押所致，也有可能是周××装出来的假象。但是笔者认为，这更有可能是他的文化程度低所导致的。发展心理学研究表明，小学四年级是一个人思维发展从形象思维向抽象思维过渡的关键时期。[①]因而，个体未能完成小学四年级的学习任务，对其认知能力的发展可能产生重要影响。提高犯罪人的认知能力，非一次矫正性谈话所能实现，需要提升其文化程度作为基础，同时需要进行一定的专门训练。因此，在本次谈话过程中，笔者主要在两个方面进行了指导。一是犯罪心理方面，个体膨胀的需要以及控制能力不足，是造成其犯罪的主要内在原因。周××在每年收入多达七八十万的情况下不满足，用他自己的话说“做生意总想越做越大”，从而实施虚开增值税发票的犯罪行为，是需要膨胀——“贪婪”之心的典型表现。对此在谈话中给予了指导。同时，对周××当前的关切点——对初中小孩如何教育走正道，也正是其困惑之处，笔者根据有关犯罪心理学与犯罪学的理论[②]给予了针对性指导。

---

① 林崇德：《发展心理学》（第2版），人民教育出版社2009年版，第271－272页。

② ［美］迈克尔·戈特弗里德森、特拉维斯·赫希著：《犯罪的一般理论》，吴宗宪、苏明月译，中国人民公安大学出版社2009年版，第92－103页。

附：

周××自传（有删改）[①]

周××，1965年12月出生，汉族，小学文化，已婚。

母亲：李××，59岁，农民。妻子：张××，41岁，个体户。女儿：周××，20岁，学生。儿子：周××，14岁，学生。

2004年12月，我因涉嫌犯虚开增值税专用发票罪，被某市公安局刑事拘留，于2005年1月被某市公安局逮捕。在2006年7月被该市中级人民法院判处死刑，缓期二年执行，剥夺政治权利终身。2007年1月投送到该市某监狱服刑改造，2007年5月投送到某省第六监狱服刑改造。

一、求学阶段

我出生在浙江省××市××村，我在家排行老大。记得小时候的我，不知有多么的快乐，一家人都无比地关心和爱护我，特别是我五个姑妈都抢着抱我，那时候我有多么的幸福啊！时间渐渐过去，到了1973年，刚8岁的我就开始上学了，在小学一年级班里面，我想学习还可以吧，成绩也比较好，还画过孔子的人头像呢，给大家讲演讲呢，老师也经常表扬我，说我为人也好，学习也不错，渐渐在班里面成了同学们学习的榜样。那时候我对自己的成绩感到很骄傲，时间过得也很快乐，一年级学期一闪就结束了，期末考试成绩也在前列，由于自己的辛勤付出，读到二年级成绩依然是名列前茅，到了三年级的时候，那时我已11岁了，因为弟妹太多，我是家里的老大，那个时候我记得，父母都很辛苦，为了养家糊口，为了我们的兄弟姐妹，差不多每天跑到

---

① 为了清楚地表达自传的文意，有删改，后文中的自传也有相同情况。

山上打石块卖钱，我都看在眼里。为了帮家里做家务，照顾弟妹，后来帮爷爷撑船为家里减轻负担，我只有三天打鱼两天晒网地去上学，学习成绩也慢慢跟不上了，到了三年级上学期读完，我就跟父母强烈要求辍学，要跟爷爷开船搞运输挣钱。父母看我身体长得也很壮，能帮家里做些事了，也就同意我不上学了，后来就跟爷爷正式学撑船搞上了运输。

二、就业阶段

1980 年的时候，我刚满 15 岁，和父母商量跟着爷爷撑这条小船没有什么出息，也挣不了什么大钱，现在爷爷年纪也大了，应该休息了，我要跟村里人合股到海上捕鱼去，父母也同意了。在这一年时间里我也算成功了，挣了一点小钱。到了 1981 年 5 月份的时候，我又跟父母商量，我看别人开机动船搞运输，速度跑得快，也很挣钱，我们也想办法造条船搞运输吧。通过我的劝说和做工作，消除了父母的顾虑和担忧，终于同意我的要求了，然后向亲戚和朋友借了钱，在我自己的村里造了 15 吨的机动货船，开始经营起了自己家的第一个产业。在我 16 岁的下半年，我就到航运管理站考到了机动船舶驾驶证，那时候船舶运输业还可以，我的家庭条件也好了。到了 1985 年，我已经 20 岁了，我觉得海上生活太单调乏味，有时候还带着危险，风里来，浪里去，的确也很辛苦，后来我就把船给卖掉了。之后买了一辆三轮车，在家拉拉客人跑客运，在这段时间我还办过小企业水产加工厂，办厂时间是从 1987 年开始的，盖厂房、买变压器及各种设施设备。刚开始运转的都很好，利润也很不错，到了 1988 年，麻烦来了，想不到这段时间，我们浙江沿海一带刮起了很大的台风，又带着大雨，我的加工厂办在海边，没想到台风太大把我的厂房都淹啦。我的厂是加工饲料颗粒的，成品大多数都是给对虾吃的，但是台风太大又下着大雨，把养对虾的河塘全部都淹了，对虾也跑光了，我们厂的饲料款也收不回来了，但是办厂的投资款大部分都是我投的，有几个股东到现在还欠着我的钱，后来找工商局调解，但是那几个股东都穷得要命，工商局要“执行”他们，可他们也没有财产，最终倒霉的还是我。办厂的钱是工商局的，是贷给我个人的，我没有办法，把车也卖了，我只能向亲戚、朋友借钱还债，后来我也变成走投无路的穷光蛋。到了1988年的9月份，我老丈人和亲戚、朋友又帮我一把，四处帮我借钱，然后我又买了30吨的机动货船，搞起了运输。我们一家三口相依为命，差不多都在浙江沿海漂泊，那真是风里来雨里去，我夫妻俩为了尽快还别人的借款，我边跑业务边撑船，那个时候，我们真是吃尽苦头了。

到了1990年，也是改革开放的好政策好时期到来了，我想我撑船害得我爱人、女儿都跟我一起受苦，我就跟我爱人商量，咱们把船卖了。到了1990年底，我就把船卖给了村里人，然后拿着船钱，我们一家三口到了北方××地方闯世界了。我是1991年3月份到达××地方的，刚开始我在××地方租平房住，然后看一下市场状况，了解到各方面的行情，然后就开始行动了。首先我到了眼镜市场进了五百副中低档眼镜和打火机、电须刀这些小商品，然后先到菜市场试一下营业，没想到第一天开始买卖还可以，去了本钱利润挣了三百多，然后慢慢地逐步发展，后来在市场里租了一个摊位。我爱人摆摊，我自己到外面跑大小公司搞推销，特别是汽车配件公司，我们的商品卖给他们利润都很高，如打火机、电须刀这些小东西等，公司经理都白送给驾驶员，钱都加在配件上面，我们的生意的确也很好。到了1993年，我找到了某服装市场，租了两个摊位，搞起了服装生意。那一年外国人来做生意的也特别多，特别是俄罗斯人，看到我服装价钱便宜，特别是衬衣，一买就是好几千件，甚至几万件，在这段时间，回想起外国人傻乎乎的样，到现在想起来，我还想笑一笑，给的都是现金美元，一直还顺利吧。到了1996年，外国人开始学会了做生意，然后狠狠地压价，我们的生意可不好做了。后来，我又到别的商场租柜台，卖过皮鞋、服装百货，总的来说生意都是一般般，有时候还亏了本钱，就这样到了2003年，见到我同案犯焦××。

三、作案详细经过

焦××以前是开汽车配件公司的，也是一位小老板吧，我跟他从1995年就熟悉了。他经营汽车配件，我推销打火机和各种小家电等，我推销到他的公司，把各种商品放到他公司卖，然后就成了朋友啦。后来跟他喝酒聊天，焦××说，这几年搞汽配生意也竞争得很厉害，生意也没法做下去了。他问我："老周啊，你朋友多帮帮忙吧，如果有人需要增值税发票的话，你把他介绍给我，然后我给他开发票，到时候给你回扣，好处费。"我当初说："给你看看吧，我尽量帮你的忙就是了。"过了几天，他就打电话给我，问事情办得怎么样了。我说哪有这么快，你等等吧，一有信息我给你去电话。他就三天两头儿来找我，请我喝酒。焦××说，开公司我在行，如果你有心干的话，我就跟你合伙干没有问题的。当时我还没有答应他，我说再想想吧。后来有一个广东人打电话给我说，需要增值税发票，要我帮忙，他说要开80多万元，然后我通知焦××。他马上开车过来了，然后把发票开好，事情办妥以后，他又请我吃饭，还给我6000元钱辛苦费。从这以后，广东人经常打电话让我开发票。可是焦××的公司发票供应不上了。后来焦××跟我说合伙开公司，做什么生意都行，听我的，然后我跟他在××经济技术开发区开起了××商贸有限公司。刚开始，这个公司我们想做铝金铝材生意的，可是这行流动资金太大，我们周转不过来，广东人又打电话来要开发票，后来我们俩商量把公司发票也开给他了。但是到了月底，会计问我们，说："两位老板，这个月生意怎么样？发票用完了没有？"焦××说："还可以吧，发票全用光了。"会计说："在这几天你们把进项发票一切等整理好交给我，然后我向税务所报税去，请放心吧。”这天下班以后，会计回家了，我急啦，问焦××，财务方面我一点不懂，月底快到了，咱进项发票还没有，怎样对付税务所和会计？焦××问我，让我问一下广东人，能不能搞到海关专用发票。我马上打电话给广东人，问他能不能搞到海关专用发票，他笑了笑说是做抵扣用吧，我说对的。他说没有问题，五天时间内给我搞定，然后叫我立份清单，用传真发给他，然后焦××首先把材料整理好，用打印机打了一份清单，发给了广东人。过了几天，广东人用传真把海关票据传到我们公司，就这样来回倒着发票，互相利用，再后来，焦××又开了几家公司。

到了2004年12月，焦××和他的弟弟去某公司拿发票去了，到了中午还没有回来。那个时候，广东人打电话给我，他说有三张发票税务所验不进去，密码不对，问我怎么一回事。我说，我也不知道，然后我打电话给焦××，焦××说不知道，他说问一下会计吧。等了一会儿时间，我再打电话给他，想问他问得这么样，可他一直没有接电话。但是他这个人我了解的，非常的狡猾，一段时间来都没有讲实话。刚通完电话，怎么不接了呢，当初我这样想的，因为他前一段时间和他的弟弟在开别的公司，一直在骗我，还给别的公司开过发票，我还以为又给别的公司开发票了。我再次打电话给他还是不接，没想到他已经被公安逮住了。

四、作案后逮捕经历

到了2004年12月某日晚上6点左右，我拿了广东人给我的3张发票，准备把它放在公司，然后我到了公司一看门还没有关严，我以为焦××在里面开发票呢，没有想到屋里面八九个警官在清东西，这个时候我进去了，我倒霉到家了。警官问我干什么的，我说租房的。你手里拿着什么，可是我手上拿着公司钥匙，还有三张发票，一对证我没有什么话说了，认罪吧，就这样，当天晚上就把我拘留在开发区分局。然后对警官一五一十说了作案经过。

五、看守所羁押期间的表现

2004年12月，我被送到××看守所。经某市某区人民检察院批准，于2005年1月被某市公安局经济技术开发区分局逮捕。在××看守所我待了七个多月，刚开始我心里非常地害怕，在那么一种环境生活，而且自己又犯了那么重的罪，我心情非常的不好，然后经过管教民警的谈心教育，我便有了很大的转变。

到了2005年7月，给我移交到某市第一看守所。当初听室友们说，到了这儿都是重犯，九死一生，完啦。临走时给我带上了脚镣，室友拉着我的手依依不舍，管教都哭啦，像赴刑场似的。当初我想不就一死吗，也不愿当个可怜虫，上路吧。到了那儿我可真的怕啦，也没有下车就进了四五道大铁门，武警门卫都非常严格。到了里面，管教马上就找我谈心，问我什么罪。我如实地回答，把一切经过说给他听。然后管教很耐心地教育我，说我没有文化，不懂法律知识，到这里来了，既来之则安之，好好地学习法律知识，遵守监规，管教对我的教育我都记下了。

看守所羁押期间，我能遵守监规和在押人员的行为规范：听从警官安排，与他犯和睦相处，不欺压他人。由于表现好，被警官选为监室组长，协助警官维护监室内的秩序，严格遵守一日生活制度。认真学习有关法律知识，提高自己的思想认识，为以后改造打下基础。

到了2006年7月，我被某市中级人民法院判处死刑，缓期二年执行，剥夺政治权利终身。2006年12月，我被某市高级人民法院核准下来。到了2007年1月，我被投送到该市某监狱服刑改造，到了2007年5月投送到某省第六监狱服刑。

罪犯：周××
2007年6月

3. 抢钱？无聊啊！
——Z省F监狱谈话记录之三

谈话时间： 2010年8月12日，10：30—11：30。
谈话地点： Z省F监狱七监区（四分监区）监舍阅览室。
谈话对象： 张××，男，22岁，湖南人，初中文化，故意杀人、抢劫，无期徒刑。

谈话前笔者了解到的情况：张××前段时间受伤，现在监区休息，并被列为监区严管犯。

张××进入阅览室时，右手绑着纱布，谈话就从受伤开始。

邵： 手受伤了，怎么受的伤？

张： 去年10月的一天，下午4点来钟，一天劳动下来，人有点糊里糊涂，累嘛。这时师傅刚好去喝点水走开了，我不知怎么回事，大概去把一个东西拿开，刀下来就受伤了。8个多月过去了（实际应是10个多月），现在再回想，真想不起是怎么一回事，糊里糊涂地就受了伤。

邵： 现在（手）感觉怎样？

张： 这两个手指（无名指与小手指）感觉麻，这两个手指（中指、食指）有一点点麻。我经常扳扳它们，动动（一边说一边扳手指）。

邵： 手指有麻的感觉，那是好的，受伤后接上，首先是麻的感觉（此时笔者以为是手指切下后接上的，后来了解是整个手掌从中间横切断后接上的），至于怎么锻炼，按医生的话去做吧。医生怎么说，说怎么锻炼就怎么锻炼为好。（笔者说这些话时，张××睁大眼睛看着笔者，估计对其关切及锻炼指导引起了他的注意）你开车床多长时间了？

张：（当时）刚学了两个星期。现在手切了，也学不来了。

邵：我看了你写的自传，是故意杀人、抢劫罪。

张：故意杀人，是这么回事……（叙述了犯罪经过，与自传所写大致相同，但对故意杀人，认为没想杀死他，本意是想捅他大腿使其失去抵抗力，结果对方逃避，捅到了脾脏上。但张××又说，也不是就捅了他一刀，捅了他三刀，所以也可以说是故意，法律上这么说也是可以的）抢劫么，一个朋友说去帮忙打架给钱的，当时我身上没钱了，想想打架能有钱挣，就同意去了。结果晚上是到一个厂里去偷铜线。那帮人我都不认识，只认识叫我去的那个人。那天下着大雨，那里又没车的，走不了，回不去。厂里偷铜线，有保安看的，我们过去把保安控制牢，自然算是抢劫的了。

有了第一次，后来就无所谓了。有的是他们提议去抢的，有的是我提议去抢的，大多是我提议的（笑）。

邵：所谓的“死猪不怕开水烫”。

张：啊？（不知听不懂，还是听不清，张××脸上显得有点疑惑）

邵：也就是说，后来再去抢无所谓了。

张：是的。主要是没钱，不过，有时有钱也会去抢的，无聊啊！刺激一下，根本没想对不对。

邵：你是读到初中吧。成绩怎样？

张：初中二年级没读完，都说是初中，判决书上也是这么写的。初中前读书还是好的，（成绩）中上等。

邵：小学时成绩还不错的。

张：是的。初中到城里去读了，课多了，好玩的地方也多了，与喜欢玩的同学出去玩，书就读不进去了。

邵：是结交了喜欢玩的朋友？

张：也不能算朋友，就是大家喜欢玩，在一起玩。

邵：成绩不好，父母自然要管的了。

张：管是管的，但是父母文化也不高，父亲初中毕业，母亲小学也没毕业。管起来主要是打骂，骂为主，有时也打，也不会与你说道理。初中嘛，开始有逆反心理，他们说的也不听了，听不进，我自己的事自己做主。

邵：是的，一个人到初中这个年龄，就是这个心理，觉得自己长大了，要独立了，自己的事自己做主。这个时候，父母教育要懂得孩子心理，所以有专家说了，当父母的要学点心理学、教育学，知道怎么教育小孩。

老师管你们吗？

张：也不太管，犯了错误、有了错误要叫去批评，就说什么错、怎么处理，也没说为什么错，不讲应该怎么做。

邵：我国的学校教育是存在一些问题的。一么，老师看重升学率，有升学的压力，升学率高了，学校就是好学校了。二么，思想教育不太有，老师不教做人的道理。（张××看着笔者，没多少反应）

（快11点钟，服刑人员准备吃饭，笔者叫张××先去弄好饭再来谈。）

邵：饭弄好了，迟点吃没关系吧。

张：弄好了，没关系的。

邵：你的自传，是你自己写的吗？

张：是我自己写的，慢慢写的。

邵：有的人文化程度不高，自己写不了，就叫人家帮他写。也有的是口授，他人代写下来。

张：我是自己写的。

邵：我看你的自传，说到年龄现在算起来应该是22岁。

张：实际上22岁不到，我是12月×日生日。

邵：对，22岁还不到。你现在回想起来，自己有没有去总结什么？

张：常回想的。现在想想，那时，十四五岁时的做法、想法很幼稚的，那时候好好读书就不会是现在这样子了。

邵：就会是另一条路了。

张：什么都不懂。我抓进来还是少年犯，18岁不到。

邵：在外边有女朋友吗？来看你吗？

张：女朋友有的。来看？那时18岁不到，大家在一起玩玩的。记得在一起最长的一个也就三个月，有的都是10多天，半个月就走开了。现在在监狱里，看到书上写的或者电视里看的，说女的是他生命中最重要的，愿意牺牲什么什么，哪谈得上！

邵：也就是说，说不上是爱情，爱还谈不上。

张：是的，没有爱（在这问题上从张××眼神及表情分析，他显得有点迷惘：对爱情缺乏体验，爱是什么不清楚）。

邵：你说，现在回想起来，十四五岁幼稚，如果父母能给你指点一下就好了。

张：父母文化不高，指点不了。即使指点了，那时也不会听。

邵：老师能够讲讲就好了。

张：老师？也没讲的。不过，自己到初中时玩性大了，讲了也听不进了。就想着玩。

邵：现在看看书吗？总应该学点什么。有学什么技术吗？

张：不可能学技术了！医生说，手切掉接上去（他比划了一下，从手掌中间横切），以后能生活自理就不错了，我恢复的比较好的，生活自理大概没问题，写个字什么的（大概可以的）。

邵：哦，是这样。

张：想学，但觉得现在记性很差，记不住。只读到初中，看书觉得很吃力，语文（差），文字看得懂，但又慢又吃力。也想学点什么，但一会儿看到电视里有好节目，就跑去看了，或者看到一本好看的杂志，那种消遣的书（有点不好意思地笑），就看那书去了，或者他们（同犯）在聊天，感兴趣的，又凑上去了，玩性大。不过，我在监内讲话比较少，我在外面是属于外向的（话挺多的）。

邵：你判了无期，要减为有期的，减为多少？

张：19年6个月，前两年减的。

邵：无期减有期，一般在18年至20年。减为18年，要有立功表现。

张：18年，要"省改积"（省级劳动改造积极分子）。我运气不好。那年违规，扣了0.5分。那天下雨，我把球鞋放在窗台上，下湿了，穿不了，就赤脚走回监房去，给（队长）看到了，扣了0.5。而那年刚好规定一次扣0.5分以上就不能评监狱"劳积"，也就评不上"省改积"。我是少年犯，但又是暴力犯，相互抵消了。这样减为十九年半，就多坐一年牢（此话重复了几遍，并且说到多坐一年牢，情绪显得有些激动、不满。）

你说，我是少年犯进来的，工伤（伸伸手）……

邵：保外就医？（此插话有点想当然，产生不好的效应）

张：工伤，能否到外面改造？现在有社区改造。

邵：社区矫正呐。这个是有的。但你这种情况，有关规定我还不清楚，我要回去查查后，下次再来时跟你说。

张：工伤鉴定，这儿的指导员、分监区长都挺好的，很关心的，说给我去鉴定是伤残几级，拿个残疾证书。

队长是好的，像上次受伤时，不是要做笔录的嘛。怎么受的伤，我真是不清楚，糊里糊涂的，但我也知道出了事故，对队长来说也是不好的，所以我就说是自己违规操作造成的（这样给队长减轻点压力）。

邵：指导员、队长对你好，关心你那真的是很好的。你有事一定要跟他们说，多去跟他们沟通。受伤了，相应的权利要去争取，但是要跟队长好好说，我们不吵不闹。我想这个才是对的。

张：是的。我不会去吵的。

（谈话中还就张××觉得自己身上现在有很多病，如胃不好、肾不好，有老是遗精等方面的问题，给其作了咨询、解释。）

分析：谈话中考虑到张××是严管犯，队长介绍时说受伤后，情绪可能会比较激动，对自己的伤会讲得比较多。所以，整个谈话中避免会引起张××情绪波动的话题，如家里父母、亲人的情况，自身遭遇到的重大的挫折情况，受伤后的情况等。话题关注于受伤后现在的情况。

分析管理警官的判断与结论，由于张××受了这么严重的伤，而且在监狱内话不多，所以认为张××具有一定危险性。但是，从一小时的谈话来看，整个谈话过程中，张××表情较为平和、舒展，语气轻松、活泼，确如他自己说的表现为外向性格。当然对其性格等的鉴定，一次谈话下结论不一定准确。从危险性角度看，如果监区改造风气好，张××的危险性不一定高。要防止他被不良同犯利用，因为年纪轻，感觉有点儿单纯。

附：

张××自传（有删改）

一、基本情况

张××，汉族，1988年12月出生，初中文化，犯故意杀人、抢劫罪，湖南省某市某地人。家庭主要成员：父亲张××，39岁，母亲：李××，40岁，弟弟：张××，5岁。

二、就学阶段

我由于家处农村，家中贫穷，与别的孩子一样，5岁开始上学。1993年9月1日，爸爸陪我到村上的小学报了名，从那天起我开始了读书生涯。学校离我家有2里路，去学校上学是要走一些时间的，尤其是5岁的小孩子，所以刚上学时父母亲都会接送。后来渐渐地习惯了，就与几个邻居一起去学校，慢慢地我在小学里读完了四年级。因为该小学里没有五六年级，所以我上完四年级后要从村里的小学转到镇上的小学里去学习五六年级课程。我家离镇上很远，有8里多远，每天早上5点不到就要起来做饭烧菜，然后再走8里多的路上学，对一个还不到11岁的孩子来说是多么苦的磨炼！可是没有办法，没有选择，为了长大后有出息，就要好好上学，就必须受苦。终于在升入中学时，我考上城里的重点中学。2000年9月1日，我顺利地走进城里的中学。初中之后科目增加了，自然而然地产生了压力，就明显感到学习成绩跟不上了，后来也就产生了恶习，开始学会了玩游戏机、上网、抽烟、赌博。在被学校领导知道后，严厉批评了我，并且叫我写了保证书。后来又因在初一期末考试时作弊被当场抓住，我就被学校给开除了。我离开城里的中学后，父亲又在镇上的中学托熟人帮我在那里报上名，在该中学我上初二。在初二上学期时我很安分地学习，但好景不长在初二下学期又因在城里中学留下的恶习，在升学报名那天我从父亲那里拿了500元的学费去学校报名，因为那是报名的第一天，报名的同学比较多，要排很长的队，我不想排队，就走出了学校到镇上。后来看到有几个认识的同学围在一起，我就走过去看，发现他们在玩金龙，我也参加了。刚开始时我的手气背很快把500元学费输光了，后来我见到一个认识的社会混混，把他叫过来帮我玩，很快他把我输掉的钱全赢回来了，而且还把那几个同学的全赢了。事后他把赢的钱分一半给我后，我们就分开了。第二天我又来报名。后来那几个同学和他们的爸爸来找到我，叫我还他们输给我的学费。我就说是那个混混拿走了叫他们去找他去，他们就叫我帮他们去找，我不去，他们也拿我没有办法……日子过去了一个多月，一天放学后我被输了钱的那几个同学给打了一顿，我又因不服就找了几个混混把那几个同学狠狠地揍了一顿。我又怕会打出什么事，连续十几天没有上学，也没有回家，就在一个比较要好的同学家里。就这样我结束了读书生涯，此后我一直在家玩。

三、就业阶段

2005年4月×日（笔者注：17岁），我远离家乡和表姐一块来到了广东深圳。第一次出远门心情特别地激动。到深圳时是凌晨3点多了，下车后表姐打电话给舅舅叫他来接我们，很快舅舅从一条街上走了出来，把我们接到了一个工地上，在那里我度过了到深圳特区的第一个晚上。第二天吃过晚饭，舅舅打电话叫来了姨妈，姨妈把我从深圳市接到××区××乡的一个小区里，半个月后姨父给我安排在小区里的玩具厂里上班。在玩具厂里上班那段日子所经历的都是刻骨铭心的，尝尽了酸甜苦辣。深圳的天气是很炎热的，不管是白天还是晚上都有30几度，我在玩具厂里上班，分两班倒，每班12个小时，分半个月白班和半个月夜班。刚进去时候我是上夜班，由于不习惯，到晚上就想睡觉，没有一点精神，连续几天我都被领班批评了。几个月后，一个传言说厂里要减一批男员工，说人员太多，还说自行辞职的可多得一个月工资，我信以为真就辞职了。离开了厂里在外漂流了几天，去了几个迪吧，在舞厅认识了些混社会的。后来我就和他们在一起给别人看赌场、娱乐场所，收取保护费，就这样持续了几个月。2006 年春节之后我回到了家，在家待了半个月后独自一人到了人称天堂的杭州，到杭州后与五表舅联系，去了五表舅的住处，五表舅给我联系了一家模具厂，我原本同意在那上班，可我在那体验了一天，感觉没有一点自由，后来叫五表舅送我到四表舅这儿，在××地方过了大约半个月左右，四表舅安排我在他所工作的某办公家具有限公司上班。在公司里我是干包装工。由于工资太低、工时太长，我跟四表舅提出换个车间，他不同意。而后来我也不提只是不那么卖力地干活，有时旷工，出去玩，上网跳舞，迪吧里泡妞，后因开销不够就商议与同伙抢劫。自那以后离开办公家具有限公司，抢劫后与同案犯逃离××地方到××地方，在××地方过了一个星期，又潜回××地方与以前在迪吧认识的社会混混在一起，从事抢劫，为人“办事”，收取保护费。

四、作案经过

2006 年 6 月×日，从这一天起我的人生进入了一个转折点，也是我走向犯罪道路的起点。我和几个同事晚上在××地方影城迪吧里跳舞，突然来一个人把同事张×叫了出去。那人跟他说有个事找他帮一个老板砍个人，说去的话可以得到 3000 元钱，问他去不去。张×就回来问我去不去，我说正好没钱了干吗不去，就答应了。张×也说去，把我介绍给那个人认识了，我得知他以前也在家具公司上过班叫徐×，徐×叫我们在舞厅等他。后来张×的女朋友来了，把他拉住不让他去，然后我一个人跟徐×还有一个叫“阿强”的人去了。我跟他们到了××地方又会合了其他两个人，之后徐×告诉我其实不是去打架，而是去一厂里抢劫铜丝线。当时我不同意，他们就劝我说抢到一人可以分到十来万，由于金钱对我的诱惑，加上我对法律的无知，就同意了。到了夜里12点多，我们就骑两辆三轮摩托车到一个机电工厂门口。先是徐×和阿强装作是厂里的员工把门掀开，之后他们就拿出西瓜刀架在两名保安的脖子上，然后我和另一个人冲进去把两名保安摁到保安室的厕所里，用绳捆绑住保安的手脚，然后再把三轮摩托车骑了进来，我就在厕所里看住那两个保安不要让他们叫喊逃跑，接着我们把保安室侧门里的铜丝线搬上车。刚拉走了二车时，又有一个保安巡逻回来，我和徐×、阿强三人又把他绑到了厕所里，接着又拉了5车铜丝线。由于时间的关系就没有再拉了，最后他们把铜丝线拉到一个小区的地下车库里。我、徐×、阿强在李×那里拿了钱，徐×就逃往××地方，阿强回老家了，李×就去卖铜丝线了。

2006年7月到10月还有4次抢劫，具体情况、时间、地点记不清楚了。

2006年12月×日，我和代×、蒋×三人从××地方开发区到××地方这边来玩，后来我想到表哥在办公家具公司上班，我就打算叫他出来玩。我叫代×和蒋×在外面等我，我说去公司一下。我就到老乡姜×那里去打听表哥的电话号码。姜×说他不知道。我和姜×先到车间里找了一圈没找到，就往宿舍走。连续找了几间宿舍都没有找到，当我走到我以前住过的房间外时，敲了几下门没人应答我就走了。刚走了几步门就被人打开了，出来一个人说："谁敲门，敲什么敲，有什么好敲的。"那个人我认识，叫路×。然后我就走过去说："我敲门，我找人。"接着我看到门开着，就走了进去，表哥不在里面。路×就说："有什么好找的，这里没有你要找的人，你给我出去，滚出去。"我就说："我找一个人不行啊，你×什么啊。"路×就跑出来说："我×你怎么啦，不服啊。"他就进去了，然后我就火了，跑进去指着他的鼻子说："你他×的别给我这么×啊!"接着他把我的手推开说："怎么啊，不服啊，想打我啊。"他边说边推了我几下，然后我就举起右手往他的左肩打了一拳，接着他就倒在地上，我就继续用拳打他……他起来抓住我的衣服说："你这样打人，太狠了。"我就说："对你这样的人太便宜你了。"我就走出了宿舍，他也跟了出来。外面已经围了很多人，路×就说："你们看他把我打成这样，你们帮我叫保安。"周围的人劝我们不要打了，算了，我看到他身上流血了，我心想算了，就走了。突然路×拿起凳子砸向我，接着他就抓住我的头使劲地用拳头打，在他打了有七八下时，我就掏出随身携带的匕首朝他的大腿部位捅了一刀。然后他还用拳头打我的头，我就又往他身体左上部位捅了几刀，捅完了之后我听到他说："帮我叫保安，快帮我叫保安。"接着他就倒在了地上，我也就跑出了公司。

五、作案后到被逮捕的经历

我跑出公司后，就到旁边的台球馆把代×，蒋×两人叫上，坐上了辆面包车回到了开发区。我将打架的事跟他们俩说了，接着我拿朋友的手机打了几个电话给公司里上班的朋友，问一下路×的情况。得知他可能不行了，我心里真的很害怕，后来我就搭车到一个朋友家里。在朋友家里待了两天，第三天晚上在朋友那里借了3000元钱后，从××火车站到江西。在江西××火车站下车后打电话给朋友，然后到朋友家里，与朋友一起吃过午饭后，我就在他家里睡了一觉。晚上，朋友问我头上的伤是怎么来的，我跟他说是骑车摔的，第一次跟朋友撒了谎，我的心里真的很难受，朋友说要带我出去玩玩。我跟朋友去逛了夜市，去了迪吧跳舞，后来又在网吧上网，开始我很担心上网会不会出事情，所以我就没上，后来我看到朋友上网时不用身份证登记，以为不会出什么事情的，我就上了，我和朋友连续上了几个小时，直到凌晨4点多才回去睡觉。2006年12月×日，我和朋友又出去玩，先是到迪吧里玩了一趟，由于昨晚上网没事，我和朋友又去上网了……最后被抓了。

到了看守所，当时我还没把心放开。经警官的谈心教育，我也想开了。后来我每天都在反复问自己的问题，认识到了自己所犯的罪行是对社会有很严重危害的。大约过了一个月左右又有一个室友被押上执行车，当天我们整个监室的人都很难受，后来我还把同牢房的一个短刑犯打了两个巴掌，因为这事管教警官把我调换到了另一个重刑室。在调换监室后没多久我就判下来了。当我听到法官读到判我无期徒刑时，我真的很高兴，我知道我能判无期徒刑是很不容易的。所以我感谢党的政策，更感谢我的亲人为我所做的一切，我一定会用实际行动来报答他们。

4. 什么是对，什么是错，我不知道

——Z 省 P 监狱谈话记录之一

谈话时间： 2011 年 1 月 19 日，8：58—10：34。

谈话地点： Z 省 P 监狱心理矫治中心咨询室。

谈话对象： 陈××，男，1985 年×月出生，未婚，浙江人，盗窃、故意伤害罪，被判处有期徒刑 8 年，为分监区顽危犯。

谈话前笔者阅读了监狱教育改造科关于陈××的一个基本情况介绍。

邵： 来，你坐这儿。（陈××依言坐下）

邵： 你叫陈××。

陈： 是的。

邵： 陈××，我这儿有一个你基本情况的介绍，你是未婚的？

陈： 是的。

邵： 85 年出生，今年 25……26 岁了？

陈： 是的，26 岁。

邵： 2007 年来监的？

陈： 是的，2007 年 11 月×日。（陈××准确地报出日期）

邵： 到今年 3 年多了。

陈： 5 年多了，我是 2005 年 12 月×日。

邵： 哦，2005 年是被逮捕吧，从被捕之日算起是 5 年多了。

陈： 是的。

邵：你学习到什么文化（程度）？

陈：小学没读完。

邵：小学读到几年级？

陈：小学四年级。

邵：小学五年级读过吗？

陈：小学五年级没读。

邵：五年级上学期也没读？

陈：是的。

邵：那四年级是念完的？

陈：是的。

邵：那你小学成绩怎样？

陈：成绩一般般。

邵：一般般，是倒数吗？比如一个班30人，是后10名，还是10到20名？

陈：是后10名，很差的。

邵：是一直这么差吗？

陈：是的，我不要读书的。

邵：你父母什么文化？父亲呢？

陈：父亲读到初中。

邵：母亲呢？

陈：母亲也是初中。

邵：家里还有什么人？

陈：还有一个姐姐。

邵：姐姐什么文化？

陈：她大学毕业。

邵：哦，那不错啊！监狱给我的关于你的情况介绍是未婚，你姐姐结婚了吗？

陈：结婚了，小孩都有了。

邵：哦。你是盗窃、故意伤害罪，怎么回事，跟我说说。

陈：我是在看守所打人给打出来的。

邵：打出来的?!

陈：是这么回事，我在看守所，就这么大的一个房间（陈××指指咨询室，大约30多平方米），新来的一个犯人，我就教训他。我们三个朋友一起打了他。我想打人又没什么严重的，打两下不会有什么的，在看守所的警察调查打人（事件）时，我就说是我一个人打的。这些都做了笔录。哪知道他脾脏破裂（陈××用手按住身体右边肝脏部位）……

邵：那是肝脏，脾脏在左边。脾脏破裂，那是重伤了。

陈：是重伤。那就严重了，就加了我4年。我在向检察院、住看守所监察员审讯时说了，不是我一个人打的，谁谁打了什么地方，我打了什么地方，大家都记得很清楚。但监察员说了，你自己一开始就承认是你一个人干的，而且笔录都做了，你还说什么?! 哎，我这个人做事一向不成功。在监狱也一样，没一样做成功的。像今天早上，在监狱做工，服装线上做工，一个人在那儿骂畜生，我就火了，你骂骂咧咧的，骂谁啊！我就站起来，他坐在我旁边的旁边，我就指着他骂了。队长就认为我不对。反正我老违纪，打架什么的，不管我做什么，他们（指警官）就认为我不对，我是个“刺头儿”。我这种人，反正也就这样子，我也不能保证下次我不再进来了。

邵：哦，监狱违纪这块我们先不谈，我们后面再谈。你说在看守所打人，打新来的犯人，这个是怎么回事?

陈：看守所么……新进来的都要打一顿，我进去也给打的。

邵：是这样么? 我也听说过。你打人，三个朋友一起打，你是不是一个牢头狱霸啊?

陈：这个……不是的，这种情况很多的，都这样的，都有打死的。我在的那一年，看守所就打死了两个。

邵：把人打死了，那是没什么好结果的，要受到严惩的。你情况介绍上还有盗窃罪，这是怎么回事？

陈：哦，这个，也正是……是这么回事，我们三个朋友在一个歌厅包厢喝酒唱歌，其中一个人无意中捡到一串钥匙，大概是前几天掉在那儿的。我们下楼后随意按了按，嗳，一辆汽车响了，我不是会开车么，就开到河北××地方去了……

邵：河北××地方？（笔者以为自己听错了）你们把车开到河北××地方去了？那你们是在什么地方喝酒唱歌？

陈：浙江××地方。

邵：那怎么开到河北××地方去了呢？

陈：其中一个朋友是在河北××地方一个高校里读的书，并在那边做生意。

邵：哦，是这样。那这三个朋友就是看守所打人的三个朋友吗？

陈：不是的，这是另外三个朋友。车子开到河北××地方，没有卖掉的。

邵：车子没卖掉，开车过去就是盗窃，这是准确的。那盗窃判了几年？

陈：判了5年，加在一起是9年，执行8年。

邵：车子卖了，也许就不止判5年了。两罪合并，9年刑期决定执行8年，这是正常的。

你说小学读到四年级，是自己决定不读了？父母对此怎么处理的？

陈：是我自己不读了，不喜欢读书的。父母当然不同意，又打又骂的。

邵：那你父母平时教育你的方式方法，是打骂为主呢，还是放任不管，还是其他教育方式，如跟你说说道理？

陈：说说道理也有的，管是管的，但以打骂为主吧。

邵： 你父母都这样吗？

陈： 父亲也不讲什么道理，就打的。我母亲就跟我父亲吵，劝他不要打。

邵： 那你母亲打你吗？

陈： 她不打的。

邵： 那你母亲对你是不打骂的？

陈： 我母亲劝住我父亲后，她就（开始）骂我了。

邵： 哦，她阻止了你父亲的打，接着就骂你了。

陈： 是的。

邵： 那你姐姐呢？她也一样被打骂吗？

陈： 她也一样的。

邵： 那她大学毕业，在什么大学读书？

陈： 这个……我也不太清楚。她读大学，我都进来了。但我知道她在杭州读大学。

邵： 她比你大几岁？

陈： 大 4 岁。

邵： 哦，那她读什么专业的？

陈： 这个我也不知道，反正她的情况……我跟你说吧，我不是亲生的，我跟我姐姐不是同父母的，我是捡来的。

邵： 捡来的？怎么回事？你有什么证据吗？

陈： 这个……我奶奶的妹妹，她嫁到江西××地方去了。

邵： （没听确切）江西什么地方？是××地方吗？

陈： 是的，××地方。那时我母亲生了一个儿子，死了，养到 1 岁死了，很伤心，我奶奶的妹妹……

邵： 叫小奶奶吧。

陈： 她在那边捡到一个弃婴，刚好也是一个儿子，就给我父母养了。

邵： 你这是听谁说的，确定吗？

陈：这是确定的。

邵：我听下来觉得这个证据不是很充分的。不过这个事一时我与你也不一定弄得清楚。

你父母是做什么的呢？

陈：我父亲是做生意的，母亲就在家。

邵：母亲就在家（笔者重复了他说的后几个字）。嗯，前面我们谈到你小学四年级就不读书了，学校怎么看？有没有管这事？

陈：学校不管的。过去很长时间了，我也记不太清楚了。

邵：你在学校表现怎样？

陈：表现不好的，打架、调皮，老师很头疼的。

邵：老师有教育吗？

陈：教育也有的，后来看到我就头痛，就不管了。

邵：那你在学校表现不好，你父母怎么处理？

陈：我父母，他们也没什么办法，有时就是打。我记得有一次，四年级，老师、班主任和校长把我送回家，我在学校打架什么的，我父亲一下子火了，就把我扔到家旁边的水塘里了。

邵：哦，这样子的！

陈：没面子呐，让他生气了。

邵：那你说表现不好，还有些什么呢？比如11—12岁，或7—10岁，还做过什么不好的事？

陈：比如偷家里的钱。

邵：偷家里的钱？

陈：是的。我父亲赌博，他把钱一般放在衣服口袋里，我知道的。口袋里经常放四五千块钱。我就拿一二张，拿二三张。你说，四五千元，拿二三千元，那肯定不行的，拿200元、300元，抽二三张，他是发现不了的。

邵：你倒挺聪明的，一大沓里面抽几张。那万一发现了，你父亲怎么处理？

陈： 他觉得少了，就认为是母亲拿的，就问问母亲。母亲当然说没拿。但你想，既然是抽那么几张，父亲就认为是母亲不肯承认。

邵： 没怀疑是你？

陈： 四五千里抽二三张，本来就不容易发现，十次九次发现不了。发现了以为是母亲拿的。他就说，钱少了，你们谁拿了钱？

邵： 就这么问问？没其他处理，其他措施？

陈： 是的，就这么问问，没其他的处理了。

邵： 你父亲赌博，那是不好的行为。这个我们不做进一步讨论。你拿了钱，干什么呢？

陈： 打游戏机啊，买点东西啊。

邵： 打游戏机要花那么多钱？

陈： 反正要用钱么，跟其他同学一起。我这个人，对家里做的坏事太多，手头不能没有钱，一没钱，就把家里的东西拿去卖。没钱偷啊、抢啊是不去的，那个不对的。我把家里能卖的东西都拿去卖了，如冰箱、姐姐的电脑。还有一次，我父亲在广州做生意，做铝、铜生意……

邵： 到广州去做生意？

陈： 不是，从广州进铝、铜到老家（浙江××地方），我就叫了一个朋友，开了车，把铝、铜卖给他拉走了。

邵： 卖了多少钱？

陈： 一万多块，所以做了太多对不起他们的事。他们都说不认我啦！

邵： 那他们来看你吗？现在。

陈： 看来看的，一年一两次。我不怪他们，是我不对。

邵： 你姐姐也来看吗？

陈：来看的，也来一两次，（与）父母一起来的。

邵：你小学四年级不读书了，后来干什么去了呢？

陈：后来我跟一个邻居到西藏干活去了。

邵：西藏？干什么呢？

陈：做工，做那个复印、打字，做灯箱。

邵：（没听确切）做灯箱？

陈：对，做广告灯箱。

邵：你那时几岁？

陈：15 岁吧。

邵：那还是童工呢！每个月给你多少钱？工资多少？

陈：是的，是童工吧。每个月给多少钱？没给钱的。

邵：就是说，包吃包住，你给他干活。

陈：是的，你说得对，包吃包住的。

邵：那是你自己愿意去的吗？

陈：是我自己愿意的，我自己想去做的。

邵：你和邻居一起去，他多大了？

陈：他比我大多了，他年纪很大的。我父亲要他带我去做工的。

邵：那还是你自己愿意去的?!

陈：是的，是我自己愿意去的。我也就在那边干了两年，在西藏过了一个春节，第二个春节就回家过了，然后就不去了。

邵：那回到老家后做什么了呢？

陈：我 2004 年去学车，后来跟一个老板开车。

邵：给老爸开车？跟父亲一起做生意啦？

陈：不是的，是给一个老板开车。

邵：哦，到厂里做事去了。

陈：这个老板是做铁保险门的，做得很大。他叫了我们七八个人，我们也不干什么活，就是有事时帮他去摆摆平。

邵：摆平事情，什么样的事？

陈：比如，他在××地方（浙江另一个县）有一块地，建厂房，当地村里村民不同意。那我们就过去把不同意的村民摆平掉。

邵：你说的摆平，是用钱，还是其他？

陈：钱不用的，不同意的，就给他来几下，教训他几下。你说，在农村，打几下，那很正常的，砍几刀，那多的是。当然，我们受伤也常见。

邵：那你……

陈：你看，我这儿就有一条伤疤（陈××侧向抬头，左下巴到脖子上有一条长长伤疤），还有这（陈××戴着无指毛线手套，拉下手套，手腕到手掌有一条长伤疤。笔者拿起他的手，检视了一下）。

邵：你们这种做法，有点黑社会性质了，欺强凌弱。我也听说有的农村有点乱，乱来的，但这个是不对的，是法治社会所不允许的。你实际上充当了打手。那老板一个月给你多少钱？

陈：打手也不是的。老板一个月给多少钱？那也不好说，反正钱不缺用。要用钱，向老板要四五千会给的，但我们也不会要更多的，如一万块。钱也没什么地方好用，我又不吸毒，也不赌博，就到歌厅唱个歌什么的，请请朋友，花个2000，也不是天天去的。那就没什么地方好用了。

邵：那一个月大致有多少呢？

陈：一个月？四五千吧，四五千有的。

邵：这个钱怎么用？给父母一点吗？

陈：给父母？我节假日回去看的，看的时候每次都带东西，而且叫朋友开车去，要个面子。（陈××显出一点得意自豪的样子，自觉得有车开有钱花，混得不错。）

邵：你们七八个人，平时都做些什么呢？

陈：平时不做什么，就聚在一起，喝喝茶，老板有事时叫我们去做事，也不多的。我们这帮人，在当地还是挺风光的。

邵：挺风光的，怎么个风光法？

陈：到饭店吃饭，老板总出来打招呼的。

邵：你到饭店吃饭，老板出来打招呼，这个正常啊！

陈：这个不一样的。我们一去吃饭，老板马上跑过来，介绍他店里的特色菜，推荐店里最好的菜，跑前跑后的。不过，也不是到最大的饭店，是在马路边的一般的店。

邵：那你们吃完不付钱吗？

陈：钱要付的，成本要给他的。

邵：那还说得过去。你们七八个人里面，有犯过罪的吗？

陈：坐过牢有的，有一个就坐过牢。

邵：他们年纪都多大？

陈：他们年纪都大的。我是最小的，当时 19 岁。有二十三四岁的，二十六七岁的，但没有超过 30 岁。

邵：(没听清）30 岁以下？

陈：是的，都是 30 岁以下的。

邵：你有什么知心朋友吗？

陈：知心朋友？那不多的，都是喝喝酒的朋友，酒肉朋友。这次坐牢，我就清楚了，平时说的朋友是什么样子，来看的才是朋友！

邵：是啊！你坐牢有多少人来看过你？哦，接见朋友是不允许的，只允许直系亲属。

陈：有七八个人，就入监的时候来看的。

邵：是的，朋友之类的不允许接见的。你在这个老板这儿干了几年？没到其他地方干活？

陈：4 年左右吧，进来前都在他那儿干的。老板好，都愿意为他干事。像我们这样的人，像我自己，老板好，如有什么事，为他坐四五年牢，那是没问题的。“士为知己者死”，坐个四五年牢，没问题！不过，我这次坐牢，不是为老板的事，是我自己犯事。

邵：你倒挺讲义气。看守所打架，你也一个人承认下来。不过，这是哥们义气！哥们义气，愚忠思想，并不是正确的，并不是值得的。

你在社会上，在那个老板那儿干活，干了 4 年。那这中间你交过女朋友吗？你有女朋友吗？

陈：女朋友有的。

邵：怎么认识的？

陈：是买手机时认识的。

邵：她是卖手机的？

陈：我去买手机，就认识她了。

邵：她年纪多大？

陈：比我小一岁吧……哦，同岁的，她也是 1985 年出生。

邵：那你认识她后，跟她住一起吗？

陈：是的，住一起的。小年轻，恋爱发展很快的。不过，也不是每天在一起，一个月总住在一起 20 多天，有时我不回去住。

邵：现在怎么样？有生小孩吗？

陈：谈了一年多，后来分开了。就是生小孩的事！

邵：怎么分开的？

陈：她母亲倒还好的，她那个姑姑，烦得很，要（我们）去生小孩什么的。常常烦来烦去，我很恼火，就跟一起的小兄弟，那帮朋友说了。小兄弟们就说，那就把她的店砸了。她姑姑开了一个小店，百货店。我就同意了，去她店里。本来我想跟她先讲讲，不要烦我，再看她怎么反应。但一起去的小兄弟带了刀的，一到店就开始砸柜台了。我也就上去把她打了，把她的骨头（陈 × × 手按胸部）都打断了……

邵：那是打断了她的肋骨。

陈：她姑姑（被）打了，店砸了，女朋友当然不高兴了，就跟我吵。我火了，就把女朋友也打了，打得很厉害的。

邵：女朋友也打了?! 你打了她姑姑，又砸了她姑姑的店，她当然会跟你吵啦！

陈：那不管的，她惹火了我。把我惹火了，我管你啊！

邵：女朋友就吹了。

陈：是的，女朋友当然吹了。她姑姑的店我去把它修好，也赔了钱。

邵：那要好几万吧。什么地方弄到这笔钱的？

陈：向××信用社的主任那儿借的钱。

邵：是××县城信用社主任吗？

陈：是的。

邵：借了几万，你要还起来不容易了，要好几年才能还清。

陈：有朋友借的钱，不一定还的。这个钱我不一定还他。

邵：不用还？你们什么关系，他是你朋友吗？

陈：不是的。

邵：那你凭什么说不用还呢？

陈：我也不知道。

邵：我们说，他借钱给你，或者是欠你情，有求于你，那可能不用还；或者是借钱还钱。否则说不通啊！

陈：我通过朋友借到钱，具体我也不清楚。

邵：那或者是你朋友与他有什么特殊关系？

陈：我不清楚。

邵：好，那这些事我们谈到这儿。前面谈到你在监狱违规违纪，冲动打人，怎么回事？

陈：我到监狱 3 年多了，没有减刑过。开始我也申请调到新疆去，监狱不同意。我提了几次了，都不同意。

邵：调到新疆去，那边减刑快。减刑，早点出去，这个是盼望的。

陈：是的，我也想减刑。但3年多了，没减过。后来积攒到450分，但一下子扣了10多分，没得报减刑了。我在监狱就失去了希望，没有了目标，我就无所谓了，就乱来了。

邵：破罐子破摔。

陈：再呢，我脾气比较暴，有的看不下去，就要去吵，有时就动手。争吵打架，监区内关系当然不好，不过，小组内关系我是好的。这样，监区评议就不好了。

邵：减刑，一般是监内罪犯最盼望的事。这个事没了希望，是会影响你的改造。那你扣掉10多分，还剩下多少分呢？

陈：扣掉10多分，（一些分就要没用了）这样剩下350分。

邵：350分，你余刑还剩下多少时间？

陈：2年××个月。

邵：2年××个月，是一次刑都不可能减了，还是还有可能减一次刑？

陈：减一次刑还是有可能的。

邵：减一次刑还有可能，你为什么不争取呢？如果扣了10多分，根本没机会减刑了，那你说没了希望，没了目标，这我可以理解。否则，只要有一线机会，有一丝机会，我们都要争取啊！而且，我看只要接下来控制住自己，遵守监规队纪，不吵不打，完全有可能争取到一次减刑的机会。那你应当争取啊！

陈：是的，机会是有的。

邵：那我跟你说，陈××，你应当积极争取。当然这个机会不是随随便便就可以得到的，要你彻底改变自己。一方面，你要控制自己，脾气比较冲动、比较暴躁，但为了减刑，必须改变自己。也许有的犯人会故意弄点事给你做，来激怒你，但是你可以装作没听见，或者采取一只耳朵进一只耳朵出的方法，或者是你想激怒我吧，我偏不发火。这不是显得你比他水平更高了嘛！是不是?（陈××盯着笔者看，微微点了点头）我们可以改变一下对这个事情的认识，把它当做一个挑战，看能不能战胜自己。当然，人家惹你，你忍住，不去发火，不去动手，怨气埋到心里，也不好受，要宣泄。这个问题，一个方法是否可以申请心理宣泄。我看到监狱心理咨询中心有宣泄室。一个方法是可以找队长、警官倾诉，找队长、警官谈谈，或者同犯中知心一点的，比较说得来的人谈谈……

陈：你说的谈得来的人，知心的，监狱里我有一个。我不是亲生的（这个事），我就跟他说了。队长，他们看我不顺眼，像你这样找我谈的，我来了以后还没有。我还没有跟警官谈过亲生不亲生的话。

邵：队长、警官没找你谈，这个你一方面也要理解，一个分监区300多人，10多个警官，他们也挺忙的。

陈：是的，是的，他们对我还是不错的，还是关心的。

邵：你可以主动找警官谈，我也跟他们说说。但是先要你有所表现，表现好起来，不去与人吵，不去与人打架。队长看在眼里，他们不是木头人，会对你另眼相看。再者，你控制住了自己的行为，不仅对你减刑有利，而且对你一生都有帮助，一生有益，因为你冲动性强，自控能力不足。如果你能控制了自己，你今后的生活、今后的人生，都将是极为有益的。

第二，我不客气地说，你是非观念不清，没有正确的价值观念。什么是对的，什么是错的，什么是人生有价值的，什么是无价值的，你头脑里不清楚，甚至可以说是颠倒的。我说，你这个人脑子不笨，脑子是好使的，可以说是个聪明人，事情还是弄得灵清的。（听到这些话，陈××脸上露出微笑与感激之情，也许受表扬、肯定太少了）但是，你头脑中的是非观念、行为价值、行为正确与否的判断标准没有建立起来。这个需要你父母，或学校老师，或者一个你尊重、信赖的人来教你，也许到现在为止这样的人在你生活中还没有出现，你的人生就出了问题。我们说，什么是对的，什么是错的呢？损害他人利益、伤害他人的行为是错的，对他人有利、对他人有帮助的行为是对的。比如你打架，把人打伤了，或者偷东西，把他人的利益损害了。这个就是不对的，是错误的行为。那什么是有价值的，什么是无价值的呢？对人类发展、对我们的社会发展，或者说小一点，对人们有利的、有益的事，你去做了，就是有价值的。是非曲直，人生价值，这是一个人立身处世的基本内容，是个基础。这是你当前与今后一个最重大的课题，最需要你弄清楚的问题。怎么办？一个可以去看书，到监狱阅览室，找人生价值、是非观念这一类的书去看。书你是看得懂的吧？

陈：书能看的。

邵：好，一定要找这样的书去看。如果监狱里没有，你可以给我写信，我给你去买，给你寄过来。我会跟这儿的队长说的。

我刚才说的两点，其实是紧密相连的。自我控制能力与是非观念，是紧密相连的。建立是非观念，清楚什么是对的，什么是错的，可以指导自己什么时候、什么地方要控制，比如不对的，不该去做的，就要控制；而对的、正确的，就要鼓动自己去做。在监狱内，与人争吵，与人打架，这是不允许的，因为一方面这些行为不对，行为本身也不好；另一方面，监狱必须有一个良好的秩序，吵架、打架，监狱没有了秩序，这个是不行的。所以，不管发生什么情况，你要控制自己不要去吵、去打，而应当找队长、找警官反映情况。

陈：（多次张嘴想说话，终于说）像昨天有一件事，一个同犯，在劳动线上，突然站起来，走到另一个同犯身边，站到凳子上，朝他放了一个屁，长长的响屁。你说这种人，素质太差了，根本没有素质。这样的事，我是忍不住的！

邵：这行为当然是不对的，不过，也许监狱生活太压抑了，他想恶作剧一下。也可以说是不考虑他人利益，是不对的。但是这种行为，也许是中小学，初中、小学的小孩子做的。现在你们都是大人了，二三十岁，这样做至少有些幼稚。

第三点，关于你今后生活打算问题。你今年25岁，快26岁了，未婚。过几年出去了，总要结婚、生孩子吧（陈××点头）。那么，就需要有物质、钱的准备。你找对象，生小孩，小孩总需要你养的，总要养他到15岁，那就需要一大笔钱。这钱怎么来？靠你挣出来。而挣钱是需要技术的，需要谋生的技术。但是到目前，我看你没什么技术，没什么谋生的手段、生存技能。这个也是需要你认真考虑的，需要你在监狱内，以及出去以后去学习、锻炼。我今天在这儿点一点，希望你认真思考。当然，对你来说，最关键的还是前面两条，是非观念与自我控制能力（笔者又重复了一遍两者的内容与关系）。

好，今天就谈这些。我可能今年还要来，或者明年初。到时我要向队长、警官了解你的表现，你在监狱的表现。如果你表现好了，我会感到很高兴，我会再找你谈。我希望你从此表现好起来，争取减一次刑。好了，我叫队长把你带回去。

陈：谢谢，谢谢警官。（这次谈话笔者穿着警服）

邵：（笔者拍拍陈××的肩膀）小伙子，努力啊！

分析：造成陈××犯罪的原因，打骂式的不良的家庭教育方式无疑是个重要原因，特别是早年父亲的打骂。而青少年在成长过程中是需要指导的，父母缺乏指导，学校教师又在数次教育无效后放弃了对陈××的教育，造成他是非观念缺乏，人生成长出现了问题。因此，家庭指导、学校教育的功能缺位或缺失，在该服刑人员身上表现明显。家庭教育的重要性、学校教育的必要性，特别是对某些在学校表现不良学生的教育问题，是我国教育机构以及他们的家长必须认真思考，并加以解决的一个重要问题。

该服刑人员需要指导的地方很多，如怎样交友也很重要，但是，最重要、最要紧的，则是人生观、价值观，特别是树立正确的是非观念。判断事物、判断行为是非的标准，在陈××身上没有建立，甚至表现出颠倒的情形，是必须指导的重中之重、急中之急。然而，仅仅是这么一次指导，其效应也许是不能持久的。所以，持续的、系列的矫正指导，或者说，设计一个完整的矫正方案，其意义是显而易见的。矫正机构及其工作人员，应当有这样的意识与工作机制。这是我国矫正机构需要解决的紧迫课题。

从谈话初期分析，笔者以为陈××表现出一个天生犯罪人的特征。但是，从后面的谈话情况分析，陈××还是一个可以教育矫正的对象。一个人，连最基本的是非观念都不清楚，甚至是颠倒的，其言行必然会表现出反社会性，这还是后天的教育问题。陈××的犯罪与思想特征，具有典型性。

5. 赌博输了钱，所以要抢劫

——Z省P监狱谈话记录之二

谈话时间： 2011年1月19日，10：40—11：42。
谈话地点： Z省P监狱心理咨询中心心理咨询室。
谈话对象： 应××，男，1972年5月出生，已婚，浙江人，抢劫罪，被判处有期徒刑10年6个月，为分监区顽危犯。

谈话前笔者阅读了监狱教育改造科关于应××的一个基本情况介绍。

监狱警察带应××到监狱心理咨询中心心理咨询室，笔者请他坐下。

邵： 你是应××？

应： 是的。

邵： 应××，你不用紧张，我们随意聊聊。你是1972年出生？

应： 是的，今年39岁，都老了。

邵： 39岁，都老了？我跟你说，我比你大。

应： 不会的，不会的。我看上去50岁都有了。

邵： 那是外貌，实际年龄你比我小多了。你什么文化程度？

应： 我读到小学三年级，但档案上写着是初中。

邵： 小学三年级读完了吗？

应： 小学三年级读完的。

邵： 看得懂报纸吗？

应：看是看得懂的，但不会写，写不出来。

邵：给我的这份情况介绍上说，你是抢劫罪。怎么回事？愿意跟我说说吗？

应：当然愿意的。是这么回事：我赌博输了钱，刚好一个福建人带了一个古董来，是一个瓷碗。有人请我去看了看。我看值钱，就问我在当地派出所的一个朋友，他说可以把它拿来。我们就把它给拿了。后来一鉴定是假的，就值200块钱。

邵：不管真假，你们把人家东西抢了。这总是不对的。

应：他也是违法的，贩卖文物。

邵：哦，你们说是“黑吃黑”啊！

应：就是。我特意问了派出所的朋友，他说可以去把它拿走的，我们才去的。

邵：大概想想他也是违法的事，你们抢了，他也不会去报案。

应：是的。哪知道他去报案了！

邵：抢劫罪，判了10年6个月。

应：就是，判了10年6个月，拿了一个假的东西，就值200块钱。

邵：抢劫，最少3年。

应：我们没有用暴力。

邵：没有用暴力？明知是他人东西，如银行出来一个老太太，手里拿了钱，你一把夺过跑了，那是抢夺。如果是在被害人不知的情况下，偷偷拿走，那是盗窃。运用暴力手段，或者威胁方式，那是抢劫。例如，用刀、棍，但也可以不用刀、棍，言语威胁也可以，那是抢劫。你们可能没有带刀、带枪，但言语威胁肯定有。如果不给，要给他什么什么的，人家只能给，那就是抢劫！

应：这个……我进来后，在看守所，看了一些书，也知道的。

邵：你说几个人一起抢的，一共有几个人？

应：3 个人。

邵：那谁是主犯，或者说判决书上谁排在第一？

应：我是主犯，判决书上我排在第一。就因为我说了去抢来这么一句话。3 个人都判了 10 年 6 个月。

邵：派出所的那位警察也判了 10 年 6 个月？

应：是的，他也判了。

邵：这个民警也是知法犯法，太不应该。不管人家违法与否，你应当按法律办事，怎么好“黑吃黑”?！大概因为这个，性质恶劣，判 10 年 6 个月。判了刑，开除公职，不值得。

应：没有他那句话，我们也不会去抢了，就没有这件事了。

邵：你以前还被处罚过吗？

应：没有的，就这一次。

邵：你说，他们来问你瓷碗值不值钱？

应：哦，古董我懂一点的。我对玉、古家具略知一二。

邵：这个你应当知道，古董有很多类的，如字画、玉器、古家具、瓷器、青铜等，很多类……

应：字画，那需要文化，我不懂的，就玉器、古家具懂一点。

邵：对啊，隔行如隔山，就是古董里，每类都有很多学问。你说懂玉、古家具，但不一定能鉴别古瓷器。这方面你不一定是专家，你就不一定鉴别得了。这一次就是一个证明，你说值钱，结果呢？经鉴定值 200 块。看走眼了！

应：是的，古瓷器不懂。

邵：你说赌博输钱了，就去抢个古董。是想抢古董卖了补赌博输后的窟窿吗？

应：窟窿没有的，就是赌博输钱了。

邵：那你经常赌吗？

应：我以前不赌的。就是最近这几年才去的。

邵：那你赌博输钱了，欠人家钱了……

应：没有，没欠人家钱。

邵：那怎么回事呢？是手中的钱输掉了。

应：是的，原来手中的钱，我多年积蓄下来的钱输掉了，输光了。输钱总是不高兴的，不舒服的，就想把它捞点回来。

邵：你是说赌博输钱，然后就去抢劫了。这个不成立啊！这中间还有一个"心理变量"。

应：什么？（应××脸上出现迷惑的样子，听不懂）

邵：这么说吧（笔者伸出两只手，都握成拳头），这个（笔者抬了抬左手）比如是赌博，这个（笔者抬了抬右手）是抢劫，在赌博与抢劫中间（笔者把左右手向中间运动、靠拢，又分开，再靠拢，然后伸开右手指指刚才两个拳头的中间），还有一个中介变量，就是你怎么看赌博输钱这个事（笔者用右手指指左手握成的拳头）。赌博输了钱，有的人可能想，自己运气不好，没有赌运，算了，今后不赌了；有的认为对方赌博技术高明，咱不是对手，玩不起，不玩了；还有的觉醒了，认识到赌博不是好事，停手了。再有就是你这种情况，赌博输了钱，我要从其他什么地方找点回来，这样才心中平衡。正是你对赌博输钱的这个认识，心理学上叫认知评价，才导致了你去抢劫的这个决定，这个行为。（应××听到这儿，脸上开朗起来，听懂了，点了点头）所以（关键是）你对这个事情怎么看，这个看法是很重要的。

应：我没什么文化，有些事情弄不清楚，人脾气又暴躁，所以做不好事。

邵：你的资料上是已婚，老婆来看你的吗？

应：我正在准备离婚。

邵：离婚？是老婆提出来，还是你提出的？

应：怎么说呢？谁提出来不一样？这样说吧，是我提出要离婚的。

邵：为什么呢？

应：我判这么长时间，脾气又不好，让她跟着受苦，她也不一定等得了。与其她提出来，不如……我就跟她说，不要等我，你去找找看，找到合适的，提出来，我会同意的。

邵：如果是你提出离婚，那是需要勇气的。不容易啊！你关在里面，失去自由，又要失去家庭。

应：我这个人脾气不好的。

邵：我听到你多次说自己脾气不好，这是怎么回事？

应：你不是要给我做咨询吗？分监区警官跟我说，我脾气差，有个专家要给我咨询一下。

邵：是这样?！……我今天主要是想了解一下你的情况，作个谈话，不是来做心理咨询的。当然通过谈话，如果我发现可以帮助或指导你，我最后也会给你说说。你说脾气暴躁，首先，你自己不要认定自己怎么怎么的，我们叫“贴标签”，把自己贴上一块脾气暴躁的标签（笔者用右手往脑门上一按），会产生一个叫标签效应的东西，就真认为自己是个脾气暴躁的人，改正起来就会增加困难。有时候不一定是脾气暴躁，可能是心情不好，看什么都是灰色的，情绪差，那么一有什么事就可能是不好的反应。例如，现在你要离婚，心情肯定不好啊！就可能会反应不良，冲动什么的。

应：哦，是这样?！

邵：你有小孩吗？

应：有的，男孩，16 岁了。

邵：那是读高中了。他在老家读书吗？

应：不是的。我送他到外地读书，到河南读书。怕风言风语，影响他。

邵： 你这个考虑是对的。他在外地读高中吗？

应： 不是的，是在学技术。

邵： 那是技校了。

应： 也不是的，他学技术也读书。

邵： 那你是否送他到河南那种武术学校读书了？

应： 不是，反正在那边读书。应当是高中吧。

邵： 他在那边读书，那需要一些费用了。谁供他呢？

应： 一年一万多吧，还供得起的。

邵： 他这个年龄，正需要管的时候。谁管他呢？你又写不了信。

应： 他妈妈管吧。

邵： 也只有这样啦。你对你儿子，怎么教育的？

（此时监狱接待的警官打来电话，问笔者什么时候结束，看了看时间，已经 11 点 10 分，就回答说 11 点 30 分结束。）

应： 还能怎么教，就是叫他好好读书，其他也没什么好说的。

邵： 叫他好好读书又说些什么呢？讲些道理吗？

应： 我文化程度低，也说不了什么。

邵： 做父母的，除了教育小孩好好读书，还要教育些做人的道理。你父母都在吗？

应： 我父亲 15 年前就死了，母亲还在的。

邵： 母亲年纪多大了？

应： 母亲 80 岁多了。父亲如果在，快 90 岁了。

邵： 那你父亲过世，大约 75 岁。

应： 是的，差不多。

邵： 你小时候，父母教育你的方式，是打骂为主，还是放任不管，或其他方式？

应： 农村里，有什么教育的?! 都是骂两句，打两下的。

邵： 你前面说自己脾气坏，不能控制自己的情绪。那有没有这样的情况，监狱里有的犯人会故意弄点事，让你烦心，甚至让你钻圈套，你上当受骗了，就容易冒火。（笔者发现应××文化程度低，认知能力不那么强，故而有此一问）

应： 我这么大了，好坏总分辨得出来的。

邵： 那好。你认为自己判断力还是有的。那么我们说另外一个事。其实，你应当认识到，你现在有许多让你烦心、让你心情不好的事。心理学上说，有这样一些重大生活事件，排第一位的是配偶死亡，其次是离婚，再次判刑坐牢，家里重要亲人死亡等。这些都是排在前几位的，给人很大压力的事件。你呢，正在离婚，又被判刑坐牢，还有母亲80多岁了，你不能在家照顾，再呢觉得影响了孩子，也不能在身边管着。这样一些事，会严重影响你的心情，让你心情压抑，心情高兴不起来，变了脾气。我说这些，只是让你明白，你心情不好，脾气不好，或者脾气变暴躁了，很可能是这样一些事造成的。你知道了原因，明白了道理，就可以有效地应对它，知道怎么去解决它，如离婚，采用自然的态度，正如你前面说的，不强求。如果老婆要离，你不强留；如果老婆不想离，也不要去硬离。哎，说到老婆，她来看你吗？

应： 她每个月都来看我的。

邵： 那好啊。那她不见得想跟你离。你不要多想，不要自己说老婆在外面有人了，老婆肯定等不牢的。不要有这些绝对化的看法。事情也许并不是你想象的那样。

（笔者看了看时间，快11点30分了，中午下班的时间就要到了。外面接待的同志还等着，得抓紧结束。）

还有一点，说到脾气差，另一方面就是提高自我控制、自我调节能力。我前面也说了，可以通过改变自我认知，如赌博与抢劫，并不是说赌博输了，就要去抢劫。对赌博，对周围发生的事，我们可以换个角度看问题，这样就提高了自己调控的能力。要有意识地这样去多想想，换个角度想。

再一点，我们说做人要有底线，其中最硬的，不能碰的，就是法律。法律不能违反，这是“高压线”，也是做人的最底线。人家贩卖文物，是违法的，但你把他抢了，也是违法的。这就突破了底线，做人的底线。这一点，既是这次判刑应当吸取的教训，也是你刑满释放回归社会必须清醒地认识到的，牢牢记在心里的一条准则。我希望你守住底线，今后人生顺利。

好，今天就谈到这。我联系队长（警官）把你带回去。

(因谈话与回忆间隔时间较长，丢失的信息量较多。)

分析：造成应××犯罪的原因，其中重要的一个方面是其认知能力低下的问题。由于未能读到小学四年级，因此其思维能力的发展就不完善，形象思维向抽象思维的过渡可能存在缺陷，从而影响到个体的认知能力水平。这在谈话过程中得到一定验证，即应××对笔者的提问反应简单；而对事物的分析能力也不强，反映在对赌博输钱后的认识上。思维反应简单，思维能力特别是抽象思维能力不强，这影响到应××的认知判断，是造成其犯罪的内在原因之一。

对应××的指导，运用了认知行为疗法。影响个体行为、情绪的原因，不是事物本身，而是人们对该事物的看法、观点与解释。赌博输钱不是引发应××抢劫的直接原因，对赌博输钱的看法、解释，才是造成应××去抢劫的直接诱因。讲清了这个道理，对应××的教育矫正才有的放矢，才有针对性，也才能使矫正工作顺利展开。

6. 没有200万，我是不会停手的

——J市劳教所谈话记录之一

谈话时间：2010年9月28日，13：15—14：28。
谈话地点：J市劳教所一大队会议室。
谈话对象：赵××，男，1983年7月生，汉族，浙江人，初中文化。
违法犯罪经历：2006年6月×日因犯故意伤害罪被××市人民法院判处有期徒刑4年。2010年1月×日因赌博被××市公安局行政拘留10日并处罚款500元。
违法事实和证据：2010年3月5日下午和3月7日下午，赵××在××市××镇××村，以麻将打“筒子功”形式进行赌博违法活动；2010年3月8日下午，赵××在××市××镇××村，用扑克牌打“二八杠”的形式进行赌博违法活动，被公安机关查获，现场查获赵××赌资3.25万元。被判劳动教养1年，从2010年3月×日至2011年3月×日。

民警叫来赵××，要他在门口喊报告进来。赵××走到会议室门口，站住。笔者叫他进来。赵××身材较为魁梧。

邵：赵××，来，进来，坐到那凳子上。（笔者要求他坐到对面隔着一张会议桌的椅子上）我看了你的档案，你前面有伤害罪判4年，怎么一回事？（谈话时会议桌上放着许多劳教人员的档案）

赵：（稍愣了一下，看着笔者）嗯，是朋友叫去的。也不

是，是朋友的朋友，跟人弄上了。他们叫我，我就带了两兄弟去了店里。

邵：是两帮人冲突打架吗？

赵：不是的。他们在那店里喝茶，我们一起冲进去。本来我是想把事件弄清楚，教训一下，摆摆平就算了。结果那朋友的朋友冲进去就拿刀砍人。我看到他砍了，我也带了刀的，拿出来也砍了几刀。

砍了就逃了。在外面逃了3个月。那砍人的朋友后来倒投案自首了。他有关系，摆平了，进去后就取保候审。他跟我说，我是主犯都没事了，你更没事了。叫我不要承认就行了。所以我被抓后一直不承认，到法庭上都不承认。结果我被判了4年，他是主犯，判三缓四。他有关系。（赵××说话时或说话后常常笑一笑，后面也一样。很轻松的，笑眯眯的）

邵：在哪个监狱服刑？

赵：在Z省H监狱。

邵：待了几年？

赵：3年出来了，减了点刑。服刑时砍人朋友来看我，我不要他看的。你的事，我吃官司，本来经济补偿一下也行。说是说了，没兑现的。我出来后也没兑现。他在广州那边做生意，三四百万是有的。所以我就到他家把他给打了、砍了，把他家给砸了，所有的东西都砸碎了。

后来在我“大哥”的协商下，拿了10万块钱。10万块，这么一点。

邵：那现在碰到那个人，是否装不认识？

赵：不是的，碰到了我还是跟他过不去的，还要打他的。（说这话时歪着头，笑眯眯的，有点得意的样子。）

邵：你刚才说的“大哥”，是兄弟吗？是自己的哥哥吗？

赵：不是的，是社会上混时认识的。他带我的。我家就一个弟弟。

我“大哥”在我们当地是做得大的，他开了一公司，又开了一酒吧，两个地方都给我挂个名，每个地方每个月给我一万块钱。我去也不去（上班的），就挂个名。

邵：你（劳教）决定书上说，赌博，1月份有一次，还有是3月份这一次，就来劳教了。

赵：1月不是过年么。过年开赌场，抽头、“放炮子”，（就是）赌场放高利贷。抓住，给处罚了。开赌场，每天有几万收入，五六万有的。后来这次是去赌了，到××地方（某专业市场），输了。

邵：你决定书上说，财资3.25万元。

赵：那是身边带的钱，被查出的现金。赌博输赢几十万，上百万的。我那一次就输了四五十万。

邵：那你这钱哪里来的?

赵：钱么，一个是到××地方（某省会城市）一个朋友那儿去借。这个朋友是在监狱里认识的，他做得很大的，有几个亿，他是经济犯……

邵：职务犯罪?

赵：是的。他是经济犯，弄了几个亿，判了无期，在监狱里蹲了13年6个月出来了。（现在）我没钱时，就向他去借，借个四五十万不成问题。说好借多少时间，如一个月，到时是一定要还的，给利息。还有就是没钱时开个场子。拉二三个人，再到其他场子挖一个来，有时凑个七八个人，就可以开场子了。抽头，每天可以拿到三四万，五六万。再就是“放炮子”。

邵：你这样开场子有了钱，但又赌博输掉了，相互平衡吗?

赵：我总体上是好的，上升的。有时七八天，十来天手发霉，钱全输光了，还欠人家，就会停一停。现在我进来时，欠人家四五十万，不过人家也欠我七八十万。我在××地方买了房子，还买了车，（车）三十多万，这些都是自己挣出来的。

邵： 开场子挣的？

赵： 还有就是讨债。帮朋友、老板去要钱。例如，他们相互间欠几十万，我去帮他们要回来。

邵： 要回来的钱，你拿多少呢？一半吗？

赵： 一半可能说多了。

邵： 1/3？1/4？

赵： 1/3，我出马，不止的。这个事情是这样的：比如欠 20 万，我给要回来 10 万。拿给他时，跟他说，我拿回来 10 万，他就把欠条拿出来，我就当场撕了。这时给个 5 万，5 万我留下。钱在我手上，我说给多少就多少哪！接下来不是还有 10 万吗？这个慢慢讨。有时去要 3 万，我就跟老板打个电话，我又要回了 3 万。这个 3 万，给不给他，我说了算，钱可以给，也可以不给。然后比如又去要回了 5 万，又给老板打个电话，拿回 5 万了。给不给也是我说了算。

邵： 那不是 20 万的钱，你可以拿 15 万?!

赵： 这个也有的。你不是要我去拿钱么，拿了后（给他多少）决定权在我。比如我进来前，刚拿了 42 万。那个老板就欠了 42 万，我全部一次性拿到了。我就留下了 20 万，给了 22 万。（说这个事时赵某感到一丝得意。）

邵： 你拿时需要手下一起去，或带上刀吗？

赵： 这个……讨钱很容易发生那个拘禁犯罪的，把他人身自由给限制了。所以有时我就安排其他人去，这样发生事就查不到我。我去，那是不用拿刀的，我里面（监狱）也呆过，以前做的事，大家都知道的。我去，钱一般就给了，多少给一部分。

邵： 那你这个钱拿回来，然后开场子，钱就都买了房子、车子？

赵： 不是的。我还吸毒的，吸冰毒，“溜冰”一下。每天都吸。跟女朋友一起吸，两个人一个晚上吸1克还不够的，要1克多，1克就是七八百块钱。

邵：女朋友现在来看你吗？

赵：来的，一个月来4次，雷打不动的。

邵：一星期一次？

赵：是的。我叫她不要来，她都不肯，每个星期都来。来时给她2000块钱（卡上去取）、3000块钱。上星期刚来过，我就给了2000块。

邵：钱拿去干吗？吸毒吗？

赵：吸毒不会的。我女朋友说了，你吸我跟你一起吸，你不吸我也不吸。钱主要是去买衣服啦，化妆品啊。

邵：你能保证她不吸吗？

赵：这个不会的。"溜冰"，又没瘾的，不吸就不吸了。而且，我跟她说，我出去，就生个孩子，我在里面一年，不吸了，她也不吸，就可以生了。吸毒生不来的。

邵：这个对的。吸毒，不能生孩子。至少半年，哦，我是指抽烟。我们说，你抽烟这样的不良习惯，要停止半年后才怀孕。吸毒，最好更长时间，比如一年后才怀孕。怀孕后也不能吸的，因为肚子里的宝宝是很脆弱的。吸毒，对小孩绝对有伤害。

赵：这个是的。我几个朋友，那女的怀孕还吸，生出来的小孩傻乎乎的。弄不好，还怪胎呢！少胳膊少腿，那你一辈子要哭了。

邵：你说得对，你这个认识好。生孩子，不能吸毒。还有就是，生了小孩，你也不能吸啊！哦，你在吸毒，小孩在旁边看着，或者知道你吸毒的。那对小孩有什么影响？父母，言传身教，你吸毒，小孩会怎么想，会怎么做？那他肯定也会去吸毒，那就把他毁了。所以做父母，是一辈子责任。（听到这些话，赵××有些发愣。他大概没想到，生了以后也不能吸毒，要负一辈子责任。)

赵：……这个……小孩养到大了就好了，养到成人就不管了。

邵：是啊，养到18岁，独立生活了，或者说，你养小孩，总希望他读好书，考上大学。那要大学毕业后，20多岁了，你要负责吧。

赵：是的，要读大学的……（迟疑的样子）……大学要他读的。

邵：我看你没准备好，生小孩的事，你思想上没做好准备。如果没准备，就想生一个，是什么原因呢？

赵：生小孩，像我们这样的人，随时可能进去的。有个小孩，在监牢里就有盼头。像我上次（坐牢），像现在（劳教），什么都无所谓的。

邵：可是你生了小孩，你进去了，小孩就管不了啦。

赵：对的，小孩在外面，我在里面管不了，流浪了，这个也不好的。

邵：所以我说你没做好准备，那不如不生。再呢，你出来，还要看一个问题，你能保证你女朋友真在外面不吸毒？

赵：她偶尔吸一两次还不要紧的。如果跟其他男人搞在一起，那就不行了。

这个女朋友，一开始也是玩的。吸毒吗，每天跟个女的一起吸，一天换一个，多的是。这个女的，开始一起玩着吸，在一起经常吸，吸的时间长了，慢慢有点感情了。

邵：她干什么的呢？

赵：她什么也不干。跟我在一起，就是玩，买衣服、逛店，晚上吸吸毒，“溜冰”，在家“溜冰”。现在都在家吸冰毒，以前在宾馆房间，现在根本不可能的，查得厉害。刚开始吃摇头丸，现在不吃那东西了，就“溜冰”。“溜冰”，一开始派出所警察都不认识。那时宾馆里吸毒，明明桌上放着冰铂和粉，像白糖的，他们都不查的，不知道这东西。

邵： 你吸毒有多长时间了？

赵： 6年多了。中间监狱里待了3年，没有吸。

邵： 那第一次是怎么吸上的呢？

赵： 6年多前，21岁吧，开始混社会，跟着“大哥”到KTV，当时是吃摇头丸。

邵： 是前面说的那个“大哥”吗？

赵： 是的。吃了摇头丸，大家一起摇啊摇的。摇头丸也不是随便什么人好吃的，有的想吃还吃不上呢！（赵××想说明混社会不容易）

邵： 那之前你干什么？

赵： 也在工厂做，每个月一千来块钱。

邵： 那你什么时候开始做工？初中毕业吗？

赵： 17岁开始到工厂上班的。

邵： 初中有读毕业吗？拿到毕业证了吗？

赵： 初中读完的，毕业证有的。

邵： 初中成绩怎样？小学呢？

赵： 成绩不好，只知道玩。

邵： 那父母管吗？

赵： 父母？父亲就知道打。小学时，经常打我，中学就骂了，不打了。骂得勒……什么话都骂！

邵： 那为了什么打你呢？

赵： 我父亲钱看得很重，还有就是打。这是他两个缺点。（笔者多次重复这问题，赵××都没有正面回答。这个问题与其犯罪存在较密切关系，应通过专门评估。）他打我骂我，我就只能躲在被窝里哭。有时就用刀，刮胡子的刀片在手臂上划。你看，伤痕现在还在的（伸出手臂指给我看，笔者看到了二三厘米长的一条条的伤痕）。我就是要留下伤疤，记住他的骂。所以后来我出来做了，就不回去的。监牢出来到现在，叫过他几声爸我都能数得出（意思很少或基本没有）。

邵：哦，这样子。那他对你弟弟好吗？弟弟大概是他需要的样子（笔者是指他弟弟的行为方式符合爸爸的要求）。

赵：他吗，弟弟也被骂的，不过他不响的。我有几次（跟父亲）对打的。弟弟现在在家那边做工，一个月一千来块钱。

不过，现在父母大概年纪大了，也变了，要我回去了。父母不敢来叫的。母亲打电话来，我说，打什么打，就挂了。母亲就叫弟弟来，我知道他来的意思，（名义上是）来看看我，实际是叫我回去，我不回去的。

邵：那什么时候开始这种情况的呢？

赵：我从监狱出来，不久有了点钱后，买了几条香烟，给母亲买了补品，开了车，是朋友的车，开车一起去的，回家去看父母。刚到家门口，父亲堵了门说：你回来干什么？谁要你来看了！我火啊，当场把补品摔家地上，把香烟往家旁边的（农）田里一扔，扭头就走。从那以后再也不回家了。

你不是看重钱吗，我就挣钱（给你看），在城里买了房，买了车。车子人家一般买个 10 来万的，我买 30 多万的。

去年家里老房拆了盖新房，父母来向我要钱，当然叫弟弟来要。我说我又不回去了。你不是看重钱吗，第一次没给，不给也不理。第二次吧，又来要了，我想想，还是给点，给了 3 万。三层楼，盖下来要四五十万吧，钱不够，前几天我叫女朋友又给了 5 万。这几天家里在盖房子。

邵：赵 × ×，我们谈了上面这些，我想说这么一点。你现在的挣钱方式，开场子、放高利贷，这是不可持续的，违法的挣钱方式。至于帮人催债，这是个灰色地带。总体说，随着国家的法制越来越健全，打击力度加大，你这个模式不可持续。

赵：这个我也知道。所以我随时准备进来的。但是我自己有个目标，就是挣到200万—300万，我就不做了。没到这个目标，我是一定会去做的，会这样继续做下去的！

邵：你这个目标什么时候可以达到？

赵：这个不知道。有时一个月就可以赚100万，有时两三个月赚到。（但）也许一二年也赚不到。

邵：所以你的目标是也许可以实现，也许实现不了。你并不清楚。

赵：是的。我的那些同学，在乡下老家，每个月挣一千来块钱，一年一二万。还不够我一个月花。我是过不了那种生活的。那种生活有什么好?！我的这帮同学里当然是我过得最好了。我在城里买了房，买了车。他们哪有?!

邵：这就叫人各有志。不过，我跟你的观点相反，我觉得你这种生活不令人羡慕，是不好的。前面说的，不可持续的。你那些同学倒安安稳稳，日子过得踏实。

你刚才说挣到200万—300万，那又怎么样？

赵：挣到200万，那又是另一个平台，交往的朋友不一样的，层次不一样的。例如，我那（省会城市的）朋友，现在我去借钱，我自己也有数，不能超过50万。四五十万，他会给的。如果借30万，人都不要去的，他就说了，来干嘛，我给你打到卡上好啦。

超过50万，七八十万，人家就不一定会借了。而你有了200万，你就可以再借到200万，有400万，就可以做点事了。

当然，我也许不干这些事，就跟（省会城市的）朋友去做生意。现在我不愿意，他每月给我5万（笔者没听清，问：1万?）1万谁去做了，5万要给的。一年60万，我还要看人家脸色，不要去做的。他说澳门有生意做的，一年几百万，但是我这脑子毒品吃坏了（用手指指脑袋），到澳门做生意，动不过人家脑子，做亏了，也不好的。

（此时，接待警察把笔者叫出会议室，告诉说：该劳教人员是伙房烧锅炉的，时间差不多了，谈话要抓紧）

邵：（抓紧结束）你砍人进了监狱，今后还会去砍吗？

赵：这个不会了。4 年监牢生活，随便砍人不会去了。再又是替人家去砍，更不会了。只要不是场面上下不来……

再去蹬牢监，几年过去，出来生意什么全泡汤了。在里面待一年，那出来还可以做的，三四年，出去什么都没了。车子肯定没了，到哪里也不知道了。房子，有人给你交按揭，那还在。像我父母，他们不会给我交，房子也许给银行了。所以我随时准备进来，但时间不能长。

邵：这个也不是随你说说的。你这条道上走下去，我看也保不齐。我认为你做的这些，要么是打擦边球，灰色地带的事，要么，如开赌场、放炮子，违法的事，你的做法没有可持续性，（这是）现在流行说法，就是说没有发展前途。怎么办？这个我觉得你还是要考虑考虑，去认真思考一下，反思一下。

好，今天就谈到这里。

（赵××站起来，管理的警察已等在门口，把他带回）

分析：赵××的违法犯罪，与早年打骂式的家庭教育是存在一定关系的，特别是父亲的打骂。在谈话时赵××刻意回避这个问题，说明这种教育方式对他的影响可能是巨大的。但是同样在一个家庭里，弟弟的情况有所差异，这一块没有了解清楚。如果弟弟没有违法犯罪，那么或者是父母对两人的教育方式可能存在一定区别，或者是弟弟在学校教育中得到了补偿。犯罪学研究表明，甚至在没有父母支持的情况下，学校也可以发挥积极的影响作用。由于在学校的经历，一些学生学会了更好地鉴别与自我控制有关的优势和机会，从而可以有效得到社会化，不管家庭经历如何，都能产生这样的结果。①

从谈话情况分析，赵××的犯罪心理较为牢固，这是由于赵××从不合法的行为中获得了巨大的收益，而且这种不合法的行为存在了较长的时间，已经成为一种动力定型，成为了一种习惯化了的行为方式。在这种不合法行为表现过程中，赵××还建立起了与不合法行为相协调的不合理认知。因此，从赵××的身上，仍然可以看到早期家庭与学校教育的重要性。家庭教育不是小孩犯错误后只给予惩罚，而且只是打骂式的体罚。这是非常值得父母反思的。

由于赵××犯罪心理的顽固性，一次谈话教育不能收到多大矫正效果。到谈话过程结束，赵××仍然坚持自己的错误观点。但是，对谈话过程中赵××表现出来的每一个错误思想与不良行为，笔者都给予了否定的表达，而且在结束时笔者提出了要求，对自己的思想与行为方式进行反思的要求。这些都是需要而且重要的。

---

① ［美］迈克尔·戈特弗里德森、特拉维斯·赫希著：《犯罪的一般理论》，吴宗宪、苏明月译，中国人民公安大学出版社 2009 年版，第 100 页。

7. 我是“拿”人家的车
——J市劳教所谈话记录之二

谈话时间： 2010年9月28日，14：40—15：41。
谈话地点： J市劳教所一大队会议室。
谈话对象： 田××，男，1989年8月×日出生，汉族，云南人，初中文化。
违法经历： 2010年3月11日，因盗窃被某市公安局××分局行政拘留5日。因本案于2010年4月5日被××市公安局行政拘留14日。
违法事实和证据： 2010年4月×日上午，田××伙同付××在××市××镇××村××号门前，以推车方式盗窃孙××雅马哈牌电动自行车一辆（价值人民币1420元），被失主发现后弃车逃跑，当日下午被公安机关查获。被批劳动教养一年，从2010年4月×日至2011年4月×日。

接待警察叫来田××，要他在门口报告进来。田××走到会议室门口，站住，喊报告。笔者叫他进来。

邵： 田××，来，进来，坐到对面椅子上。田××，我看了你的档案，上面记载你文化程度是初中。你初中读到几年级？

田： 我实际上没有读初中，只读到小学五年级。出门在外，到厂里找工作什么的，说初中好点，人家也都相信的。

邵： 哦！那小学成绩怎样？

田： 小学成绩一般。

邵：为什么读到小学五年级就不读书啦？

田：不喜欢读书。五年级时父亲在矿上做工受伤，母亲在家务农，也没什么收入。我（跟父母）说，不读书可以减轻家里负担，在我的坚持下，就不读了。父母是要我读书的。

邵：家里有些什么人？

田：我家里兄弟姐妹挺多的。（说到家里小孩多，有点难为情的样子）有姐姐、哥哥、弟弟、妹妹，一共6个小孩。我们老家特别偏僻，在山沟沟里。

邵：这次违法是怎么回事？

田：哦，是同学，又是老乡，他们白天常睡觉，不做工的，晚上出来玩。老叫我去玩，就去（拿车）了。

邵：那这次偷车，是老乡教的，不是自己去拿的？

田：去（玩）么，要车，是自己去拿的（偷的）。

邵：为什么去拿呢？

田：出去玩，需要车。

邵：除了这一次，其他还有偷车的吗？

田：还有的。

邵：那第一次是怎么拿的？

田：自己拿的，老乡都有车的。

邵：拿，偷吧，不对总是知道的吧！

田：这个……老乡在一起玩，就想到去玩了，没有想这个（该不该拿）。

邵：老乡去偷吗？

田：老乡常拿的。

邵：常拿的。是自己骑吗？有拿了后去卖的吧！

田：是的，拿去卖的。很便宜的，七八百，或者四五百（一辆就卖掉了）。

邵：你怎么学会的呢？

田：老乡骑车来，我问他们的，怎么拿。他们教我怎么拿、怎么拿。

邵：你一直在××地方干活吗？

田：不是的。

邵：那原来在什么地方干过？

田：一开始在杭州的一个电子厂里干的。到这边来才3个来月。

邵：来这儿后干什么呢？

田：在一个酒楼做服务生。

邵：哦。你劳教后父母来看过你吗？

田：父母都不敢告诉。刚开始骗他们还在上班。我们老家很偏僻的，这（种事）很倒霉的。后来知道（我劳教）了，哥哥和弟弟来看，骂我了。来看了几次，每次都骂的。

我跟他们说，这次进来还好的，知道不对了。如果不进来，（继续干下去）下次肯定要进来，时间要长了（指比这次劳教一年要长）。

邵：（你）到明年4月解教吧。

田：到明年2月。

邵：那是提前回去了。好的，那是好事。

田：父母骂死了，我都不敢回去了，电话也不敢打，老揪住不放。（对父母有点生气。）

邵：那你要理解父母的。你都劳教了，学坏了，父母怎么不担心，不生气呢?！比如，如果是我的孩子劳教了，那我急死了，难过死了，那还了得！做父母的，绝对希望子女要成材，走正道，学好啦！（看到笔者有点激动说这一点，他感到有点理解了）

田：他们（父母）（在我出了这事后）老骂我的，哥哥来看我，也每次都骂。

邵：那是的，你劳教了，你父母脸上无光啊！在村里抬不起头来，你兄弟姐妹也可能觉得丢面子。中国人最看重面子了。没面子，那是大事。

田：我吸取教训了。下次绝对不会犯错了。在一起的（劳教所里的），有的来了二三次了。我说，你们老犯错，老来这儿，有什么好！我是不会再来了。

邵：这个对的。一定要吸取教训，不能再犯错。但要做到这点，有一点很重要，就是你出去后交朋友要注意，要谨慎。如果再交这样的朋友（指这次进来前交的朋友），那还要犯错的。所以你今后交朋友要有选择的。犯罪学研究表明，交犯罪的朋友，那你就很容易犯罪。这个一定要记牢。

当然，朋友总是要交的，但你可以选择啊！了解一下他的过去、现在，如果正在、仍然在犯罪的，不能交。如果他原来犯过错，但真诚悔改了，那还是可以交的。知道了他的情况，不好交的，那他来叫你玩时，直接拒绝有时不好意思，那可以找个理由，如女朋友有事了，父母在找你有什么事，等等。总之，要跟不好的朋友绝缘，不来往。

田：这个是的。我以后不会去交的。我还是与在杭州厂里干活时一样，到厂里老老实实做点工。

邵：这个对的，这个很好。可能你出去后，你原来的朋友又会来找你。我在监狱里碰到过很多个（这样的人），他们出去了，开始也要好的，但原来的朋友找过来，又去了，就又再进来了，再到监狱里来了。

田：两个月前，八九个原来的朋友来看我，我说都是你们害的。听说，前几天他们又都给拘留了。

邵：是啊，你要头脑清楚，不能跟他们交往。出去后如果这边待不下去，他们老找上来，你可以换个地方。现在浙江用工缺口很大，缺十多万，像你这样在电子厂里干过的，可以很好

（容易）找到工作的，可以再回到杭州找工作，或者去宁波找，肯定能找到工作。还有，你一个月现在收入多少？

田：在这边的酒楼干，一个月1200—1300元。

邵：包吃包住吧。

田：是的，就住在那里，就在酒店里。

邵：那是纯收入了。吃住不需要花费了。有结余吗？给父母寄点吗？

田：这几个月，来这边3个来月，在酒楼干，钱都花掉了，没有寄回去的。在杭州时寄500元、1000元地回去。（在这边）朋友一起玩的，有时他们没钱，一下子就用掉了。

邵：是一个月寄一次吗？半年（一次）？

田：两三个月寄一次，有时也不寄。

邵：这个……所以有问题，把钱都花掉了。一个要想着给父母寄点。作为小孩，要知道感恩。再呢，钱不能都花了，要有点结余。你22岁了，总要找女朋友吧，要生孩子吧。你有女朋友了吗？

田：有的，来看过两次，我刚进来时。现在也没来看的了。才认识两个月，因为到这边才3个月，是在这儿认识的。（不来看）刚开始有点焦急，现在也不想了。

邵：我看你与女朋友（关系）可能也就结束了。因为认识时间不长，感情不一定很深。

回过头来说，你以后总要交女朋友，要生孩子（田××点头同意）。那你的收入就不能花光。你自己收入可用于支出，你的女朋友也会有收入，也可支出，但小孩没收入，要你与女朋友负担吧。所以你们不能把钱都花光了。

还有的，更严重了，我在监狱里遇到过不少，收入还不够支出的。比如，收入1000元（一个月），支出2000元，每月还差1000元，哪里去拿？你父母不能支援你吧。

田：对的，没有（支援）的。

邵：那天上又不会掉下来，只能去偷、去抢。这就不对了，去犯罪了。所以国外有个学者就讲到人的欲望与能力要相称。有多少能力就只能有多大的消费。能力只有这么多，欲望老大的，那叫贪婪，叫“贪”。

田：好的，我知道了。我不会的。

邵：还有一点，你 22 岁，还很年轻啊！你读书到小学五年级，这个不够啊！现代社会，文化要的。深圳的一个调查，文化程度越高，收入越高。现代社会应该是这样。你小学都没毕业，这个不够。到酒楼干活，你说干到晚上 9 点半，可能读不了书。如果到工厂干，晚上下班后就可以去读点书。学点技术，那种学技术的班可以去读一下。有什么提高文化程度的班，一些业余学校，他们开各种班，可以去读。

田：（多次点头）好的。

邵：你在工厂干，一般总是从低层做起。你踏踏实实干，老板、管理人员会认可你的，会喜欢你的。

田：是的，我在工厂里干活时，车间主任很喜欢我的。

邵：是啊，我看你是一个朴实的人。你踏踏实实地干活，不偷懒，好好干，领导、车间主任，肯定会喜欢你的。然后你慢慢从低层、基础做起，然后到中层。这不是不可能，你认真做。但是你小学五年级……

田：（接过话说）我到单位找工作，我都是说初中的。我说初中大家都相信的，没人怀疑的。

邵：是的，你说初中，没人会怀疑你，但是你（做）到中层，叫你写一个材料，或者一个总结，一个方案，你可能就露馅儿了，写不了啦！所以你要去学习，提高自己的文化程度。

还有一个你父母老骂你，责怪你，你不敢打电话。你在这个问题上过不去。这个……我跟你说，你不能怪父母。我刚才前面也说了，父母责骂你，这是一方面；另一方面，你应该怎么做呢？我觉得，作为子女，首先自己犯了错，你又认识到错了，那就要诚诚恳恳地认错啊！然后向父母保证我吸取教训了，我不会再犯了。你要表这个态！求得父母原谅。你父母总叫你做好的吧。

田：父母是这样教的，要学好。

邵：是啊，我想那是肯定的。但现在犯了错，虽然是第一次（劳教），但一定要从中吸取教训。想想今后怎么办？也可以向父母说的，让他们知道你的想法，你向好的决心。

（接待民警进来，提示注意时间，快要下班了）

好的，那我们总结一下。我认为你还比较单纯的，是一个本质上还不错的小伙子。要注意三点：一是要吸取教训，慎交朋友。二是找份工作，踏实干活，要从低层做起。三是要努力去学习提高，小学五年级不够，要找提升自己文化程度的班去学习，或者实实在在学点技术。

（笔者边说边站起来）好，今天就谈这么多，来，握个手。（小伙子有点慌乱地伸出手，笔者握了握，注视着他说）要努力啊！

分析：田××这次违法行为，主要是与不良朋友交往的结果。当然，还有与自己的是非观念不是很明确，法制观念也不够强有关。从谈话时的情形分析，田××主观恶性不强，本质还是可以的，因此对他的指导转移到发展性指导上来，就是今后应当怎么办。为此，指出“慎交朋友，踏实干活，提高文化”三点指导性意见。当然，如果作进一步教育，法制观念是需要教的，不管是通过个别教育方式，还是通过集体教育方式。另外，是非观念亦可强调一下。

8. 梦游盗窃，这是第三次劳教
——Z省S劳教所谈话记录之一

谈话时间： 2011年1月20日，8：50—9：31。

谈话地点： Z省S劳教所劳教大队办公室。

谈话对象： 马××，男，浙江人，盗窃，2010年11月×日到劳教所（登记表上所列信息）。

接待警官问笔者对谈话对象有何要求，笔者说精神正常即可。就在劳教人员登记表中随意挑选了马××作为谈话对象。

邵： 你好，马××啊，来，坐这儿。（等马××坐下）马××，今天我们随意聊聊，你不用紧张。你哪一年出生的？今年几岁了？

马： 1964年出生的。

邵： 哦，1964年，那你今年47岁了。你什么文化程度？读书到什么时候？

马： 我没读过书，是个文盲。

邵： 一天都没读过吗？小学一年级、二年级？

马： 没有，没读过书。

邵： 那你报纸看得懂吗？

马： 看不懂的。

邵： 哦，这样子。你父母都在吗？

马： 在的。

邵： 他们年纪多大了？

马：都80多岁了。

邵：爸爸、妈妈都80岁多了？

马：是的，都80岁多了。

邵：哦，那是高寿了。有兄弟姐妹吗？

马：我们五个兄弟姐妹。

邵：五个？怎么个情况？

马：两个哥哥，两个姐姐，我最小。

邵：他们文化程度怎样？读书情况怎样？

马：都没怎么读书的。

邵：哥哥、姐姐都没读过书？

马：两个哥哥都没读过几天书，小学没读完的。两个姐姐没读书。

邵：你最小，也没读书了。

马：我读了几年书，但读了多少时间，记不清了。我小时候生过脑膜炎，脑子（用手指指脑袋）不好的。

邵：哦，这样（一开始谈话，笔者就觉得马××反应性较差，理解能力亦较差，至此知道了原因，因此尽量问简单的问题；同时马××说话声音有些含混不清，相互交流稍感困难）。你结婚了吗？

马：没有，我没结婚。

邵：从来没结过婚，还是……

马：从来没有。

邵：那家里给你介绍过对象吗？

马：介绍过对象。

邵：没有一个看上的？

马：人家看不上我。

邵：哦，这样。嗯，我想问一下，你父母从小教育你的方式，是打骂呢，还是放任不管呢，或者是给你讲道理的？

马：小时候，记不得了。但是在农村里，打骂很正常的。

邵：我看你是家里最小的，你父母可能是很宠你的哦？

马：是的，宠是很宠的。

邵：我看到你这次劳教是盗窃，劳教期是多长时间？

马：1 年 9 个月。

邵：1 年 9 个月。你在来劳教前做什么的呢？

马：做建筑。

邵：做建筑？造房子？

马：是在建筑工地上干活，刷墙、铺瓷砖。

邵：（指了指墙）刷墙，墙上贴瓷砖。

马：地上砖也铺的（马××指指地上）。

邵：对，对。地上砖也铺的。那你除了在建筑工地上做，还干过什么活？还做过其他什么工作？

马：没有了，就在建筑工地上干。

邵：那你从什么时候开始做的呢？

马：20 岁，嗯，20 岁不到就开始做了。

邵：哦，20 岁不到。到现在，那你做了 20 多年了，是个老师傅了。

马：（马××听到说他是老师傅，脸上露出高兴的样子，是那种非常自然的笑）老师傅？那也不是的。不是一直做的，××监狱也待过，监狱也待了不少时间。

邵：哦！××监狱？那判刑几年？什么罪呢？

马：盗窃，4 年 6 个月。

邵：4 年 6 个月，是都坐完的呢，还是减刑过？

马：我在看守所待了两年的。

邵：哦，看守所两年。那判刑是什么时候？

马：判刑，什么时候？……（沉思）我记不得了……反正 30 岁不到。

邵：那除了判刑，还有其他的处罚吗？

马：还有两次劳教。

邵：劳教都是什么时候？

马：一次是2005年，一次是2008年。

邵：2005年劳教多少时间？2008年呢？

马：2005年那次是1年9个月，2008年是1年6个月。（马××对劳教时长记忆很准确，回答也很快速。）

邵：是什么罪错？

马：都是盗窃。

邵：哦，盗窃，都是盗窃。那你监狱、劳教时间加起来是9年多，近10年。那在建筑工地上做了10多年活。

你刚才说都是盗窃，是怎么回事？

马：我是梦游盗窃，就是晚上爬起来，看到人家的衣服，就把他们衣服口袋里的钱包、钱拿了，第二天我也不知道是怎么回事，有时就还给他们了。

旁听警官：马××是这样的，梦游的，晚上会爬起来，一直往前走，撞到墙才回头。我们派了两个劳教跟着他，以防止发生危险。

邵：梦游盗窃，这个我还真是第一次碰到。书上、资料上看到过，但在现实中还没碰到过。这个梦游犯罪是怎么回事？法律责任是什么？这个回去要查一查，查查资料。

那你××监狱判刑那一次也是这样吗？

马：那次不是的。那次是建筑工地老板不付钱，我把建筑工地的钢筋拉出去卖了，拉了几百斤。他不付工钱，工地上好多做工的都拿了工地上的东西，拉钢筋。我也就拉了点钢筋。老板不付工钱。

邵：哦，老板不付工钱，你就拿工地上的钢筋卖。这个是盗窃了。

你在工地上干活，一般一个月能挣到多少钱？或者说一年能挣多少钱？

马：这个说不定，没多少钱的。不是每天都有的做，像下雨天，就做不了，我有时就回家。

邵：你不是说刷墙、铺瓷砖吗，那是在室内，下雨天也好做的呀！你如果说造房子，那下起雨来可能做不了啦。（笔者转身看了看窗外，谈话时窗外正下着挺大的雨夹雪）

马：那不是的，那要看老板的。下雨就做不了啦。

邵：那不下雨，你做一天给多少钱？

马：100 块，100 多点或不到。

邵：那你做工每天 100 或 100 多，一年也可攒下一些钱。具体怎么花呢？

马：不是每天做的，没什么钱剩下的。

邵：你在工地上干活，大家住一起的吧。

马：是的，住一起的。

邵：晚上做什么呢？看看电视吗？

马：没电视看的。

邵：哦，工地上，工棚里没有电视机。那你听收音机吗？

马：什么？

邵：听收音机（笔者把手当做收音机放到左耳上）。

马：也没有的，我没有收音机。

邵：那你们晚上，做工完了干什么呢？打牌吗？

马：是的，有时打打牌。

邵：打牌？那赌博吗？你赌博吗？

马：是的，赌博有的。

邵：赌博，那你输赢情况怎么样？

马：我也不常赌。我赌博输的（时候）多。

邵：不常赌？

马：我常常是看他们打牌，看一会我就睡觉去了。

邵：你做工挣的钱，除日常开销，给父母一点吗？

马：没有的，没给父母的。

邵：你父母80多岁了。我们说，做子女的，要给点钱给父母，比如你哥哥每人20块一个月，你给20块一个月，姐姐嫁出去了，有时可能就不给了。当然，也可以每年过节，比如春节马上快到了，给父母一点钱花花。

马：我们没有的。

邵：你哥哥现在做什么呢？

马：大哥在家做点手工艺，二哥跟我一样，在建筑工地做。

邵：你说下雨天做不了，回家。回家做什么呢？

马：我家里有田的，农村里的。

邵：回家种田去了。有多少田？

马：一亩多，原来一亩多，现在一亩不到。

邵：种什么呢？种水稻？

马：嗳，就是种水稻。

邵：那一亩能收多少粮食？

马：不知道。

邵：这一亩田，是你自己的吗？

马：这一亩田，是我跟父母的。我们3个人的。

邵：哦，哥哥他们分出去了。

马：是的。有时候我雇人帮着看看的。

邵：农忙时可能还要雇人收种。

马：是的。

邵：你前面说的这个梦游症，有去（医院）看过吗？

马：没有，也没地方好看的。现在我在吃药。上星期天，前两天，我妈妈来看我，给我带来的。

邵：吃什么药？

马：中药。

邵：中药，那要煎来吃。

马：开水泡泡吃的。

邵：哦，那也可以，好像泡茶一样的。这个中药，是你妈妈到药房买了带来给你的？

马：不是的，是集市上买的。

邵：集市上买的？

马：集市上摆中药摊的人，他说这个中药吃吃好，我妈妈就买了给我吃。

邵：集市上卖中草药的人说的？没到医院看？

马：我妈也是采中药的，她也懂的。采中药、卖中草药的人都懂一点医的。他也跟我妈说，这个药对梦游有用，拿回去吃吃看，有效的话继续来拿。我吃了有效果，就一直吃。

邵：那好的，有效果就好。你妈妈 80 多岁了，是她一个人来看你的，还是父母一起来，或者兄弟姐妹陪来的？

马：是我妈一个人来的。

邵：这么远，你妈都 80 多岁了，一个人来?!

马：一个人来的。

邵：那真不容易！所以，做父母的，对子女的关心真是无私的。

马：我妈妈前两天来，她跟我说，我爸躺在床上，生病了。

邵：你爸 80 多岁了，现在这种天气，（笔者转身看看窗外，看到下大雪了）下大雪，天凉，对老年人是影响大的。

马：我妈来时跟我说，我爸爸躺在床上，快不行了。

邵：这样?! 那他生重病了。你妈妈什么时候来看你的？

马：上个星期天来看的，什么时候我记不清楚了。

邵：（笔者拿出工作机，翻到日历）上个星期天，是 16 号吗？今天是 20 日，还是 9 号（来看的）？

马：不知道。

邵：你的登记表上，劳教所给我看的登记表上，说你思想不稳定。你是因为这个事吗?

马：不知道，我没跟队长说过。

邵：哦，上个星期天，如果是16号，才过4天?那你是一直思想不稳定呢?还是什么情况?

马：我不知道。

邵：你父亲生病，生重病，你感到难过。这个是很正常的。做子女的，哪个不希望自己的父母健健康康的?!不过，你也不要太担心。这儿不知有没有亲情电话好打?或者想其他办法。你这个情况，我会向所里反映的，跟队长、警官他们说，看他们有什么解决的办法没有。你也可以向队长、警官反映。

马：谢谢你。

邵：不过，我还是想跟你说，虽然家里亲人生病，令人挂念，但由于你现在的特殊情况，还是要注意自我调节。一个呢，我们说“人生七十古来稀”……

马：什么?

邵：（发现马××没听懂）就是说，人能够活到70岁，是很少的。当然，这个是在古代，（那时）生活条件不好。那时能够活到70岁，很不容易了。但是，即使现在，活到80岁，80多岁，高寿啦！而且80多岁的人，身体抵抗力下降，容易生病，此时生病什么的，常见啊！即使出现生老病死，也不要奇怪。当然，担心，心情不好，总是会的。我们只能尽我们的心力，尽我们做子女的责任。希望你父亲能够好起来。你放心，你的这个情况我会向所里说的。

好，今天我们就谈到这儿。

（谈后笔者向接待警官及劳教所领导作了反馈，把其父亲病重之事告知了他们）

分析：马××的违法行为有些特殊，是梦游盗窃。如果确认是梦游盗窃，可比照精神病人发作时的状况，不负刑事责任。因此，马××的数次梦游盗窃都没有被判刑，而是被决定劳教。其实，决定劳教也是可以商榷的。

由于马××早年患过脑膜炎，影响了其智力发育、发展，也没能读书，因而认知能力低下。这是生理因素使然，后天教育如果精心安排也许能有所改善，但是明显地，当时的马××没有这个环境条件。现在人到中年，要改善基本不可能，因此劳教机关对马××的教育矫正也基本没多少工作可做。

9. 我不想做工，就喜欢上网、打游戏

——Z省S劳教所谈话记录之二

谈话时间：2011年1月20日，9：37—10：45。
谈话地点：Z省S劳教所劳教大队办公室。
谈话对象：刘××，男，重庆人，盗窃，2010年7月来劳教所。

邵：来，你坐这儿。（等刘××坐下）你哪年出生的？

刘：1990年出生。

邵：1990年几月？

刘：1990年5月。

邵：1990年5月，那到现在20岁多了。我看到登记表上你是重庆人。

刘：重庆××区。

邵：重庆××区，那是城里。

刘：是的，属于重庆城区。

邵：你罪错是盗窃，这是在什么地方做的？

刘：在（浙江）××地方。

邵：你劳教被批了多少时间？

刘：1年3个月。

邵：你是2010年7月×日到……

刘：不是的，我是2010年6月×日到2011年9月×日。

邵：哦，那2010年7月×日是来劳教所的时间。

刘：是的。

邵：你读书到什么时候？什么文化程度？

刘：初中，不过初中只读了一年。

邵：初二没读？

刘：是的。

邵：那初中一年级读完的，初一下半学期读完了吗？

刘：是的，初中一年级读完的。

邵：初中一年级读完就不读了，是自己不要读吗？父母怎么看？

刘：是自己不要读书的，因为没心思读书了，上网、玩游戏，就没心思读书了。父母希望我读书的。

邵：这种情况是初中开始的呢，还是什么时候开始的？

刘：小学五六年级就喜欢玩游戏，为此还换了好几个学校。

邵：小学五六年级。那五六年级之前呢？

刘：之前没有的。

邵：你成绩怎样？哦，我是指小学五六年级之前。

刘：成绩还好的。

邵：成绩还好，比如 30 人一个班，你是 10—20 名，还是 10 名之内？

刘：十二三名是有的。后来去玩游戏了，成绩一下子不好了，都倒数了。

邵：四年级前成绩还是不错的。怎么一下子就去玩游戏了呢？第一次怎么一个情况，还记得吗？

刘：第一次是跟同学一起去的，看他们玩。但（自己）一上去玩（后），就马上迷上了。一个星期下来，就不想读书了。

邵：那，玩游戏需要钱的，钱哪里来？

刘：玩游戏的钱，一个是买学习用品的钱，吃饭、零花钱省下来的；还有就是骗家里说要交班费、学费。

邵：其他一起玩的同学呢？

刘：其他同学也是差不多的。也是零花钱省下来，或者骗交班费、学费。

邵：玩游戏，是到电子游戏机房吗？

刘：有时是游戏机，还有是网吧。

邵：网吧？你们不是小学生吗？小学生禁入的呀！

（笔者想起了杭州城区网吧管理，有一次家里网络上不了，当时在上小学的小孩又有网上作业，就叫他到家旁边的网吧去上，结果不让进）

刘：我们都上的是那种黑网吧，没人管这个（年龄）的。

邵：黑网吧，不管年龄大小，把你们给害了。那上网需要多少钱？

刘：一般一小时两块，上一个通宵也就十来块钱。

邵：每天十来块，如果每天上或经常上，那仍然需要一笔钱的。

刘：还有一种上网方式，×××（由于自己上网或是在家里或是在单位，网吧没去过，他说的这个上网方式听不太懂，没记住），那就便宜了，一天几块钱就够了。我们为了玩，有时饭也不吃，省下钱来玩。

邵：那是上瘾了，网络成瘾。省下钱，没有拿去吸毒吧。

刘：那个没有的。毒品不能碰的，那个一碰，就完蛋了。

邵：对，毒品不能碰。我们常说，年轻人要抵制诱惑，主要是指毒品的诱惑。

刘：毒品不会的，省下钱就是玩游戏。省钱，比如父母中餐给 5 块钱的盒饭，我就吃两三块的；比如买钢笔，给 20 块，（本来）要买 20 块的笔，我就买几块钱的笔。还有就是骗家长说，学校里要交班费了，实际上没有交。我就是这样子给发现的。我说要交班费，结果我妈妈在菜场碰到了班主任，就问了，班主任说没要交班费啊！回来问我，要钱干什么。我就（只能）说了，拿钱去玩游戏的。

邵：你父母亲发现你玩游戏了，怎么管的呢？

刘：我父亲不是亲生的，他不太管我的。我妈就是说说我。

邵：没有打？

刘：打没有的，就是骂。

邵：那学校老师呢？他们怎么教育？

刘：学校老师开始也教育的。后来教教不听，他们也就放弃了，不管了。

邵：你父亲不是亲生的，怎么一回事呢？

刘：我 2 岁时亲生父亲死了，后来我妈认识了现在这个爸爸。

邵：他们有孩子吗？

刘：有一个女孩，我有个妹妹。

邵：你妹妹今年多大了？

刘：她小我 5 岁。

邵：那应该是 15 岁了。她在读书吗？

刘：在读初中。

邵：她成绩怎样？

刘：她成绩好的。

邵：哦，你父母什么文化程度？你妈妈呢？

刘：我妈是小学文化。

邵：爸爸呢？

刘：爸爸是高中毕业。

邵：你妈妈做什么工作的？

刘：她是做盒饭，就是开快餐店。

邵：开快餐店，那她不在你学校旁边开吗？

刘：我上学很远的，要坐公交车过去。不过我们那边公交车很便宜的。她就给我中餐的钱，自己到外面吃。

邵：这样你父母就管不上你了。

刘：她很忙的。

邵：你爸爸做什么的？

刘：他在外面做工的，做电焊。

邵：你父亲在你2岁时就死了。他是怎么死的，你知道吗？

刘：他是电死的。

邵：哦，电死的……你初中一年级后不读书了，后来干什么去了呢？

刘：我五姨在××地方打工，我就到这边来打工了。我舅舅啊，都在这边打工。

邵：那你还是童工呢！

刘：我16岁过来打工的。我过来打工，妈妈不放心，也到这边来打工了。这样好管我。

邵：父母都到这边来打工了？

刘：是的，父亲到厂里做电焊，也在这边打工。

邵：那你做了些什么工作？

刘：我做工做了很多了，这个工作做做，那个工作做做，没学会什么技术，都是做了几天就不做了。有时夏天怕热；冬天，像这种天气，又怕冷。做工时，有事就走了，比如要上网，打游戏，也不跟车间主任说，不做就不做，自己上网去了。有时车间主任都找不着人，手上拿着订单，没人干活，急都急死了，也很生气。这个（事），（到）现在我理解了。如果当时我请个假，车间主任也不会不让我做。常常是我又去上班时，老板，或车间主任说，你这两天的工资去结一下，你走吧。工作做很多，都做不长。

邵：你这是“三天打鱼两天晒网”，三心二意，又没组织性。做工作，干活不能这样子。

刘：是啊，我五姨、舅舅也都说我。他们找的工作，我自己找的工作，都这样。

邵：你父母年纪多大了？

刘：母亲41岁或42岁，父亲快50岁了。

邵：你父母关系怎样？

刘：父母为我的事经常吵架。我不做工，就喜欢上网、打游戏，我母亲也很着急，但他们也没办法，就要吵起来。我母亲对我是好的，我到这儿（指到劳教所）半年多了，我常常想，母亲确实对我好的。实际上，站到我爸的角度想一想，他对我也算是好的。我虽然没话跟他说，有时候很想跟他说话，但到跟前，一下子又没话了。

邵：这个有点自然，因为不是亲生的。随着你年龄增大，比如到30岁，二十七八岁，你父亲慢慢变老，比如60岁了，也许你们之间就有话说了。只要你有这个心，想跟他交流。

刘：是的，有时挺想的，比如他上次感冒，我很想跟他说几句话。

邵：如果说不了，也可以行动上关心一下，比如倒杯水，在他吃药时倒杯水，说一句：感冒要多喝水。慢慢、慢慢就交流起来了。

你罪错是盗窃，怎么一回事？

刘：偷电动车。哦，是这样，我不上班，在家上网玩游戏。母亲为了我不上网吧玩，就给我买了一个电脑，花了三四千块钱。我不上班，在家玩电脑，母亲生气了，就骂我，我跟她吵起来了……

邵：没动手吧。

刘：没动手。吵起来后母亲很生气，就把电脑砸了。

邵：哦?！那可真是生气了。

刘：电脑砸后，爸爸也在那说三说四的，我就跑出去了，就在外面不回家了，离家出走了。

邵：是吵架后马上走掉的吗？

刘：那也不是。与妈妈吵后，我当天又回家了。爸爸回来后，说我了，他说：这么大了不去找活干，还要在家靠父母，难道我是多余的人哪！他就是说我是多余的咯！我当时很生气，就跑出去了。

邵：跑出去，不回家，住什么地方？

刘：住网吧。

邵：网吧可以住吗？

刘：可以的。中间妈妈也来找过几次，回去过几次，但基本上住网吧。

邵：那吃、玩，钱哪里来？

刘：我带着一张卡的，卡里有钱。

邵：是自己的卡吗？

刘：是的，我做工挣的钱，叫妈妈管，卡里有 4 千多块钱。我在里面取了一点点，没怎么花卡里的钱。在网吧时认识了一个老乡，他跟我差不多。我们两个人没钱了，就去偷电动车。

邵：偷电动车，偷了多少辆？

刘：在派出所承认偷了一辆，其实……（犹豫的样子）偷了二三辆。偷电动车，我们又没专门工具，我们是碰运气。

邵：电动车的锁很牢，有的车主还加了好几把锁。

刘：电动车有的还会叫的，我们不太敢，主要是偷自行车。

邵：卖给谁呢？

刘：卖给收废品的。我们是两个人推着车走，也不敢走多远，给联防队看到了，就要给怀疑，就要给抓起来了。因此，赶快要卖掉。跟收废品的谈价钱，只要价钱合适，就卖掉。自行车容易些。

邵：你说的情况，让我想起去年 9 月在 × × 劳教所谈的一个劳教，他也是你们那边人，云贵川的……哦，我想起来了，贵州的。他也是偷电动车。不过。他是一帮朋友交坏了，朋友是偷电动车卖的，也不干活，他跟他们一起玩，没车，就偷车跟他们一起玩。嗯，我想问你，你除了这次劳教，还曾经被处罚过吗？

刘：被刑拘过。

邵：刑拘过？多少天？

刘：37 天。

邵：怎么一回事呢？

刘：那次是弄错的。是在 2009 年，××派出所（有人报案）丢了电动车，在一个大厦地下室里丢的。查看录像，说（录像）一个人跟我很像的，就把我抓了。派出所弄我么，我受不了，就承认了。其实不是我。我那时与妈妈一起在一个工厂做工。我每天收入有 80 块钱，不会少于 50 块一天，没必要去偷。我没去过那个地方，车间主任也不相信，也去说。后来他们知道弄错了，把我放了。放了以后，我就不在那厂里做了，不好意思待下去，没面子啦。

邵：派出所把你抓错了，那他们要道歉。把你错误关了 37 天，你可以要求国家赔偿啊！哎，我们许多人，不懂法，不了解法，权利受损也不知道维护。像你这一次，可以叫派出所领导或民警，到你所在的工厂说明，跟你道歉，那你怎么会没面子呢？派出所民警都道歉了，说他们弄错了，你面子根本没有受损，可以说挺有面子啊！

刘：我们怎么知道呢！我妈就说了，回来就好，回来就好。我放出来当天，我妈看到我就哭了，哭得很厉害，就说：放回来了！回来就好了！

邵：唉，真可惜了。要求派出所道歉，要求赔偿。找个律师，跟他们交涉去。2009 年，到现在过去一年多了。而且你现在又这样了（指在劳教所），过去就让它过去吧。可怜天下父母心，你母亲知道你关起来了，那担心哪！只要放出来，就谢天谢地啦！那会想到去要回自己的权利！

刘：是的，母亲对我挺好的。我五姨妈说了，我舅舅也说了，如果我不好好干，不好好做人，那会把我妈妈气死。我妈为我的事经常跟我爸吵架，有时就半夜起来，坐在那里一个人哭。我知道是为了我。

邵：是啊，你前面说为了阻止你玩游戏，换了好几个学校。那也很可能是你母亲去求人，去找关系，才能换学校继续让你能够读书。

刘：哦……应该是这样。

邵：你换了学校，继续玩游戏吗？

刘：是的。

邵：是一个人玩，还是跟同学一起玩？

刘：跟同学一起玩。

邵：那你换了学校，同学又不认识。

刘：同学之间会说的。有的同学在那儿说，我最近在玩什么游戏。我听到了，就说我也在玩那个游戏。每个学校总有那么几个人的。（既然）大家都在玩同一个游戏，就会一起去玩了。

邵：你妈妈对你好，你这个认识是好的。既然知道妈妈的好，可不能再辜负了。

刘：是的。我劳教后，这几个月里认真想自己（以前）做的事，是自己不对。这么大了，什么也不会，只知道玩游戏，对不起父母。其实，我爸爸在我小时候，3 岁就养我了，也可以说是从小就养我了，我心中是把他当爸爸的（心中并不排斥）。他都快 50 岁了。今后他年纪大了，也要靠我和妹妹养他的。虽然，他骂我时、说我时，会说他有一个女儿，以后不靠我。但今后总要靠我们的。今后我出去，找个工作，好好学一门技术，不能再像以前那个样子啦。

邵：是的，你这个认识是对的，不错。四川，巴蜀之地，重庆，也属于巴蜀，文化底蕴厚，生长在巴蜀之地的人，传统文化继承好，孝敬之心，敬重长辈，这些都是很好的，做人应当这样子。你刚才说的，就很对。一个人要学一门手艺，要掌握一门技术。这是必须的。你这些话跟这儿的队长、这儿的警官说过吗？

刘：没有的。我跟这儿的一个劳教，他也是老乡，年龄比我大，他快30岁了。我跟他说过。

邵：你说了这些，他怎么跟你说的呢？

刘：他叫我不要多想。

邵：你可以跟队长、跟这儿的警官说说。

刘：我现在就有一个事，我来这儿半年多了，没得到家里的音信。

邵：家里父母没来看过？

刘：是的。我去年写过一封信，到现在也没回，也没来看过。我都担心死了、急死了。

邵：去年什么时候写的信？

刘：应当是去年10月份写的，到现在3个多月了。

邵：10月、11月、12月，那到现在是有3个多月了。不应该啊！不过不要着急。你地址写对了吗？

刘：我们是租房子住的，也不知父母有没有搬家。

邵：对，知道姨妈、舅舅家地址吗？

刘：姨妈、舅舅租房子，跟我们租一起的。他们租这房子的这一边，我们租这一边（刘某用手比划），就在一栋楼里。

邵：哦，那应该不会搬家。你父母，特别是母亲，你都进来半年多了，一点音信也没有，那他们要担心着急啦。对，你记得他们的电话吗？

刘：知道的。我妈有一个电话，是139××××××××。

不过，电话常在我爸手上。我妈不常用，爸爸电话多。

邵：好，我记下了。你妈妈叫什么名字？

刘：叫×××。

邵：好，我跟这儿的队长反应一下，跟他们说一下，看能不能电话联系你家人。如果可以，我请示他们后，如不违反规定，我也会帮你联系一下。

刘：谢谢，谢谢领导。

邵：那倒不用。我觉得你这个人，现在能认真反思自己，本质还是不错的。另外，我再跟你说这么几点：一是要去学一门手艺。你刚才也说了，出去后好好干工作，学技术。这个很对。一个人，总要有一个生存的技能，这个技能，不能是偷、抢，而是诚实劳动。一门手艺，一个技能，才能使你一生受益。二是要去学文化。你读到初中一年级，实际上五六年级就去玩游戏了，只有小学水平，甚至小学水平还不到。这个不够，现代社会，一个人只有小学文化，这个不够的。我前面也提到我在××劳教所谈的那个贵州小伙。他是读到小学五年级。但他说，在社会上我是说初中毕业，人家都相信的。人家是会相信，但你的真实水平呢？当要求你写个总结，写个报告，你可能就不会写，或写不好，你就露馅儿了。只有真才实学，多学点文化，提高自己的文化水平，才是对的。你白天上班，晚上空余时间可以去报个补习班，初中补习班，学文化去。游戏少玩点，网少上点，比如一天一个小时，其余时间去学习，那才有意义。三是感恩之心，孝心。做人，做子女的，要懂得感恩，感谢父母的养育之恩。你做工挣的钱，给父母一点的吗？或逢年过节给吗？

刘：给的，逢年过节给父母的。

邵：那就好。做工的钱，以前你是交妈妈保管，不能光叫她保管，要给父母一点。今后你自己保管了，也要给父母一点。这是做子女应当做到的。四是理财能力，理财技能。今后学技术，做工挣了钱，全花光吗？那肯定不行。因为你今年20岁，总要谈朋友，生小孩吧。这个就要花钱，所以要积攒下钱来，一个月收入不能全花光。我们只有做工的收入，要为今后打算，就不能全花光。如何理财，你也要懂得去学一下，掌握起来。总之，不能每月收入全花掉了，“今朝有酒今朝醉”。要有长远的打算。

好，今天我们就谈到这。

刘：谢谢，谢谢领导！

（第二天中午，在笔者回忆与刘××的谈话之前，打通了他告诉的手机。上午曾打过一次但没人接。接电话的是刘××的父亲，笔者最简要地介绍了自己以及打电话的原因，告知他儿子刘××在S劳教所，并把刘××目前的思想认识状况跟他父亲作了交流，希望他们有空去看一下。刘××父亲非常感激地说，他们一直在找，到法院、检察院都去问了，现在知道了，等到腊月二十七八，工厂放假，马上去看。对此，笔者感到挺高兴的，不仅因为自己做了此事，还因为体会到了人间亲情。）

分析：刘××的违法行为，起点应当是早年经常上网吧的不良行为。为了实现上网，又发展出欺骗的早年不良行为。对于青少年上网，虽然国家有明文规定，但是由于执法不到位，或者说社会管理不到位，一些网吧不管儿童年龄允许青少年上网，确实是害了他们。社会管理出现了问题，必然要承担一定的社会成本。但是，对上网成瘾的青少年，却是害了他们一生。

网吧不允许青少年上网并非一定做不到，杭州的网吧就做到了。这是笔者孩子的亲身经历，我为杭州的网吧能良好地执行了管理制度感到高兴。

刘××的不良行为表现仍然反映出家庭教育问题。父亲不是亲生而不管或不敢管，母亲以骂代管，丧失了家庭的教育功能。这是刘××走上违法道路的更为主要的原因。

劳教处罚使刘××反思，基本认识到了自己存在的问题，这是颇为可喜的。在谈话中笔者对此进行了积极的鼓励。同时，笔者希望扩大刘××的思想认识，对学技术、学文化、有孝心、会理财等方面作了发展性指导。

10. 我是留守儿童，父亲放任不管
——H市S司法所谈话记录之一

谈话时间：2010年12月9日，9：00—10：15。
谈话地点：H市S司法所会议室。
谈话对象：何××，男，17周岁（1993年出生），聚众斗殴罪，判处有期徒刑2年6个月，缓刑3年。社区矫正服刑人员。曾因携带管制刀具被行政拘留两次（其中第一次未执行）。

谈话前司法所工作人员把两位谈话对象的情况跟笔者作了简要的介绍。笔者提出同何××先谈。

笔者请何××隔桌对面坐下。

邵：你今年几岁？你看起来挺年轻的。

何：17岁。

邵：哪一年出生？嗯……应该是1993年吧。

何：是的，1993年出生。

邵：犯的什么罪？跟我简单说说。

何：聚众斗殴罪。是这么回事：我朋友过生日，在酒店里刚好碰到他对头，跟他有过节的，双方就打起来了。

邵：双方有几人？

何：他们3个。

邵：你们这边呢？

何：有七八个人。

邵：那你们这边七八个人里面，最大的几岁？

何：最大的……有一个20岁，其他的十七八岁，都未成年。

邵：对方呢？

何：对方最大的也有20多岁，也有未成年的。

邵：你们这边七八个人里面，有人以前曾处分过吗？比如劳教啊，少教啊，监狱啊，少年犯什么的？

何：我以前行政拘留过。我们这边其他人就年纪最大的处分过，也是行政处分，拘留了15天。其他人没有的。

邵：你以前行政拘留过，怎么一回事呢？

何：携带管制刀具。有两次被行政拘留，第1次3天……

邵：是被警察查到，还是（把刀）拿出来时被联防或派出所民警看到？

何：是在××风景区玩，拿出刀来削水果。不知道的，刀是超市买的。想想超市里买的，总不应当是管制刀具，结果给联防队、给风景区的保安看到了，就抓起来了。第1次也就处分了一下，没有进拘留所。

邵：没被关进去。

何：是的。

邵：两次拘留，（这次又聚众斗殴）看来没吸取教训。

何：……

邵：你书读到什么文化程度？

何：初中，初中读完的。

邵：初中毕业，有毕业证书吗？

何：有的。

邵：初中成绩怎样？

何：初中一、二年级是好的，初中三年级不好了。

邵：初中一、二年级好的，怎么一个状况呢？

何：年级前50名有的。

邵：初三呢？成绩不好啦，比如30人一个班，你是处在什么位置？

何：20多名，在后面了。

邵：初三为什么一下子不好了呢？什么原因？

何：初三不想读书了，老跟人打架，读不进去了。

邵：初一、初二年级是好的，初三一下子老打架了，不想读书了。这有点儿说不通啊！逻辑推理推不过来。

何：哦，是这样，初二结束，夏天暑假，我爸爸给我在外面租了一个房子，我一个人，没人管，就去打游戏机。在游戏机房认识了几个人，他们不读书的……

邵：你在外面租房子？那你在什么地方读书的？

何：是在浙江，在××地方。

邵：××地方我去过，我知道的。你老家××地方的？

何：是的，我是在××地方长大的。

邵：那你父母呢？

何：我父亲在我小时候就出来打工了，到H市开理发店，已经开了快10年了。他是那种很老实的人。

邵：10年前，那时你七八岁。

何：是的，还没上小学。

邵：那你母亲呢？

何：哦，我爸妈是离异的。我妈在我16个月大时就分开了。

邵：知道什么原因吗？

何：我妈赌博很厉害，我爸就跟她经常吵架，吵得很厉害，后来就分开了。

邵：你妈赌博，你是怎么知道的？

何：有人告诉我的。

邵：是你父亲吗？

何：不是的，其他人，有三四个人都这么说。

邵：你妈赌博，其他人是怎么告诉你的？说你妈很多坏话吗？

何：那也没有，就说我妈喜欢赌博的，后来爸妈就分开了。

邵：那你是跟你爸爸在一起过的。

何：我爸爸很早就到外地打工，一开始在老家，什么活都做。是我爷爷奶奶带我的。他们很宠我的。

邵：哦。你爷爷奶奶很宠你。他们对你很关心的。

何：是的。百依百顺的，很宠爱我的。不过，（现在）已经死了。

邵：哦，他们在你多大时死的？

何：多大？我想想……奶奶死得早，大概是在我三年级时，爷爷死时我六年级。

邵：哦。爷爷奶奶的死，让你难过了。

何：那时候小，还不怎么懂的。

邵：你小时候读书怎样？成绩怎样？

何：小学读书好的，你看，我到初一、初二都是好的。

邵：小学读书好的，初一、初二也是好的，初三不好了。这挺可惜的。初三时交了打游戏机的朋友，那些朋友中有犯过罪的人吗？

何：不知道。也很少在一起的，就是双休日偶尔在一起。

邵：你说去打游戏机，钱哪里来的呢？

何：我爸爸给我 1 个月 100 来块钱，吃饭的钱。省点下来去打游戏机，还有上网。1 个月省 10 块、20 块，就用这个钱去玩。

邵：没有用其他方法搞钱？

何：没有的，就这点省下的钱。也是双休日玩一下。

邵：那你跟朋友一起去玩，钱谁出呢？

何：双休日他们来叫我，当然他们出钱。

邵：那他们的钱哪里来的呢？

何：不知道。

邵：那你交的朋友，情况也不怎么了解的？

何：是的。是在打游戏机时认识的。一次去打游戏机，碰到一个我哥的朋友，就这么认识了。

邵：你说初三租房子，之前怎样的呢？

何：之前初一、初二是住在一个亲戚家。他们管我。后来到初二快结束时，这个亲戚死了，就搬出来了。

邵：那你爸爸常来看你吗？

何：一个学期就来看一两次，或两三次。

邵：来时跟你说说的吧，比如做人什么的？

何：是的，说是要说的，说很多，但我现在都记不得了。说了一大通，然后就给点钱，五六十块，（再）买件衣服，就走了。

邵：那平时有电话吗？经常打电话给你吗？

何：都是我打过去，我打给他。

邵：哦，是这样。你父亲教育你，有没有打骂什么的？

何：打是从来没打过的，我爸爸不打我的。

邵：爷爷奶奶呢？

何：爷爷奶奶更没有了，很宠我，骂都没有的。

邵：你初三打游戏、上网，学习不好了，你爸爸知道吗？

何：一开始不知道，（我）也不会跟他说，等到他知道，已经是后来了。是我在学校打架，老师通知家长，他才知道。他一直以为我很乖的。

邵：你在学校打架，有多少次？

何：有四五次吧。

邵：老师怎么处理呢？班主任管吗？

何：老师当然批评啰。班主任是学校政教室主任，他教育我的。然后就是通知家长。

邵：每次老师都教育你什么呢？

何：我们是这样的：第一次，教育你，然后叫你写保证书。第二次，除了教育，就叫我写请假条，回家一星期，去思过。后来多了，也就不教育了，就劝退。劝我退学，不要在学校上课，到家里待着，允许期末来考试，有成绩的。所以初三下学期我没怎么上学，就在家，期末去考试，有成绩，毕业证拿到了。

邵：你爸爸知道后怎样教你？有骂你吗？

何：那当然骂的。骂得很厉害的。

邵：记得怎么教育你的吗？

何：哪还记得！早忘了。（用手指指脑袋）如果记得，也不会再去打架了，也没有现在这个事了（指聚众斗殴）。不过，我爸来也就是骂一顿，说一说，然后买件衣服给我，下午就回 H 市去了。

我爸每次来看我都是上午来，下午就回到 H 市去的。

邵：（笔者感到何 × × 父亲对何 × × 打架的教育，不是对何 × × 做错事的惩罚，而是有点奖励的意味）（你爸的教育）对你起不到教育作用，没什么用。

何：也就前两次骂了，后来也不骂了，不指望了。

邵：学校里打架，我看你身体挺单薄的。

何：我也不怎么打的。不是认识了几个朋友么，请他们一起来打架的。

邵：哦，是这样子。那学习不好，是上课老想着打游戏呢，还是想着跟他们去玩，然后不专心听讲了？

何：也不是上课老想着游戏、想去玩，就是没心思学习了。心思不在学习上了，成绩自然就不好了。

邵：真是很可惜。初一、初二学习还挺不错的，初三一下子学习不好。如果一直保持下去，读一个好的高中，然后读大学，那就完全是另一条路了。所以交友要慎重。现在、今后都要注意。交友很重要，要注意选择。这起因是你爸给你在外面租了房子，亲戚管不上了……

何：这中间发生过这么一件事。我跟我爸冲突起来，我还还手了……这么说吧，我爸娶了个后妈，我初二读完回来，到H市来，跟后妈起了冲突，她打了我一巴掌，我还手了。具体怎么打起来的，她为什么打我一巴掌，现在我想不起来了。我爸夹在中间，两头为难，就把我送回去，在老家镇上（读书的镇上）租了个房子，让我自己住。

邵：那他回来看你吗？

何：不怎么来看的，让我自己住。再么，那时我也有点逆反心理，不要理他。

邵：那电话呢？有电话打给你吗？

何：没有的。我（住的地方）也没电话。

邵：你理解到爸爸的难处，说明你挺聪明的，也能理解人。这个不错，能为爸爸着想。

何：这个么，他夹在中间，我们（他与后妈）发生冲突，他两头都难处理。

邵：你爸什么时候娶的你后妈？

何：我七八岁时吧，记不清了。她是安徽人，我爸打工时认识的。

邵：他们有孩子吗？

何：有一个儿子，挺小的，才上小学一年级。

邵：你妈妈，亲妈妈有来看你吗？经常来看你吗？

何：没有的，没怎么看的。好像我七八岁时来看过一次，然后就没有了。就是我爸结婚的时候，怕我吃亏什么的。去年打来一个电话，要我回去看看。我都不记得她长什么样，看不看也无所谓的。

邵：就去年见了一次？后来又没有联系了？

何：是的，不联系的。

邵：这个……母爱缺失了。我们说，小孩要形成对母亲的依恋，对亲人的依恋，这个很重要。你母爱缺失……不过你爸爸，还有你爷爷奶奶很疼爱你。他们给你很多爱。（笔者思考着不一定指出母爱缺失所造成的问题）

何：妈妈，我头脑里（对她）没什么印象。

邵：那你后妈呢？她对你怎样？

何：我阿姨，她不管我的，我也不怎么跟她说话。反正中间隔着什么似的。现在家里开着理发店，她与我爸一起管。她就把我当员工一样看。这里的吴指导（指司法所的一名工作人员）跟我说，可以跟爸爸学手艺，在理发店里做工（用感谢的声音说这话）。我现在就在我爸爸理发店里做，做了有十多天了，快半个月了。她上班时间管我，像管其他员工一样对待的。该说就说，该骂就骂。我想，也对的，自己就当是一名员工，做错了，是该骂。下班后我爸管我，她不管的。我也就跟我爸爸说说。

邵：那你住什么地方？住一起吗？

何：没有，我在外面租房子住。如果不是到店里做，我阿姨都不知道我在 H 市。我初中毕业，就到 H 市来了，我爸给我租了房子，我就一直住在外面的。我爸给我找工作做，都是做了两三天就不做了，有的嫌累。

邵：都做了些什么工作？

何：有饭店服务员、酒店服务员，还有代打游戏的，还有……（说了一个工作，笔者似乎还未听到过有这样的工作）

邵：那你工作不怎么做，生活呢？

何：我爸每天给我 10 块、20 块钱。我就（拿来）吃吃用，还用它去上网什么的。

邵：你爸爸每天都来看你？

何：是的，每天来看我一下，给点钱。

邵：你阿姨不知道吗？你爸每天来看你。

何：不知道。

邵：你现在每天上班后干什么呢？看点书吗？看些什么书呢？

何：回去就上上网，看看电视、电影，就睡了。第二天睡到8点或8点半，9点上班。

邵：你现在有女朋友吗？

何：有的，认识快一年了。去年过年时认识的。

邵：女朋友多大了？

何：跟我同年的，也17岁。

邵：那认识时16岁，她是干什么的呢？

何：她是大学生，哦，现在读技校，幼教专业，以后当幼儿园老师的。她准备考大专，读大学。

邵：（你女朋友准备考大学）这个好。那你们父母都知道吗？

何：我家，我爸爸是知道我有女朋友的，她家不知道。

邵：你们经常在一起吗？或一起住？

何：没一起住的，一个月就见一两次面，然后就打打电话。她家管得很严的，她往往是中午过来，下午4点半就回去了，到店里跟我说说话。不能在外面过夜的。

邵：那她对你这次事，犯罪的事有什么说的吗？

何：那倒没有，没说什么。就是跟我说，要我好好学手艺，挣点钱。以后结婚不一定要有自己的房子，但每个月还款要能还得上（指按揭买房）。现在我有两个精神支柱，一个是我爸，他对我好的，一个是女朋友，我要对得起她。以前，什么也没有，什么也不懂，无所谓的，现在成熟了。

邵：这个很对，要有责任心。父母生你养你，做小辈的，要有感恩之心；女朋友谈起来了，要对她负责；以后还有小孩哩，还要对小孩负责。是吗？

何：是的，我知道的。我爸也跟我说了，现在在他店里干着，学些基本功，以后到大的理发店去干活、学习，然后上沙宣美容培训学校，理发培训学校，当个发型师，到大店里当师傅，好的师傅每月有1万多呢！

邵：这个好的。你父亲对你的这个设想很好。这也是一个人的人生规划、职业规划。这个规划是不错的。记得我以前住的地方，有一个理发师，H市比赛获奖的。我去理发，我对他说，你看我该理个什么样的发型。他很自信地对我说，你到我这儿理发，放心好了，我肯定给你理好，让你满意。

哎，我另外想说，你父亲对你的教育，除了跟你说说，其他不太管的，是不是有些放任不管啊？

何：（多次点头）是的，不管我的。（从何××的语气与反应来看，他对笔者的这一判断很是赞同，表明他对父亲对他的关心、交流是不满的）

邵：你父亲在你上小学、中学时，特别是中学，可以说是放任型的教育方式。这个就有问题了。要看环境，如果环境好，或者学校教育跟上，一个人会走正道；如果环境不好，结交坏的同伴，就可能走上歪路。再呢，你中学时，心理发生了很大变化，你父亲可能不懂这个心理变化，就把你送回老家一个人过日子。这个很可惜啊！如果这步走好了，也许你的人生就会是另一条路。

何：（点头）是啊，我也许就不是现在这样子。

邵：还有你爷爷奶奶很宠你，这可能属于溺爱。哦，你爷爷奶奶除了你一个孙子，还有其他孙子辈的小孩吗？

何：还有我大伯的一个小孩，就是我哥。爷爷奶奶对我们两个都好的，但特别宠我，因为我从小没有了妈妈。

邵：溺爱呢，我们说，会给孩子造成什么影响呢？你看，只有爱，错的地方也不管教，小孩就容易形成是非不分，以自我为中心，不会也不用考虑他人的意愿，只想着自己的需求了。我们说，小学阶段是培养一个人道德行为的关键期。道德行为，也叫亲社会行为、利他行为，就是小孩要懂得爱他人，与他人分享，懂得爱要相互的，要从他人角度想一想，还要懂得感恩。当然感恩从幼儿园就要开始培养了。所以溺爱（的家庭教育）呢，就学不会分享，形成自私的心理，是非不分，以自我为中心，理论上称做形成“缺陷性人格”。这样的人，长大了，一受到刺激，遭受了挫折，就容易冲动，受不了啦，有时会攻击他人。

何：控制能力差。

邵：是的，你说的对。

何：我现在是知道了。出去，朋友吃饭，有了冲突，我就说，你们在，我走了，就躲开。在马路看到吵架的，我也躲避开。

邵：这个可以的，我觉得是对的。朋友冲突起来，走开总是可以的。青年人，特别是冲动的人，控制冲动实际上也有一些方法。比如一个事发生了，我不马上行动，我停下来，想一想。实际上，冲动在头脑中发生快，过去也快，只要你控制一下，缓一缓，冲动强度马上就下来了，再想一想后果，也许就不冲动了。

何：我上网，他们骂，我也不生气的，也不去理睬他们。

邵：网上也有骂什么的，要冲突起来的？

何：网上乱七八糟，什么都有的。

邵：哦，所以上网也要注意控制。我想跟你说的一点是，你还年轻，17 岁，你读书到初中，初中文化，在现在这个社会，不够啊！要继续学。你不是说你女朋友要上大专吗？以后你们在一起，有了小孩，她可能会跟小孩子开玩笑说：喏，你爸爸，才初中毕业！那可不好啊！所以我建议你，晚上可以去学习，上培训班。现在不是有初中起点的大专成人班，或高中班也行。你白天上班，晚上刚好可以去学习，下午 6 点 30 分学到晚上 9 点或 8

点 30 分。这样晚上也可以好好利用起来。学了文化，人也有素质了。你准备当发型师，学理发的专业技能，学好了去参加 H 市比赛，也可能拿奖，以后可能自己开店。我前面跟你说的那个理发师，就很有文化，在理发店放了很多书，我觉得走进他的店很有文化气息。这个是需要学习，需要修养的。

何：对的，（我）可以去学习。

邵：另外，我想跟你说，你从小没了妈妈，妈妈走了，这个对你可能有影响。妈妈的爱没有了，你少了这份母爱。这个也许对你心理有影响，而且后来也一直没什么联系。（笔者慢慢说上面的话，一面斟酌着是否会对他产生不良的影响，另一方面想应当如何表达。而何××听到这些话时，显示出难过的样子，手抱起头，又把头埋到双手臂里好一阵子，然后抬起头，嘴唇紧紧咬着）我们说，对母亲的依恋很重要，但可以是对抚养人的依恋。（笔者又想，何××在奶奶的抚养下长大，但对奶奶的死似乎又印象不深，记忆有些模糊，他小时的依恋感又在哪里呢？所以笔者对此有些担心）你还是有父亲的爱，有爷爷奶奶的爱，现在又有了女朋友的爱。当然女朋友的爱不一样，那会是另外一种爱，但也是一种正性之爱、关心的爱。（何××听这些话时，头抬起、低下不断转换，嘴唇始终紧紧咬着）希望你心中有“爱”，体会到爸爸、爷爷、奶奶、女朋友等人对你的爱，把爱放大，心中有大“爱”。

还有就是，你自己的小孩，今后要给他全面的爱，要给他父爱、母爱，全面的爱。

第二呢，交朋友要注意选择。你这次犯罪，一定程度上说也是与朋友一起去做的。朋友交好了，对青年人成长才有利。国内外的犯罪学研究都表明，如果交了犯罪的朋友，那这个人犯罪的可能性就大大增加了，理论上说，叫做“有犯罪的朋友是预测该人是否犯罪的最有效的指标”。你这么年轻，17 岁，肯定要交朋友的，20 岁，30 岁，40 岁都要交朋友，那不管什么年龄，交朋友都要选择，要交好朋友。

何：良师益友。我今后会注意的。

邵：是的。交朋友中，如果发现他干坏事，犯罪的，坚决不能交。当然你现在在父亲理发店做工，可以跟一起做工的交朋友。其他帮工还有的吧？

何：有的，有好几个。

邵：对其中好的，品质好的，可以交朋友嘛！

第三，你爸爸在教育上虽然有些放任不管，但关心你，爱护你，这是肯定的。还有，你现在有了女朋友，女朋友对你不错，你说不能辜负他们两个。你这个想法是好的。这也是有责任心的表现。责任心是可贵的。

第四，你与父亲商量的人生规划、职业规划，先在爸爸店里干，学些基本的理发技能，然后去大的理发店做，同时到美容美发学校学习，成为一名优秀的发型师。这个规划很好。一定要坚持，可不要半途而废啦！还有就是学习。前面也说了，初中文化不够的，要继续学。你女朋友不是要去读大学么，你可不能落后啊！

第五点，你定下了人生规划，做一个自食其力的、有技艺的发型师，今后很可能会去开店，还可能会做其他生意，我们说，你要做一个好人，一个有品德的人，还要做一个守法的人，守法经营的人。这点希望你也记住。

好啦，今天我们就谈这么多。你可不要像以前那样，一只耳朵进一只耳朵出，我们谈完了你马上就忘了。那可不对啊！

何：不会的，我记下了。现在不会像以前那样的。

邵：那就好。（又把五点扼要复述了一遍）可要记住了。

好，我送你到吴指导那儿去，看他接下来怎么安排。

分析： 何××的犯罪是非常可惜的，因为成长到初中二年级时，学习与在校表现都还是好的，但是在初三时出现了转折，一是心理发展到这一年龄阶段常常会出现的逆反心理，对父亲的教育本能地反抗，二是父亲又没有意识到这个现象，以为小孩仍然是很乖的，忽视了对小孩的管教，以致出现了给小孩一个人在外地租房自己单人过的情形。这是非常遗憾的，丧失了父亲的职责，最终造成小孩上网吧并结交了不良伙伴的严重后果。

在何××的家庭教育中，出现了两种不良家庭养育方式的共同存在，这就是爷爷奶奶的溺爱与父亲的放任不管。这非常容易使小孩形成“缺陷人格”。

然而，更为遗憾的是，学校教育的缺位。受访者在犯错误时学校的教育情况是：第一次犯错，老师教育你，并要求学生写出保证书；第二次犯错，除了教育，再写请假条，回家一星期去思过；到后来再犯错，不再教育，就劝退，不要在学校上课到家里待着，允许期末来考试。笔者认为，受访人没有必要去编造这样的故事来取悦研究者，应当是该服刑人员曾受到的学校教育的真实反映。然而，我国的学校采取如此的教育方式，是笔者深感意外的。这已经离学校教育的本质很远了。

11. 交通肇事，过失犯罪
——H 市 S 司法所谈话记录之二

谈话时间：2010 年 12 月 9 日，10：17—11：10。
谈话地点：H 市 S 司法所会议室。
谈话对象：叶××，男，1984 年生，浙江人，交通肇事罪，判处 3 年有期徒刑，缓刑 5 年。社区矫正服刑人员。

笔者请叶××坐到会议桌对面。

邵：来，请坐，我们谈谈。

叶：我都快睡着了，都看了 3 张报纸了。（叶××一坐下就抱怨起来，因为他与另一谈话对象何××早上一起被司法所约来跟笔者谈话，因与何××先谈，他等了一个多小时，所以谈话一开始就先发起牢骚来）

邵：哦，对不起，让你久等了。哎，你叫什么名字？

叶：叶××。（笔者在笔记本上记下名字）

邵：哪一年生？

叶：1984 年。

邵：那今年 26 岁了。什么罪？

叶：交通肇事罪。（笔者记下上述信息，合上笔记本，不再记录）

（这是笔者启动谈话活动以来，第一个过失犯罪的服刑人员。过失犯罪，其犯罪心理不像故意犯罪典型，谈话就随意些，而且不太会去探究其犯罪心理，就更像聊天性质的谈话）

邵：怎么回事，你说说。

叶：那是2007年的事了，（叶××作出努力回忆状，并肯定是2007年）我一个朋友生日，叫我去聚会。我特意不开车，打车去的。但回来时，朋友喝多了，开不了车，我就主动帮助他开回来，我也喝了点酒。回来时已是凌晨四五点钟，马路上很空的。我感到车子震了一下，没感到撞了人，但总感觉有点不对。同车的人说撞人了。开了有2千多米，我又掉头回来（是在撞人车道的反向车道），因中间有隔离带，在马路对面没看到撞了人，又开走了。快到朋友家时，总觉得不对，又开回来，此时大概过了半个多小时。我到现场一看，“110”、“120”都来了，还围了很多人，大概是晨练的，是他们报的“110”、“120”。我想想不敢上前认，又回去了。

邵：酒后驾车。就开车子回去看的？

叶：是走回去的，车子停在2千米外的，走过来看的。

邵：是朋友的车，你帮他开的。

叶：是的，我自己特意不开车，想想会喝酒的。朋友是快递公司的，车子是公司的，送快递用的，是那种金杯车。你想，天天送货的，车子不好的。

邵：车况差了。天天开的，还装货，车也许破破烂烂的。

叶：是的。我真是倒霉的，不过，算天灾人祸吧，给我碰上了。

邵：当场撞死的吗？

叶：没有撞死，在医院里吊了十多天。在医院里吊着，费用很大的，一天要1万多块钱。

邵：你没去自首？

叶：这个……交警大队就在我住的对面，走走（就）几分钟。回去后刚好我爷爷过世，爸爸说要拉回来在家放几天。家里来了很多亲戚，乱哄哄的，我也不好开口说这事。傍晚时警察找上门来了。

邵：酒后驾车，有被拘留吗？

叶：没有，交警叫我去做了笔录，录完叫我回来了。我家就住交警队对面，很近的，就是叫我不要出去，在家待着。

邵：那是过去，2007年，现在不行了，酒后驾车，非进去不可的。

叶：是的，现在严了。现在报上、网上这么多，像（H市）××路撞飞大学生的，他撞的是大学生。还有（Z省）广电门口……

邵：撞了一个女服务员，19岁。

叶：是的，还有……（一起交流了发生在H市及外地的几个交通肇事案件）

邵：你撞的是什么人？

叶：一个环卫工人，早上在马路上搞卫生的。

邵：环卫工人被撞的真是不少。他有多少岁？

叶：50多岁。江西那边的。

邵：外地的，在H市做工，也很不容易的。你出了交通事故，交通肇事罪，怎么判的呢？

叶：判三缓五。缓刑五年，这是不是缓刑中最高的。

邵：缓刑五年，应当是最高的了。不过，你这种情况放到现在可能不是这样判了。

叶：我当时也咨询过律师，他说民事这块全部赔掉，这说明态度好，判决上会考虑的。我那天撞人回家，也睡不着觉，虽然一夜没睡，但哪睡得着！就上网查资料，看看交通肇事，什么是逃逸。网上说，只要是撞人后移动了车子，都是逃逸，而自首不自首倒没关系。正在查当中，警察就来了，来了好几个。当时家里不是很多人嘛，他们很奇怪，警察来干什么。

邵：交通肇事，车子动了就负全责。车子开走，应当算逃逸。对方撞得怎样，你也不清楚。

叶：当时没多少感觉，就觉得车子震了一下，我后来回忆分析，大概是与同车的人转头聊天去了，没看见人撞了。

邵：同车坐了多少人？

叶：有六七个。过生日的朋友就坐在前面，他也没看见。

邵：他喝多了，大概脑子糊里糊涂的。你一共赔了多少钱？

叶：加起来50多万，还有各种各样的费用都加进去。

邵：总共50多万？包括医院里的费用？

叶：是的，全部加起来50多万，快60万。医药费有15万左右，还有赔给他们30多万。被撞的人有3个女儿，1个儿子，还有亲戚，全都来了。这有些开销。

赔了50多万，我是给朋友开的车！你想，我自己有车不开去，朋友不能开了，我是好心帮他开。出了事，他也应当赔给我一点，比如50多万的零头，几万块赔给我。这个也可以，但一分钱都没给。

邵：哎，你是好心帮忙。朋友后来怎样了？

叶：朋友后来给公司开除了，不做了。我这是好心办坏事，倒霉，天灾人祸，给我碰上了。我妈也说了，要么50万给你存着？你到牢里待几年，出来给你。你算算不待在牢里这几年能否赚到50万？不过，蹲牢监（监狱）总不好，总是在外面好。

邵：进监狱与在外面服刑，那总是有些区别的。

叶：就是，我也问过律师，民事全部赔完，再呢不是一下子撞死的，是撞伤后死亡，这个又与一下撞死不一样。这样两个（因素）加起来，判刑、判缓刑的可能性有80%多。

邵：是的，赔偿到位，说明你态度好。

叶：我也常上网看的，有的（交通肇事）人一下没撞死，然后，再故意倒回把人撞死。这个是杀人了。

邵：那是恶劣的，是故意杀人。像最近网上说西安一个学生，撞人后人没死，还捅了 8 刀。这是故意杀人罪。交通肇事，是过失，因为你没有想撞人的故意。把人撞伤了，再把人杀了或再撞死，那性质就变了，是故意而不是过失，那罪就重了。

叶：要判 10 多年，20 年的。

邵：故意杀人，可以判死刑、死缓，那是很恶劣的。是看到这样的例子，一下撞死反而赔得少，（还）不麻烦，撞了算数。这种人没有了人性。

叶：没撞死，在医院里医疗费确实高，各种针要打进去，要抢救，一天一万多。抢救回来还好。

邵：这也没办法，伤得重。你交通肇事，驾照吊销，车没得开了。

叶：是的。这个特别不方便。我那朋友倒没事，车照开。而且（我被判）缓刑，没得出门，比如出国，度蜜月都不行。

邵：你结婚了没？（笔者看到他无名指戴着戒指）

叶：快了，明年初吧。今年 26 岁，也差不多，算早不早，也不算迟，30 岁结婚，那有点迟。

邵：是的，26 岁结婚在 H 市正合适。那驾照没了，车呢？

叶：车子我又开不来，卖了。虽然我妈也会开车，但不常开，我又不能开，放着干吗？就卖了。（没车）生活真不方便。

邵：这也没办法。你还酒后驾车，放在今天，更严厉。以后，缓刑结束再去考过。

叶：我这样不知能否再考？好不好考了？我也没去查过。

邵：这个我倒也不是很清楚，如果没有判你终身禁驾，应当好考。回去查一查就清楚了。

叶：那也要缓刑考验期结束后再说了，到时再说。

邵：我们说，交通肇事，是过失犯罪。过失犯罪，与性格缺陷有关，你有没有去分析一下自己的问题？

叶：这个……前面也有老师问我，我是否记住了被撞死人的惨状，晚上是否会做噩梦，想到他？我根本不知道他撞的情况，当时撞人也不知道；撞后半个多小时回去，“110”、“120”都在了，人拉走了，地上留下些血。我没看到人。

特别气人的是，我从现场走回去，车子不在了。我朋友把车开走了，送其他人回家去了。再回来接上我。

邵：他们都走掉了，丢下了你。

叶：就是，根本不管我。我是帮他开车的！

邵：他大概不知道撞了人。

叶：应当知道的，因为撞后开了2千多米，停下看了看，左前灯破了，左保险杆掉下来了，肯定撞什么了。所以掉头开回去。但是中间有绿化带，没看到人。

邵：回来接上了你，把你送回家，然后他开车回去了。

叶：当时他也问了，我说撞人了，撞伤了。他说怎么办？我说，先回去吧，车子你先停到你的停车场去。

邵：你当时回到现场去，没想到自首？

叶：现场“110”、“120”都在，还有这么多人，想想不敢。

邵：还是没有勇气。（笔者听到这儿，觉得叶××对死者没有什么对不起的意思表示，就想把话题引到这儿来。）被你撞的人，也是一条人命，他50多岁，还有一家人。

叶：是的，虽然钱给了30多万，但人死了……

邵：是啊，人的生命是最可贵的，钱是次要的，其次的东西。

叶：可是，我想想，自己也冤啊，明明我是不开车的，打车去的。好心帮人开车，却出了事，我倒赔钱又判刑，车没得开了。他（朋友）一点没事，也没什么补偿（给我）。

邵：这个么，车总是你在开，人是你撞的。

叶：是的，方向盘在我手上。

邵：就是嘛，方向盘握在你手上。你应当负责任，这个是没错的。

叶：从这个角度说，是这样子，也是自己晦气。

邵：开车总是小心为好，再呢，酒后不开车，开车不喝酒。这个是很对的。现在执行得严了，很多人酒桌上说我开车的，就不用喝酒，人家也不劝酒。这个是个好现象，大家都遵守规定。

叶：有的人不开车，但是不想喝、不喜欢喝，就说开车来的。

邵：是有这种情况。总之，开车谨慎为要，遵守规范为上，特别不能酒后驾车。

好，今天就谈到这。

（因为是过失犯罪，没有过多地探究犯罪心理、犯罪原因，只是就事论事，就驾车，特别是禁止酒后驾车等作了交流。谈话中话题较为广泛，与犯罪及矫正关系都不大，许多对话不作整理与记录）

12. 我偷摩托车，是积攒找母亲的钱

——S省A监狱谈话记录之一

谈话时间：2010年10月18日，9：10—10：10。

谈话地点：S省A监狱某监区档案室兼办公室。

谈话对象：董××，男，1990年出生，山西人，盗窃罪，判刑14年。2007年被捕并判刑。2006年曾被劳动教养一年，小学文化（档案袋“文化程度”栏标注）。

分监区指导员介绍：服刑人员董××出生于山西偏僻贫穷的山区农村，其父大概通过买卖娶了一个女人。该女人生下董××后不久即逃走。3年后有一继母，继母经常打董××。后来董××就离家出走，在社会流浪。

现在董××戴铐在监，因为再一次在井下（该监狱是一座煤矿）躲藏，受到禁闭处分。这次躲藏是因为他师傅（董××跟一师傅学电工）骂他“他×的”，觉得污辱了他母亲，就又想不开了。他认为，骂他、骂他父亲都可以，就是不能骂他母亲。

董××第一次在井下躲藏，是因为监狱开展的帮教活动中，他看到其他服刑人员的母亲来帮教，受到了刺激。因为董××画画好（据了解，董××在外流浪时遇到了一个拾荒的人，收留了他，教他画画，所以他画画挺好的），帮教时其他服刑人员在台上表演，他在旁边画画作为整个帮教活动的一部分。第一次出现在煤矿井下躲藏这个情况时，曾请他父亲前来帮教。

据董××说，他想挣钱去寻找母亲。

董××还有自虐行为，经常用刀割自己手臂。手臂上有许多

伤痕，现在监狱服刑亦然。

指导员说，之前跟他多次交流，也请当地的某心理咨询师给他咨询，他觉得咨询老师很好，把她（不清楚咨询老师的性别）当母亲了，想她，希望再来咨询。

指导员告诉我说，最近一次跟董××谈，他说的是：你母亲生下你就走，再也没有来看过你，也没有给你写信，本身就是不爱你。她也许是来骗婚的，因为在山区农村，因家里穷有的花钱买一个老婆，而这老婆也是骗钱的，生下孩子后就走了。再找一家，拿到钱，生一个孩子又走了。所以，你母亲也许不值得你留恋。

笔者听了指导员对董××情况和所做工作的介绍后说："我知道了，我知道你的工作情况与谈话目的了。"

简要翻阅了一下董××的档案，看到16岁时（2006年）劳教一年，然后判刑。结合指导员的介绍，初步结论，认为这是一个犯罪人格类型的服刑人员，矫正难度很大，并非一次谈话所能解决。但其人生经历确实很辛酸，非常令人同情，所以决定以关心、鼓励等支持性谈话为主。

笔者要指导员把董××叫来。

谈话时旁听警官有：监狱狱政科及分监区民警4人，其中狱政科民警与分监区指导员自始至终参与旁听，并翻译、解释；两位分监区民警在谈话过程中离开，不再参与旁听。

笔者看到办公室里只有一张椅子和一组单人沙发、一组双人沙发，而且摆放位置一东一西，又坐了四个警察。就叫董××带一凳子进来谈话。

另一服刑人员帮董××拿凳子，董××步履缓慢，走路腿有点不灵便的样子。笔者看到后，要那名服刑人员把凳子放到笔者坐的沙发边，请董××坐下。

邵：来，过来，来这儿。哦，你的腿怎么有点儿不灵便？

指导员：坐了禁闭，（禁闭）出来又一直坐着，站起来走路有点反应，不灵便。

董：（没说话）

邵：董××，来，坐这儿，来，坐下来。（董××依言坐下）

邵：你今年20岁了。我看了你的档案，你16岁时劳教过，是怎么回事？

董：（停顿一下）偷东西么。

邵：哦，劳教一年。你是一年期满，还是提前解教的？

董：提前一个月。

邵：那不错吗，说明在劳教所表现好的。那这次（判刑）是怎么回事，能跟我说说吗？我看判决书中你写在最前面，你是主犯吗？

董：是的。

邵：你是团伙犯罪，是你组织的，另外几个人判了几年？

董：一个判了20年，一个判了10年。

邵：怎么有人判20年，他是主犯吗？

董：他还有其他罪，所以判重了。

邵：哦。（笔者指指茶几上的档案袋）上面写着小学文化，你读了几年书？

董：读了二年，就不读了。

邵：是读了一年多吗？

董：是二年级下学期读完不读的（强调读完二年级）。

邵：哦，二年级读完。二年级，八九岁，那你后来干吗去了呢？

董：不干吗，流浪了。

邵：什么？（有点听不清楚）

董：后娘老打我，天天打我，爸爸也打的。就逃出家去，家待不下去。（董××难过的表情）

邵：你父亲是经常打你，还是偶尔打你？

董：偶尔打的。

邵：你后娘呢？

董：开始经常打，后来天天打；还教唆我父亲，离间我们的关系。

邵：那你后娘打你，你父亲怎么看？

董：他们为此打了一架，后来（后娘打）也不太管了。我后来也不待在家里了，待两三天就走掉（离家出走）。派出所把我送回来，我就又出走；派出所又送回来，我再出走。来来回回的，就这样子。

邵：派出所怎么发现你呢？

董：我一个小孩在（县城）街上孤独地逛，联防队看到了，民警看到了，就送到派出所，再送回家去。

邵：那派出所有教育你什么吗？

董：没什么（教育）的，他们就发现了（我），（把我）送回家。

邵：送回去，又出走，你父亲怎么做？

董：父亲一开始打、骂，后来也无所谓了。

邵：那你就在外流浪，没人管了？

董：是的。

邵：那你吃饭怎么解决？

董：（"找到什么吃什么"，"有时去拿坟头的供品吃"等话，说这些话时董××开始流泪，说话家乡音重起来，笔者开始有些听不太懂了。上述两句话是事后坐在旁边的民警告诉笔者的）爷爷家吃，姑姑家吃，有时邻居家吃。

邵：邻居家吃得多吗？

董： 多的，有多次。

邵： 经常去吃吗？

董： 那也没有。

邵： 你看，邻居给你吃，他们也是在关心你。

董： 那也不是。（否认、拒绝承认他人的关心）

邵： 你后娘这样对待你，家里你待不下去，你爷爷、姑姑为什么不收留你，或照顾你？

董： 后娘（知道后）去跟我姑姑大吵了一次。后来我姑姑就不让我进（她）家门了。

邵： 哦，那你只有流浪了。你父亲来找你吗？

董： 来找的，找了几次。后来也不找了。

邵： 你父亲也还是关心你的。那你父亲现在来看过你吗？

董： 来过几次，两三次。（进一步证实父亲还是关心的）

邵： 你后来流浪，有没有什么朋友？

董： 有一个，他也没有娘，只有一个父亲。我们一起流浪，睡桥洞，睡澡堂子。现在监狱里洗澡，我就会想起那时睡澡堂子。（说到这些，又开始流泪，笔者拿出身上带的餐巾纸，递给他）夏天还好，冬天就惨了。我想起冬天还穿着一双拖鞋……（董××开始哭泣，眼泪不断涌出，笔者又拿起一张餐巾纸递给他）

邵： ……想起冬天穿一双拖鞋，让你难受了……你真是不容易，当时这么小。（笔者停止说话，让其哭泣，以宣泄心中积累的不良情绪）

邵：（过了一会儿）那你一起流浪的朋友，他父亲不管吗？

董： 他父亲判刑了。他父亲刑满后，他也回去跟他父亲（过）了。

邵： 我听这儿的警官说，这儿的领导说（转头向坐笔者左边的指导员看了看），你在流浪中遇到过一个人，收留你，教你画画。

董：是的，也就半年多时间。

邵：他对你怎样？

董：记不起来了。

邵：（有点意外）哦！听说你现在画画不错，是他教你的。你就学了半年，就画得这么好，你是一个挺聪明的人！（笔者轻轻拍了一下他的大腿靠近膝盖的部位，以示鼓励与赞赏）你跟他在一起多长时间？

董：半年多吧。

邵：你觉得他是一个怎样的人？

董：（过去）时间长了，记不得了。（董××有些刻意回避这个问题，值得进一步探讨。因时间关系，本次谈话没有进一步深入下去）

邵：哦……我听队长说，听这儿的警官说，你有时也会去躲起来。想事吗？

董：我也觉得不对、不好。这儿的警官挺好的，对我挺好的。我当时就是糊了，脑子里什么都不知道了，空空的，就这么做了。

邵：你这么做，给队长，给这么多关心你的人担心，他们关心你的……

董：（打断笔者的话）是的，是的，这个我知道，我心中明白的。

邵：我知道你是个挺聪明的人，你什么都懂，都明白……你有过第一次，最近又有一次……又是怎么想的？

董：是的，是的，我知道给队长添麻烦了。当时就是脑子糊了，一片空白，什么都不知道了（抱头，脸上似有痛苦状）。

邵：你父亲来看过你几次，他现在怎么样？

董：他来看我，他头发都白了，我觉得（他）老多了。（难过样，停顿了一下）有一次，（在社会上时）我回去，他出车祸了，他说："这次差一点见不到你了！"我……（开始哭泣，用手遮盖住脸，不停地哭，笔者再给他餐巾纸）后来姑姑告诉我，就是我偷的车，他骑了，撞到货车上（此时他的话不仅因哭泣含糊，而且越来越用家乡话说，笔者听起来非常吃力，许多听不懂，依靠旁边的警察帮助翻译才听懂一些。后来笔者也多次转头问指导员，请他解释，谈话效果受到影响）。是我害了他，是我偷的车，我再也不会把偷的车拿回去了。

邵：是的，不能去偷，这是不对的。（董××继续哭泣，流泪，旁听警察看到后，去拿了一卷卫生纸递给他。他拿在手上，撕下一段擦眼泪。后来又撕了多次）（笔者轻轻拍拍他的背，带点抚摸地拍背，以示安慰与支持）是的，父亲是你最亲的人啦。他车祸受伤，让你难受，作为一个人，都是会难受的。只有好好改造，早点出去，去孝敬他。

董：这个没想的，我还有很多年（才能出去）。

邵：听警官说，你父亲与你后娘还生了一个小孩。

董：是的，还有一个妹妹。

邵：（笔者感到心中一喜，他认可这个妹妹）你后娘现在怎样？

董：她去年死了。

邵：你妹妹来看过你吗？

董：她还小，13 岁，没来看过。她与她娘不一样，她是她，她娘是她娘。

邵：是的，你这个认识很对，她与她娘要分开。她对你怎样？

董：她是好的，她对我好的。

邵：就是，她也是你的一个亲人，她是你妹妹。（笔者强调了这一点，希望董××能感受到更多的爱，更多的亲情）刚才你说偷车拿回家，是自己用吗？

董：不是的。偷车是拿去卖，赚钱，存钱。

邵：是为了找妈妈去吗？（指导员前面介绍过，偷窃是赚路费）

董：是的，到贵州，六盘水去。钱挣得不多，待两三天就要回来……（这中间一段对话，他基本用家乡话说，听不懂，在旁边的警官帮忙下才弄懂上述他说话的主要意思）

邵：妈妈是一个人最亲的人，在你心中有一个她的想象与形象。可是她离你而去了，让人怀念。但是你有父亲在，还有妹妹，还有这么多关心你的警官。我也是大老远地过来，我来自杭州，也来跟你谈，我们大家都关心你。（这段话是配合监狱已经做的工作来说的，同时也希望扩大董××心中的爱，增长他心中对爱的理解）

董：这个我知道，我知道的。

邵：所以我希望你，有什么事可以找这儿的队长，这儿的警官，他们都会帮你的，不要采用让他们担心的方式，去躲起来。

董：我知道警官关心我，他们对我真的挺好的。

邵：是啊，你有什么问题，有什么想不开的，一定要找警官去。可以提出你的要求，如我想独处一会，想一个人待一会。我想队长会满足你的。你是一个挺聪明的人。

董：我知道的。

邵：还有一个事我想跟你说，一个人的身体，它是父母给的，受之于天，要珍惜，从某种程度上说，我们自己是无权处理的。父母给了你这个身体，是希望它健健康康的，我们不要去损毁它，而是要珍惜它。你20岁，你父亲老了，今后还要你去关心他，赡养他，你还有一个妹妹，她还小，你要照顾她，给她做个好榜样，所以你要珍惜自己，还要好好改造，争取早点出去。（因了解到董××有自虐行为，所以说了上面这些话。当然不是

这么几句话就能解决的，应当找到其心理与行为原因，来解决其自虐行为）

好，今天我们就谈到这儿。你先回去吧。

（笔者又拍拍他的背）

（在整个谈话过程中，笔者持续地以“嗯”以及重复最后几个词的形式进行鼓励与支持。由于董××常常用山西家乡话叙述，因此许多话没有听懂，没能记下）

分析：董××从小没有了母亲，又常常被后妈殴打，依恋感不足或者说缺乏。同时，缺乏家庭照顾，流浪社会，其生存基本上是通过违法途径才能解决，从劳教经历可得到佐证。这是一个犯罪人格的罪犯。这样的犯罪人让人同情，但又无奈。因为，他有家，达不到社会救济的标准，但家庭破损，实际又没家。再加上父亲不懂教育与沟通，他离家出走，在社会上流浪；没有或不愿接受学校教育；小小年龄又做不了什么工作，挣不了钱，为了生存，似乎只有偷、抢这一条路可走，犯罪成为必然。而且心理问题严重存在，对董××的矫正是困难而繁重的任务。

13. 我只想着我自己
——S省A监狱谈话记录之二

谈话时间：2010年10月18日，10：30—11：40—11：57。
谈话地点：S省A监狱某监区服刑人员活动室。
谈话对象：张××，男，33岁，山西人，抢劫罪，14年。

狱政科民警介绍，这是一个顽危犯。

笔者布置好谈话的椅子（两张一样的椅子）。张××过来，笔者叫他坐下。

邵：来来，坐下，别紧张，我们聊聊。你今年几岁？

张：33岁。

邵：你什么文化程度？

张：小学读到五年级。

邵：小学没毕业？

张：小学读完五年级的。

邵：那没拿到毕业证？

张：没有。

邵：怎么会呢？不发给你毕业证？

张：他们没给么。

邵：小学读书怎样？成绩怎样？

张：读书一般。

邵：读书一般？比如说30个人，你是十五六名，还是二三十名，或排在前面？

张：一般么，就是十五六名那样子。

邵：小学时有逃学吗？比如不读书去玩去了。

张：有的。

邵：是跟其他同学一起呢，还是自己一个人？

张：跟其他同学一起。

邵：你父母管么？

张：知道了就骂，还打。

邵：你小学读完不读了，你父母什么态度？

张：他们要我读的，我不想读了。我坚持不去读，他们也没办法，就同意了。

邵：你家里还有什么人？父母都在吗？

张：父亲在的，母亲死了。

邵：哦（同情的口气）。母亲死了，什么时候？

张：什么时候？有点记不起来了，2002 年？（用手拍拍脑袋。对其母亲的死记不得，笔者感到有点儿惊异）

邵：兄弟姐妹呢？

张：两个哥哥，两个姐姐，我最小。

邵：你哥哥姐姐什么文化程度？

张：一个姐姐初中，一个高中，一个哥哥初中，一个小学。

邵：他们都成家了吧，有小孩吗？

张：是的，都成家了，有小孩的。

邵：你小学不读书了，后来干什么去了呢？

张：就在家玩。

邵：父亲干什么的？

张：在家种田。

邵：母亲呢？

张：也在家种田。

邵：你小学读完后，在家玩，什么都不干？比如跟在你父母后面去田里？

张：没有的，就是玩。

邵：吃饭呢？

张：回家吃，吃完再去玩。

邵：那一直玩，后来呢？

张：后来大了些学开车了。一开始开货车。跟老板开。

邵：是你给老板去拉货。

张：不是的，是给他开。

邵：哦，那是你当司机。那一个月给你多少钱？

张：1500 元，有时 1800 元。

邵：1800 元，在当地收入是算多的，还是一般？

张：算多的啦。

邵：1800 元，怎么花？

张：1800 元很少的。

邵：那 1500 元吧，你怎么花？

张：怎么花？吃饭、买衣服。

邵：吃饭比如 300 元，买衣服 300 元，总还有剩下的。

张：吃饭、买衣服，还租房子住，花得差不多了。有时剩个三五百。

邵：你的案由是什么？犯什么罪？

张：抢劫罪。

邵：判几年？

张：14 年。来时我 29 岁，出去要 43 岁了。

邵：你犯抢劫罪，怎么一回事，跟我谈谈。

张：抢他人的车子，就是（抢）开车的。他们租我的车子，一起去抢的。

邵：有几次？

张：两次。

邵：第一次什么时候？

张：第一次是在（第二次）两个星期前，两次之间相隔两个星期。

邵：第一次是一起干的吧？谁起的头？

张：跟他们一起去的，他们起的头。

邵：那第二次呢？

张：第二次是我组织的，是我起头。

邵：那第一次一起去的几个人，他们以前曾抢过吗？

张：他们以前都做过的。

邵：怎么认识的？

张：同村的。我不是开出租车么，他们租我的车。抢了后分给我点钱。

（因没有看档案，对其犯罪情况描述没法下判断，张××对犯罪情况的描述还是不清晰的。考虑到时间紧，监狱 11：30 分下班，希望在下班前结束谈话，不影响监狱工作，这样只有一小时谈话时间，对犯罪情况就没有细谈）

邵：你有家庭吧，有小孩吗？

张：有两个男孩，一个 11 岁，一个 13 岁。老婆在前年来看我时，我说你走吧，不要跟我了。

邵：跟老婆离婚了。

张：我们没有结婚的，也就没有离婚。

邵：哦，那是住到你家，是事实婚姻。

张：我判这么长时间，让她跟着受罪，耽误人家，就让她走了。

邵：那你是需要勇气的！她愿意走吗？

张：她也没办法，我叫她走，她也只得走了。

邵：那小孩怎么办？

张：大的小孩在姑姑家养，小的小孩在爷爷家养。

邵：你老婆舍得小孩吗？

张：她想带走一个小的，我不同意。她带走了，我出去要这么多年，小孩不在一起，分开了，感情要淡的，兄弟之间会没有感情的。

邵：怎么认识你老婆的？

张：她是××宾馆的服务员，我在那认识她。

（旁听民警插话，就是给公司开车，公司在那宾馆有“点”，即该公司吃饭的定点单位。她老婆初中毕业，比他文化程度高）

邵：你老婆也真听话，你让她走她就走了……你小孩来看你吗？

张：没得看，监狱不同意看……（张××用家乡话对着坐我旁边的警官说，说得又快，笔者一时听不懂。坐在旁边的警官了解他的情况，对笔者说：他有两个老婆，小老婆不符合监狱规定，不能接见，而他又特别喜欢小老婆生的小孩，这个儿子6岁，所以焦急了）

邵：你有两个老婆?!（意外又有点奇怪）那后面这个多大了？

张：今年26岁。

邵：怎么认识的？

张：她包我的车，就认识了。

邵：包你的车？她长期包你的车吗？

张：不是的，就包了两次。一次去她叔叔家，一次去她舅舅家。

邵：包两次就成老婆了？

张：不是漂亮吗，就追么。

邵：那你有老婆，又追一个，你家人同意吗？

张：家里都反对，父母反对，姑姑也反对。

邵：家里反对，你继续保持关系？

张： 不是漂亮吗！

（旁边警官插话：家人反对，他妈妈出殡那天，他和小老婆一起走掉了。离家出走，到外面租房子跟小老婆去过日子了）

邵： 你小老婆知道你有老婆吗？

张： 知道的。

邵： 你大老婆知道你有小老婆吗？

张： 也知道的。

邵： 那她（大老婆）知道了怎么办？

张： 开始也闹的。我坚持，她也就认了。小老婆倒难弄点，老要我跟她单独过。我常回去住两三天的。

邵： 那你怎么处理两个老婆之间的关系？

张： 这个……我开出租车，如果挣 200 元钱，给这个老婆一百，给那个老婆一百。如果挣 100 块，给两个老婆各 50 元。

邵： 你说给大老婆钱。那你给大老婆钱的时候，是一起住两三天，还是给了钱就走的？

张： 住两三天才走。

邵： 你这个人不地道，不是一个男子汉。

张： 这个……不是叫她走了嘛！……而且，小老婆也跟人家去了，我什么都没有啦！（说这些话时，他看着坐我旁边的警官）

××警官，你知道我的，你了解我的。小老婆的哥哥说，我联系上他了嘛，说跟一个三十六七岁的男人搞在一起了。你说（脸上显出很难过的样子，很着急的样子），（现在这样子）我什么都没有了！（警官插话：他很在意他小老婆的）如果我在外面，我就做了她！（咬牙切齿地）她叫我让大老婆离开，现在她跟其他男人搞到一起去了！我鸡飞蛋打，我什么都没有了！（非常痛苦的样子）

（笔者听到这儿，觉得生气。一个是，两个老婆，这可是现代社会啊！另外一个是，他叫大老婆离开，并不是说怕耽误人家，而是小老婆叫他这么做的！笔者也大致清晰他成为危险犯的原因，内在的心理原因。但是从心理矫治的角度出发，笔者希望他能从现在的愤怒、怨恨等不良情绪中走出来）

邵：张××，现在我跟你说（笔者把声音音量提高些），你现在的这个现状，是你自己造成的。你还要去怪你小老婆，一个男的，在现在的中国，怎么能允许有两个老婆，是你错误在先。你生气，是因为小老婆叫你赶走大老婆，而当你赶走了大老婆，现在小老婆又跟人跑了，不等你了。但是，这种情况是怎么造成的呢？就是你自己，违反道德，违反法律，种下的恶果。你有什么权利去责怪他人呢？

现在，我跟你说，你有两个小孩，一个11岁，一个13岁，正是人生最关键的时刻。心理学研究告诉我们，11岁到13岁开始的一段时间，是人生的青春发育期，心理急剧变化时期。这个时期，走好了，人的一生就会走好。这个时期走得不好，人的一生也许就毁了。你是父亲，你有这个责任。你们监狱不是在学“国学”吗？《三字经》上不是说了嘛，“子不教，父之过”。你的小孩如果（人生）走得不好，就是你这个做父亲的责任！当然，现在你在监狱里，当面不能教，但你可以写信，可以跟他们说，要他们加强教育。你可以写信告诉他们，要走正道。当然，首先你要承认错误，承认自己犯了错误，而且要诚恳地向小孩承认，爸爸犯罪了，做错了，今后一定改，不犯错。然后跟小孩说要好好读书、认真做作业，要走正道，守法守纪，思想要好，是非观要清楚。

（笔者一次性、连续地提高声音说，把张××从他原来的情绪中拉回出来。他看着笔者，专注又有点惊讶。但是，笔者说完不久，张××脸上又显出着急、难过的样子，然后对着笔者旁边的警官说话）

张：××警官，我什么都没有了，我一无所有啊！我自己什么都不留，我挣点钱都给了她们。我不抽烟不喝酒。我一无所有啊。

警官说：刚才邵教授说得对，你还有小孩，你要教他们成材，你有这个责任。

邵：（接过话）你认真地去想一想做父亲的责任，怎样去教育他们。把注意力转到这儿来，才能从那个不良思想循环中跳出来。而且你的小孩一个 11 岁、一个 13 岁，正是最需要指导的时候，难道你不管他们，忍心让他们也走你的老路?!

好了，你回去认真想一想，好好想一想。今天就到这儿。

（中间省略了一段他为自己犯罪辩解的话，张××认为自己被判抢劫罪是冤枉的）

笔者站起来，与陪同的警官一起走出活动室。走了一段路，回头，发现张××步履蹒跚，然后靠在活动室门边上。笔者停住脚步，张××在一个服刑人员帮助下走过来。看到这种情景，笔者走回去。拉起他的手，想给他点安慰。笔者感到他的手冰凉，摸他的背，是热的。笔者说：你的手冰凉冰凉的，不要着急，你好好想想我跟你谈的，想想自己的责任。

张：就是嘛，我一着急就急火攻心，浑身无力，我……我……（现出痛苦、难过的样子，脸扭曲，身往墙上靠）

邵：不急，不急，来，坐一坐，坐一坐。（笔者拉着他的手，陪同警官与另一服刑人员帮忙，把他扶到床上，坐下）

（张××一脸苦相，想哭的样子；过一会儿，牙紧紧咬着，紧闭眼，显得非常痛苦）

邵：来，不着急，不要着急，休息会，休息会。

（笔者想摸他的脉搏，但他整个手臂肌肉紧紧的，摸不到。张××眼紧闭，压下头，口吐白沫，口中发出嚎叫声。旁边服刑

人员看到，拿来毛巾擦他嘴、脸。陪同警官坐到我身边，指导员在旁边看着）

来，躺下来休息会，会好起来的。（张××随即往床上躺下，眼仍紧闭，脸扭曲，口吐白沫，嘴中发出牙齿摩擦的咯咯声。躺下时伸手把头上戴的帽子顺势拉下盖住上半脸。嘴中不断吐点白沫。笔者伸手拉住他，把他双手放在笔者手里，多次想摸他脉搏）

分监区指导员一直全程陪同在侧。这时他说："邵教授，别管他，我见得多了，他多次这样子了。"

陪同警官听到这话，对张××说："张××，你给我起来，坐起来，好好坐着！"他起身离开，拉着笔者，从张××身边走开。

张××听到，脸上仍一脸痛苦，但慢慢坐了起来。陪同警官跟他说话，张××闭眼不说话。陪同警官最后说："你睁开眼睛，看着我。"张××慢慢睁开眼睛，抬头，看了看警官，随后又闭上，仍一脸痛苦。笔者心中感到好笑，原来是装出来的。

分析：张××表现出极端个人主义思想，也表现为一个无责任心的人。张××是家中老小，可能是父母溺爱，造成其是非观念不清、以自我为中心、自私等人格特征，形成缺陷人格。

极端个人主义特征性表现有：一是母亲出殡当天带小老婆离家出走。可能的情形是，张××带小老婆去送母亲，遭到家人反对，一怒之下出走了。二是对三个年幼的特别是处于青春期的小孩，不关心、不重视，而是心中只关注自己失去大小老婆后的伤心、愤怒，只关注自身感受，没有表现出一个做父亲的人应有的责任。

14. 一个月工资，我半个月就花光了
——Z省C监狱谈话记录之一

谈话时间： 2010年12月24日，8：29—9：57。
谈话地点： Z省C监狱六监区教育室。
谈话对象： 楼××，男，28岁（1982年出生），文盲，浙江人，诈骗罪，判处有期徒刑10年，2007年10月入监。患先天性白内障。
陪同谈话警官： 尤警官，男，该监狱教育改造科民警。

邵： 来，你请坐。我们随意聊聊，你不要紧张。（楼××摸索着坐下。椅子离笔者1.5米左右，成90度摆放）楼××，你的眼睛不好使，视力多少？有0.1吗？

楼： 0.1？差不多，只能看到一点点。

邵：（想到笔者自己高度近视，0.1可能都不到，因此认为楼××看人看东西应当不成问题）那你能看清我吗？

楼： 看清你？有个影子，你坐在我前面是看得到的，不过，五官，眼睛、鼻子分不清了，一片模糊。我实际上0.1不到的，0.01甚至更差。

邵： 哦，那你基本看不到东西。你是什么时候成这样子的？

楼： 先天的，生下来就这样子。这个有点遗传的，我妈妈也是先天性白内障。

邵： 哦，她也是白内障，那（视力）跟你差不多吗？

楼： 是的，差不多。

邵： 那你父亲呢？他怎样？

楼： 他眼睛是好的，没问题的。

邵： 我翻了你们最简单的登记表，上面写着你是文盲。你没念过书吗？

楼： 没读过书的。

邵： 一天都没有？小学一年级也没读过吗？

楼： 是的，一天都没读过。

图 1　邵教授与楼 × × 谈话

邵： 是这样子。那你是诈骗罪，怎么一回事，跟我谈谈。

楼： 这个……从通常的角度看，从常人看，可能不能叫犯罪。我是打电话，打越洋电话，打到台湾，那种声讯台，收费的。打了以后有返还奖励的，叫佣金吧。我拿了 1 万多。

邵： 打国际长途，那总共打了多少话费？

楼： 29 万多吧，欠 × × 移动 × × 分公司。总共 3 天时间，我用假身份证买了 3 个电话卡，然后办了好些小灵通，然后采用群打方式，产生这些话费。

邵：3 天时间，那每天打了 7 万多，每个手机 2 万多。

楼：是的，这是利用了延时收费。买了卡，欠费停机前有 48 小时延缓期。这个时间可以继续打电话。现在不行了，一欠费就停机。

邵：对，号码保留 60 天什么的。

楼：是的。这原先是一个漏洞，欠费了还可以继续打，48 小时内可以继续打。现在欠费就停机，打不来了，把漏洞补上了。

邵：你伪造身份证办卡，利用技术上的漏洞，打电话不给钱，应该是诈骗。

与你一起犯罪的有几个人？谁是主犯呢？或者说判决书上有几个人？

楼：一起犯罪的，应该是两人。不过，判决书上是 3 人。

邵：那另一个人判了几年？

楼：不太清楚。不过前几天听说他判了 7 年，具体情况不清楚。但他应当是主犯。

邵：那判决书上谁排在第一？

楼：我排在第一。

邵：你排在第一，那你应当是主犯。

楼：这种犯罪不是这样子的……（楼××解释了自己的犯罪方式，用词专业，听不太懂）我抓起来后，派出所的民警听了我的供词，笔录下来，也不能理解，就请××移动的老总、技术员以及××地区移动的人来看的。

邵：哦，这样子。那我想问你，你父母教育你的方式方法，是与你协商的、民主的，还是放任不管的，或者说打骂什么的？

楼：我父亲是打骂为主的，母亲是不打的，跟我说说，不过也讲不了什么道理。

邵：你父母什么文化程度？

楼：他们也都是文盲。

邵：你父母年纪多大？

楼：母亲1966年生的，父亲属虎的，应该是1951年吧。

邵：那你父母年龄相差10多岁。

楼：是的。

邵：这个也正常。你家里还有兄弟姐妹吗？

楼：有一个妹妹，跟我相差4岁。

邵：她眼睛怎样？

楼：她是好的。

邵：那她遗传了你父亲的。她是什么文化程度？

楼：也是文盲。

邵：那你父母不让你们读书吗？

楼：我父母？一个他们是文盲，也不重视读书；另一个也没钱。我父亲兄弟3人，就一间房。他把分给他的部分卖了2000块钱，（房子）给了两个兄弟。这2000块钱赌博输掉了。怎么说呢？我父亲，他算是个社会闲散人员吧，没什么工作，就打点零工，有时捡捡破烂。

邵：你母亲呢？

楼：她也没什么工作，捡捡破烂，有时就乞讨为生。唉，小时候的事，我也记不太清了。

邵：你说父亲把房子卖给了叔叔，那你们住什么地方？

楼：就租房子住，有时就只能流浪了。

邵：你父亲是个社会闲散人员，捡捡破烂，那他有没有比如看到什么好拿的，好卖钱的，就会去拿呢？

楼：这个应该有的吧。这个总免不了的。

邵：你父母有没有被处罚过？

楼：没有的。父母都没有。

邵：你父母现在怎样？都在吗？

楼：父亲还在的。母亲后来与父亲分开了，我们的户口是放在父亲那儿的，但我们是跟母亲的。父母分开后，母亲过了几年又嫁人了，嫁到××地方去了。后来因为吵架，她喝了农药，没抢救回来，死了。这是2003年、2004年的事吧。我不放心妹妹一个人在那儿，就去把她带回来，也叫她学按摩。现在她在××地方的按摩店干活。

邵：哦，你学按摩，有多少年了？

楼：2002年学的，到杭州学的。是我们当地的残联，××残联跟杭州的残联联系，联系杭州的按摩学校，学习了这门技术。学习了3个月。后来就到按摩店干活了。

邵：按摩店干活，是自己开的呢还是在里面干？

楼：帮人家干活，我是打工的。我没有那个资金！

邵：是在杭州做按摩吗？

楼：不是的。这个说来话长，一开始是回到老家××地方做按摩，后来又到××地方去做按摩，中间换了几个地方。

邵：一般一个月能挣多少钱？

楼：一开始1000元多点，后来1600、1700元的样子。

邵：这个钱你怎么花？

楼：发了工资，往往半个月就花光了。

邵：那下半个月怎么办？

楼：下半个月就紧着花，紧着用。

邵：那上半个月花在什么地方？

楼：上半个月？总有几个朋友，请他们吃吃饭，就没了。

邵：你这个用钱不那么合理吧。

楼：我母亲也说了，要我省着用，但没听她的。一个，她也就这么说说，再一个她要说得在理，有理由让我信服，能说服我，我才会接受。（笔者听到这，认为其花钱存在问题，需要指导）

邵：你学习按摩技术，后来去犯罪，是否想能有一笔钱，自己开按摩店？

楼：这个不是的。我学了按摩技术，并且能用这个技术拥有一份稳定的工作。我觉得自己已经是跳出了原有的圈子，弥补了上一代的不足，依靠自己的力量，在竞争激励的社会中，能拥有一席之地。虽然胸无点墨，困难重重，但生活无忧。这已经是很不错了，也是自己人生成功之处。我前几天，这个月初，给叔叔写信，还给他们说了以上这些话。也不知他们收到信没有？我还没接到回音。（楼××以背书的形式，快速地把写给叔叔信中的人生感悟说了一遍，笔者虽然在笔记本上记了些，但也只记了个大概）

邵：你这个认识是对的，好的。确实拥有一门技术，拥有一份工作，好好干，也能好好生活。

楼：好好生活？我的意思是说，像我这样技术的人，我对通信技术有研究，如果能有一个企业家，一个有钱的人看上我、支持我，我能干得更好。

你知道，现代通信技术，它有很多漏洞，正如这张桌子（他用手摸着身前的桌子，一边摸一边说）有一条小裂缝，这儿又有一条小裂缝，这儿又有一条……这些小裂缝，分开了，裂缝小，但合到一起，就是一条大裂缝，就是一个大漏洞，就要被人利用。上次××移动的老总来时，也跟我说，如果我不犯罪，到他公司里，加以培养，会是一个很好的技术员。我可以发现并修补这些漏洞，不被人利用，减少公司损失。

邵：是的，那就完全是另一条路了。但是不容易啊！首先，怎么让人发现你是个人才，你是否能成为一个人才？这都是问题。

楼：是的。这个社会有很多不公平。有的人很有钱，而且来路都不正，腐败很严重。

邵：也不能这么说，比如你一个月挣1600块钱，就是靠劳动所得。

楼：我不是指小的，我是指那些大老板，有很多钱的，上亿，几亿的，都有问题。不是常常有报道，某某公司业绩几亿，几十个亿，但过了几天，就有报道说这个公司违规经营，违反法律，偷税漏税，或者是老总受贿被抓，高层贪污……

邵：你说的这个也是有的，我也看到了，但不能说是全部，只能是部分存在。（听到这些，笔者觉得楼××缺乏辩证思维，这需要指导）有贪污腐败的，但也有清廉的官；有坏人，但也有非常好的人，比如雷锋，还有比如周恩来，人民的总理，非常清廉。

楼：清官也有，但是少数。

邵：好，这个问题我们先放一放。嗯，楼××，我听了你的话，跟你的谈话，我觉得你脑子不错，挺聪明的，也学了不少知识。这些是从哪里学的？

楼：我从18岁到22岁，听了5年的收音机。再一个，我在杭州学按摩时，还学习了盲文，后来就到浙江图书馆找盲文书看，浙江图书馆盲文阅览室看。我借了《人体解剖学》、《内科学》、《按摩学》、《安娜·卡列尼娜》、《巴黎圣母院》、《三国演义》，等等。《三国演义》，我在收音机里听过很多遍了。（此时，监狱组织服刑人员集体唱革命歌曲，声音洪亮，谈话声被掩盖，我除了注意倾听，有时听不清，常常要楼××重复说一遍，如他看什么书，我就没听清，请他重复再说了一遍）

邵：哦，你学了盲文，还看了那么多书，这个好，这个不错。我昨天住××宾馆，它的电梯里按钮上还都有盲文。

楼：是的，很多设施上有盲文，方便了我们。盲文正是点的排列组合，实际上排列组合也是拼音，挺难学的。我一开始掌握不好，后来下决心学，下苦功夫，终于学会了。

邵：学习不容易，需要克服困难。那我听你说话，你还有那么多的通信技术知识，这个哪学的？

楼：一个么我老琢磨这事，另一个么是在手机聊天室。手机聊天室，上面什么信息都有的，好的坏的，乱七八糟的，都有。

邵：手机聊天室？这个还真没有听说过。手机上网，我知道。电脑聊天，比如QQ，也听说过。

尤警官：手机聊天室，我也不知道。我知道电脑有聊天的。

邵：你眼睛不好使，通过手机聊天室，倒也方便了你。嗯，你犯罪也是通过手机聊天室？

楼：也可以说是的。和我一起犯罪的，我实际上到犯罪前都不认识他，后来一共见了……（低头回想）三次面。唉，第一次，他说他有条路，有这么一个公司，提供电话佣金业务，打电话给返点，给1%，打的人给1%，他做中介，也拿1%。就从××地方过来的，到我老家××地方来。我此时已在老家××地方做按摩。后来又来了两次，就见了三次面。后来他在那边也给抓住了。

邵：哦，那他算是通过聊天室认识的朋友吗？唉，你有没有知心朋友？

楼：他只能算认识吧。朋友有是有的，但很少的。有一个算知心朋友，他也是老家××地方的人，是个算命的，他今年有40多岁。

邵：比你年纪大。

楼：是的，比我年纪大。他是个盲人，后来也不算命了，开了盲人按摩店。我跟他经常聊，无话不谈。

邵：那他有没有违法犯罪的事？

楼：他没有的，一直就是摆摊算命，后来娶了老婆，开了按摩店。

邵：那你的犯罪……我跟你谈话下来，我感觉你还是一个心地不错的人，怎么就想到利用打电话诈骗呢？

楼：这个……有时也是一时糊涂。我到监狱3年多了，我常说，我来监狱不白来。我也常常反思自己，（反思）这一生的成功失败。至少使我认识到，拥有技术，要走正道；再么我一生最大的成功，就是跳出了原有的生活圈子（流浪生活），能够拥有一份技术，能够有一份稳定的职业。还有，就是脑子也不笨……

邵：这个对的，想法是好的，但要注意不能一下子期望太高，要一步一步地走。

楼：我后来也反思了，人要现实些，不能想得太高。我想今后再去考个营养师，开个养生馆。

邵：学当营养师是对的，开养生馆可能不那么容易。

楼：是的。现在我是这样想的，我到后年，2012年年底能够假释。出去先找份工作，还是按摩的工作，安定下来。第一年，边干边学，考个营养师，然后用四五年的时间，开个自己的按摩店，因为投资一个按摩店，要四五万块钱，我用四五年时间完全能够实现的。再之后怎么走，那以后再说。

邵：你这个想法比较实在，我想也是能够实现的。

楼：这也是坐牢的收获，所以我说这3年牢没有白坐。我也常常跟队长说，通过坐牢，我明白了许多道理。

（笔者在谈话中发现楼××多次擦鼻涕，天有点凉，就请尤警官把空调打开）

邵：你这个认识我表示赞同，坐牢让你变得现实，更客观；认识事物，认识自己更准确。

楼：不过，通过这次犯罪，我也觉得自己变坏了，更清楚地看清了人性坏的东西。

邵：这话怎么说，怎么变坏了呢？

楼：原来我凭自己的本性做事，总觉得人应该做人的事。但是，在监狱，特别是在看守所，我看到了一些平时像人的人，在这种特殊情况下，做出了一些不像人的事。

邵：哦，人在特殊情况下，变成了非人。也许是人的自然性、兽性这一面表现出来了。

楼：是的，人的自私，卑劣性。我在××看守所，同监房还关了一个××县公安局副局长，贪污腐败的。平时如果在社会上，那多威风，可能正眼也不会瞧我们一眼。但在同一个监舍，表现得……比一般人都不如。可能（他前后地位）反差太大了。

邵：这个也是的，一些人通常情况下是一种表现，趾高气扬的。但在特殊情况下是另一种表现，可能表现得比普通人还不如。这说明他素质差，从根本上说是没有素质，或者说缺乏人的社会性特征。

楼：是的，素质比一般人还差。所以我也常在想，人是否不该与人为善？应当有防人之心，不能只凭本性处事，应当多个心眼。我觉得自己变复杂了。这样的日子就不好过了。

邵：应当说人是自然性与社会性的结合。随着一个人的社会化，自然性越来越少，社会性越来越多，社会性占的比例越来越大。但有的人，特别是一些犯罪人，社会性不足，自然性占比大，就会表现出动物性的一面。所以，一个人要加强修养，不断减少动物性这一面。

另外，人长大了，人的思维也逐步发展。有一个心理学家研究了人的思维发展，认为人首先是动作思维，然后发展到具体形象思维，再发展到抽象逻辑思维，最后还要发展到辩证思维。你前面说社会不公平，腐败现象严重，有钱人或特别有钱的人都是来路不正的。这个有点偏颇，有些以偏概全，不够辩证。你刚才也说了，你坐牢没白坐，有收获。坐牢总是坏事吧，但也有好的地方。你（来坐牢）就有收获！所以要辩证看问题。对社会也是这样，要全面看，有贪官，但也有清廉的官。这样看社会，才更客观，更准确，也更辩证。

楼：我想问一下，不知可不可以，你是做什么的？又是学什么的？

邵：我，嗯，是××警官学院的一名老师，学的是心理学，从事犯罪心理学研究，罪犯的心理学研究。

楼：哦，那祝你研究多出成果。你们搞研究的人，就应该找像我这样的人，说实话，才能准确研究，才能得到科学结果。监狱里许多人不说实话，说假话，那就得不到真实结果。

邵：我想，我从事多年研究，我也和很多人谈过，我的年纪也不小了。因此，我想一个人说真话还是说假话，我大致上还是能辨别得出来的。

你刚才说，你母亲劝你节约开支，不要乱花钱。你认为母亲必须说得有道理，能说服你，你才听。那么就这个问题，我还想说几句。一个人，比如一个月收入1000块，但是花费却要2000块。如果你父母能补贴给你，那没问题，但是如果没有呢？那怎么办？

楼：那就要通过犯罪了。

邵：是啊！一个人收入与支出必须平衡，而且这还不够。为什么呢？因为你总要找女朋友，总要结婚吧，（楼××点点头）还要生孩子吧，孩子要他有出息吧……

楼：是的，孩子要培养的，要有出息。

邵：那就是啦！那养孩子、培养孩子要花费吧。这样你的收入就不能全花光，要留一点，要有积蓄。再一个，你可能没有劳保，要自己挣钱去为60岁以后，为年纪大了的生活作准备。这个也要你现在年轻时积蓄，从收入中留一部分，为今后作准备。（从楼××表情看，他听得较为认真，表明这些话他听进去了）所以如何花钱，这也是一门学问，有的人在这个问题上没解决好，结果去犯罪，这也是有的。

另外一点，我想说，你说你回顾自己的人生，成功的一点，是从原有的生活圈子中跳了出来，有个谋生的技能，有份稳定的工作。这个确实是对的，很不容易，是一个很大的成功。但是，我认为，你的成功，除了上述这一点，还有另外一个成功，那就是思想上也跳出了原有的圈子。你的思维，你的知识水平，你的认知能力，你的思想认识水平与能力，我想不是你父辈的水平，要大大超出他们的认识能力，他们的认识圈子，他们的认识水平。这也是一个很大的成功。这一点，我看你尚未意识到，我觉得应当肯定。肯定后要继续发扬，要把你的智慧、你的认知，应用到发展上、应用到你的人生规划中。

说到人生规划，那就是我要说的另外一点，就是你对今后的职业发展所做的计划，我认为是好的，是切合实际的。再取得一个营养师的资格，先干一阵子，等四五年赚一些钱，开一个自己的按摩店。这个规划好，经过努力，能够实现。不可能一下子挣很多钱，“天上不会掉馅饼”，还是要靠自己的辛勤劳动，并注意节约，学会科学开支，积蓄资本，作小本生意。要承认这个现实，不能抱幻想，要踏踏实实过日子。我想，等到几年后你开了自己的按摩店，我到你店里消费，按价付钱，以表示我的支持。

好，今天就谈到这。来，我们握个手。（笔者握住楼××的手）祝你的计划能成功实现。

楼：谢谢你。也祝你的研究取得成功，取得更大的研究成绩。

（谈话中就楼××的犯罪过程共涉及三次，但由于楼××在描述时都以较专业的词语来说的，听不太懂，因此回忆整理时遇到困难，难以记下）

（谈话过程中，一直以鼓励性的“嗯”，或重复后面几个字，以示支持）

分析：楼××的犯罪，笔者初步理解与其不满足于现状，急于致富有关；同时，也与其自我评价过高，缺乏辩证思维有关；还有缺乏理财技能，对收入的开支不合理有关。因此，高级思维能力、积极自我意识、理财能力不足，是其缺陷。而如何培养与提高，则是矫正重点。

由于他的父母都是文盲，家境贫困，因而表现出一方面对子女教育没有能力，另一方面对子女教育可能也不重视，使下一代没有去接受任何学校教育。这是遗憾的事，也是现代社会的社会责任与管理疏漏。作为现代社会，应当有这样的救助机构，也应当建立这样的救助机构，来帮助存在这样状况的家庭与人们。这不仅是现代文明的体现，也是人的基本权利。像楼××这样心智的人，如果教育得当，可以成为社会与国家的建设者，而不是现在这样成为社会秩序的破坏者。

15. 故意杀人，冲动性人格
——Z省C监狱谈话记录之二

谈话时间： 2010年12月24日，9：58—11：05。
谈话地点： Z省C监狱六监区教育室。
谈话对象： 汪××，男，41岁（1969年出生），高中文化，浙江人，故意杀人罪、盗窃罪，被判处死刑缓期二年执行，1996年×月来监服刑。现患尿路结石，肾小球肾炎，为病犯。
陪同谈话民警： 六监区田警官，在谈话到10时40分左右时，教改科尤警官进来，随后田警官离开。

汪××进入谈话室，笔者请他坐下。

邵： 汪××，我们一起聊聊，你不用紧张。你是浙江省××地方人。

汪： 是的。

邵： 1969年生，41岁，文化高中。高中读完的吗？还是没念完？

汪： 高中读完的，读毕业的。我们是那种技校，初中毕业，不是没考上普通高中么，就上了技校，是那种职业高中。

邵： 职高，职业高中。

汪： 是的，上的是职高。

邵： 我看了你们的登记表，你犯故意杀人罪，是怎么回事？简单跟我说说。

汪： 哦，是这么回事。我原来在纤维板厂工作，后来不是厂里不干了么，辞职出来自己做了。在做生意时认识了一个广东人，他想做纤维板生意。因为我原先干过，认识厂里的领导，就跟厂领导说了，拿到了（价格）比较优惠的纤维板。这样做了几次，后来广东人就叫我在这边帮他发货。这样（又）做了四五次，每次都是拿货、发货，汇款过来，我再给（纤维板）厂里钱。那次，年底了，广东那边又要货，我又去跟厂长说。因为到了年底，厂里想回笼资金，就叫我先付钱，全部付完，再拿货。这次一共要 10 万多块。我手上的钱，除了离职时的 2 万，再加上做生意赚的，总共只有 5 万块左右。因为厂长认识，说后就同意先付一半。我把货送到广东后，广东老板说，年关了，你身上带这么多钱不安全，还是我给你汇过去吧。就给了我 3000 块钱路上用。我回到家后，我母亲要我去进货。因为我父母原先在供销社做的，后来把当地的供销社买下来，自己做生意。年底了，想多进点货。她知道我身上有钱，有那 2 万块钱。要我跟她一起去进货。实际上我身上没什么钱，凑拢来就 5 千来块。这时我想到以前赌博时那人还欠我 2000 多块，还有做生意欠我的，总共 5000 来块。我就想把这 5000 块要回来。去他家要，他不给，就吵起来了。你看，我个子这么小，他有一米八高，吵起来后我怕吃亏，就拿刀砍他。

邵：你罪名中还有盗窃，这是怎么回事？

汪：我砍了他，顺手从他家拿了点东西，值钱的东西，抵那 5000 块钱。

从他家出来，我想去自首的，路上碰到了女朋友，她说正找我呢！广东的汇款到了，寄到岳父母那儿，叫我去拿。你看，如果我不到朋友家，先到岳父母家，也就没这回事了。我母亲也说了，要那 5000 块钱干吗？就当它丢了。或者我在街上找几个小兄弟，带着他们去讨，也没这回事了。

邵：是的，人生往往因一些事而改变。你后来没去自首？

汪：是的，人总有侥幸心理。后来我就到广东去了。在广东做生意的朋友那儿干了几个月。再后来他介绍我到当地一个派出所干了三四个月。最后这边公安查到了，到那边派出所把我抓起来了。

邵：这个有点笑话了，你都打到公安机关内部去了。你还挺能干的。

你刚才说在纤维板厂工作，那你职高读什么专业?

汪：化工专业。读完后去了一个机械厂，后来才去的纤维板厂。再后来退职，退了2万块钱，干个体去了。

邵：那你小学、中学读书成绩怎样?

汪：我读书很偏科的，文科好，理科很差的。我记得初中毕业考中专，英语就考了18分，数理化都很差。

邵：英语考了18分，是够差的。理科差，文科好，这个专业倒有点对不上。

汪：是的，因为职高是委培的，那年就这么一个专业，整个班都读的这个。

邵：你父母文化程度怎样?

汪：我母亲文化在她那个年代是算高的，她是高中毕业。父亲基本是个文盲。母亲不是上山下乡么，到农村去，就嫁了这么一个丈夫。

我母亲很要强的，而我父亲很内向，是那种“三棍打不出一个屁”的人。我父母原来都在供销社做的，后来供销社不是干不下去了吗，都承包什么的。我父母就把供销社买下来了。他们买下来做生意。

邵：哦，当时供销社大多是这么处理了。嗯，你还有兄弟姐妹吗?

汪：有一个姐姐，一个弟弟。

邵：他们什么文化程度?

汪：姐姐、弟弟都是高中毕业。我们三个高中都是在同一个学校读的书。这个倒巧的。

邵：这个倒是少的。他们都成家了吗？

汪：是的，姐姐、弟弟都成家了。

邵：有孩子吗？

汪：有的，弟弟小孩小，我母亲帮着带。

邵：他们性格怎样？

汪：我弟弟像我爸爸，也是那种“三棍子打不出一个屁”的人，很内向。姐姐像母亲，脾气比较急。

邵：你犯故意杀人罪，属于暴力犯罪。理论上说，暴力犯罪，性格中存在冲动性。

汪：这个是的。我脾气也比较急，有时很冲，在监狱里还跟队长顶撞。不过，2008 年后就没有了。田队长知道的（他朝坐我旁边的田警官说，田警官表示了肯定）。2008 年后我没有与队长顶撞过。

邵：那你 2008 年前是否经常顶撞队长？

汪：那倒没有，每年有那么一两次，我也知道的，监狱里要规矩。

邵：是的，人要控制自己。冲动性人格，一个要加强认识，要认识到自己的这个性格特征。我看你母亲要强，可能也有冲动性格的一面，你在成长过程中受到了潜移默化的影响，两者之间存在一定的关系。2008 年后你没有再顶撞队长，说明你这方面进步了，能够自我控制。

你是 2000 年进来的吗？（笔者看了看笔记本上关于他的一些记录）

汪：不是的，是 1996 年 × 月来的。2000 年是减为 18 年 6 个月。死缓，先改无期，再改为 18 年 6 个月。

田警官：汪 × × 是 1996 年来的。（田警官同时把服刑人员登记汇总表递给我，并指给笔者看）2000 年是减刑为 18 年 6 个月。

邵：改为 18 年半。

汪：是改为 18 年 6 个月。

邵：改为 18 年 6 个月，18 年半，说明你表现还是不错的。不过现在严了，一般改为 19 年半、20 年，没有当时这么多。

你表现好，是连续记优吗？

汪：不是的，这儿不记优，就考核。基本分 10 分，我基本分拿到，再帮队长做事，能拿到加分。写写稿件，投稿，加点分。

邵：你高中毕业，在监狱里算文化高了，改造有优势。

汪：是的，高中比较少的。投投稿，然后到 2002 年，我参加自学考试，每考出一门，当时能加 5 分，现在加 2 分。

邵：自学考试，到社会上考吗？

田警官：不是的，在监狱里考。

汪：以前是到 × × 监狱（另外一个监狱，离这个监狱一小时车程）考，他们有考点。后来这边也有了考点，在那边教学楼里考。（汪 × × 用手指了指教学楼的方向）

邵：这个倒挺好，在监狱设考点，安全，也方便监狱考生。那你读什么专业？

汪：法律专业，先是法律大专，现在考法律本科。

邵：法律大专考出了，那好啊！法律本科还有多少门？

汪：还有 2 门，就全部考完了。我参加自学考试，一个是为了加分，另一个是，我阿姨的小孩 1999 年考上了清华大学，我妈不是很要强的么，她说，阿姨家的小孩都考上清华了。我说，你就当我也去上大学好啦。所以，2002 年我参加了自学考试，读大学。

我阿姨的小孩清华毕业后去了美国，现在在美国工作。

邵：嗯，我想问一下，你父母来看你的吧，多长时间来一次？

汪：来看的，母亲一般一年四五次，父亲两三次吧。

邵：兄弟姐妹呢？

汪：他们么，一个也忙，主要是陪父母亲一起来。父母来看，他们开车子送过来，顺便看看。

邵：这个也好理解。父母总是蛮关切小孩的，而兄弟姐妹要差点。

那你父母不是一起来看你的吗？

汪：是的，父母是各自来看的。我父母是分开住的。母亲后来落实政策，就回城里住了，父亲不愿回城里住，仍然住在乡下。不过，逢年过节回城里住几天。

邵：哦，我想问你一下，你小时父母教育你，是跟你商量的，还是放任不管的，或者是打骂的？

汪：父亲教育么，他也没什么文化，那时在农村，大家都差不多的，就是打打骂骂。母亲很要强，总要我们比村里谁都要好，要有出息，管得很严的。

邵：那就是说，母亲是跟你们说说道理什么的。

汪：道理说是说的，不过也就是要我们有出息，说得太多也没有的。

邵：你父母现在也有一定年纪了，他们每年来看你，还要照顾你，有点儿倒过来了。

汪：是的，母亲还要为我准备这准备那的。我现在一个月在监狱要消费 800 块……

邵：800 块，这么多?！那可能要算高消费了。都用在什么地方呢？

汪：一个月买吃的东西要消费 400 块，然后每月 2 条香烟，400 块。钱主要是我的一个朋友打过来的。

邵：哦，这样子。你前面说有女朋友的，现在她怎样了？还在一起吗？

汪：那是老早离开了。我抓起来后，在看守所时我就跟她说，不要等我了，你自己去找另外的吧。刚开始她还来看的，我是不要见她的，每次都是劝她走。开头的两年她还跟着我母亲一起做的，在我母亲开的店里帮帮忙。过了三四年，她也到外地打工去了，也就找了另外的人了。

邵：你现在了解她的情况吗？结婚或者生小孩什么的？

汪：不清楚的，她的情况不了解了。

邵：那你们当时曾经一起住过吗？

汪：那有的，都谈了4年了。我犯事时她22岁，我认识她时她18岁。

邵：怎么认识的呢？

汪：她是同一个厂的职工。

邵：我觉得你让女朋友离开，这个也是可以理解的，是对的。你判死缓，在监狱待的时间有点长的。

你（刑满）出去后结婚、生小孩，这方面有什么打算吗？

汪：我现在都40多岁了。本来今年呈报假释的，但现在对暴力型犯罪从严控制，结果到监狱就刷下来了。我母亲新衣服都给我买了，买了两套，城里房子早给我买了一套。不过，也没关系，也就多坐两年半，到后年也可以出去了。我母亲倒反过来安慰我，就多坐半年牢么，没什么的（这两句话有点儿矛盾，汪××自己说是两年半，说母亲时是半年，两者对不起来，但汪××对话时是这么说的）。

至于出去后结婚、生小孩，不想的。自己养活自己就不错了。一大把年纪的，生个小孩，还要挣钱养他，养大点，我都要60岁了，不容易。

邵：你刚才说，在监狱里学了法律专业，本科都快考出来了。这个不错。你违法犯罪，现在在监狱里学了法律，这个对你有帮助，今后出去后也有帮助，解决问题时有了一个新武器。我们说，阻止一个人去犯罪，有三个因素。一个是道德，道德要人自觉遵守。一个是法律，法制观念，凡是违反法律的，必然是违反道德的。例如，你杀人，那当然是不道德的，违反道德的。道德是要人自觉遵守的，还是“软的”。法律是“硬的”，必须遵守。它是一条底线，不能突破，也是一条“高压线”，碰不得。

汪：是，法律是“高压线”，不能碰。

邵：还有一个是人的自我意识，自我控制能力。这是三个阻止人们去犯罪的因素。那么推动一个人去犯罪的因素有哪些呢？一个是个人主义思想，我们叫极端个人主义；一个是错误认识，如“人为财死，鸟为食亡”，或者性犯罪的“人在花下死，做鬼也风流”；还有一个叫膨胀的需要，低层次需要恶性膨胀，为了满足吃喝玩乐的需要不惜一切手段；再有一个就是侥幸心理，你前面也说到自己的侥幸心理。这些因素是推动人去犯罪的。当然犯罪还有条件，与被害人互动的过程，有的被害人还有一点责任，如你杀人，他赌博欠你钱……

汪：是的，当时是这样子的，我记得很清楚。我也没带刀去的。我只是去要钱，结果他说：一分钱也没有，一分钱也不给。他原来是在看电视的，说这话时就站起来，冲过来。我一看这架势，就把他房间里放在电视机旁边的一把柴刀拿了起来，有这么长，（汪××用双手比划着，有一尺多长）往他头上砸去。当时也不是用刀的这一面，是用刀背砍过去的，他就倒下了。也不知怎么地，大概年轻气盛，糊里糊涂地就给他几刀，后来发现他死了。当时脑子一片空白……冲动很难控制，在脑子里一闪就过去了。

邵：你拿刀砍他，杀人，这个是肯定的，是故意杀人。柴刀放在电视机旁，这只是犯罪条件，犯罪条件不起决定作用；起决定作用的，还是你的思想，你的心理。这个是不可否认的。被害人也只是起次要作用。这一点你必须认识到。你学了法律知识，不能为学法而学法，不能仅仅为了加分。这虽然无可厚非，但是学了法，最要紧的是把法律作为自己的行动准则，转化到自己的头脑中去，成为行为规范的一部分，成为自觉行动。这才有意义。（汪××看着笔者认真地听着，笔者感觉到，这一点大概是他没有意识到或者意识不到位的）

另外，法律可以成为你今后在社会上做生意的一个维护手段。例如，生意上有什么纠纷，可采用法律手段。但是法律不保护非法的东西，如赌博，这是非法的，他人欠你的赌债，你不可能用法律手段去追讨，法律不认可这个债务。这些我想你学了法必定清楚。

谈到今后，你出去后有什么打算？

汪：出去后的打算，现在还不怎么去想，想了也没用。不过，出去总得做点小生意，小买卖。

邵：这个也行，因为还有一段时间。还有一个事我想跟你说，就是我跟你谈话下来，我觉得你对自己性格中的冲动性认识不足。这方面没多少深刻的认识。一方面，你的犯罪肯定有冲动性，到监狱后，2008 年前与队长顶撞存在，虽然 2008 年后没有了，但你对冲动性没有多少认识。我们说，暴力型犯罪，主要的是要改变自己的冲动性人格，增强自控力。冲动性，控制它，一方面要认识到它的危害，认识到它在你身上的存在，它是有害的，要重视这一点。认识上提高了，才能够主动去调节。然后是给自己加个“认识”，加个“控制阀”，就是凡事都要想一想再做，今后遇到事，要命令自己，停一下，想一想再做。再呢，人的大脑中，冲动也就一瞬间的事，来得快去得也快。你可以通过生理途径，如掐一下自己的手，人的手上“虎口”是很敏感的，掐一下“虎口”，或者掐一下手上其他部位。当冲动上来时，都给它这么来一下，几次下来，会有一些效果。

再一个，我还是想再跟你强调一下，你学了法律，那就要把它转化为自己的行动准则，不能为学法条而学法条，为考试而学法条，仅仅为了加分去学法律。要牢固树立起法制观念，真正认识到法的权威，不能违反，树立遵纪守法的好习惯。

好，今天就谈到这，来，我们握个手。

汪：谢谢你，谢谢警官。

分析：汪××犯的故意杀人罪，这是一种严重的暴力型犯罪。一个去故意杀人，原因固然很多，但其中重要的一条，是犯罪人性格中的冲动性，即犯罪人自己说的“年轻气盛”。随着年龄的增加，许多犯罪人会减少其冲动的特性，但是一个人主动去控制自己的冲动、克制自己的冲动，不再违法犯罪，还是应当给犯罪人提出要求的。

汪××在监狱里改造了十多年，是个老“改造”，监狱的生存规则了解很透，善于伪装自己，善于把自己的真实思想掩盖起来。如监狱管教民警说的，是个“老油子”，嘴里没几句真话。从谈话过程看，这也有所表现。但在谈话中，笔者抓住汪××2008年前与队长顶撞的情况，指出其冲动性尚未完全得到改造，特别是对这一心理行为特征，认识肤浅，是接下来自身改造的重点。同时，谈话发现汪××自考法律，功利性很强，为了加分减刑。同时，汪××谈话中对自己能够自考法律本科表现出得意之情。对此，笔者在肯定这一行为的同时，特别指出法律要转化为自身行为的准则，要内化。法律知识与法制观念，仅有前者是不够的，更重要的是要促使犯罪人建立法制观念。

16. 自首？想想怕啊

——Z省G监狱谈话记录之一

谈话时间：2010年11月2日，14：20—15：20。

谈话地点：Z省G监狱宽管犯接见室。

谈话对象：徐××，女，1972年1月出生，汉族，云南人，初中文化，抢劫罪，被判有期徒刑5年。2010年9月入监。

谈话前对徐××的档案作了简要阅读，对一些基本内容在笔记本上作了摘录。

根据该监狱有关规定，谈话安排在犯人接见室进行。管教队长带徐××到接见室，笔者与她相对而坐，中间隔了一张60公分左右宽的桌子。管教队长安排好后随即离开。陪同谈话警官，吴警官（女）。

邵：来，坐下来，就坐这儿。（笔者起身指指凳子，徐××坐下。笔者从随身带的包里拿出笔记本，翻看了一下徐的情况摘录）徐××，你初中文化，初中读到几年级？

徐：初中二年级，没读完的，初中二年级上学期读了。

邵：哦，初中二年级下学期没读。你是抢劫罪，怎么一回事，我看了你的档案，是几个人一起做的？

徐：她（指被害人）是我店里的一个服务员，就来了十几天，我老公和他的朋友想教训她一下。这个事我是知道的，同意的。但教训的时候我不在旁边，具体怎么回事我也不清楚。

邵：定抢劫，那教训时把她东西拿了？

徐：这个大概是的。具体我不太清楚。

邵：你是这次在老家登记户口时抓起来的。（谈话前跟监区领导交流，她告诉笔者，有一个新犯人，多年前犯的罪，回家登记户口时被抓了。她推荐我谈谈这个犯人）这个事是在S省做的吗？

徐：不是，是在H市某地。是回去给小孩上户口时被派出所查到的。

邵：哦，那是网上通缉，你被列为网上通缉犯了。

徐：是的。没想到会这么严重，只是想教训她一下。自己也不懂法律。

邵：你小孩是男孩还是女孩，几岁了？

徐：男孩子，4岁了。

邵：4岁？那还挺小的。抓进来，肯定会想他吧。

徐：那是的。（马上眼睛发红，并流下眼泪）

邵：小孩总是让父母牵肠挂肚的，特别是母亲，是身上掉下的肉。那小孩谁带呢？

徐：他姐姐带，老公的姐姐带。我老公不肯，本来我是想叫我姐姐带的。我姐姐管得好。

邵：为什么他要领去带？

徐：我老公说了，怕到时候小孩不认他。我家带了，不让他认这个爸爸，因为我家里人不喜欢他。

邵：你什么时候结的婚？

徐：二十多，22岁。哦，这个老公不是犯罪时的那一个。这是后来认识的，我们没有登记结婚。原来的老公是家里人介绍的，包办婚姻那种，我不喜欢他，合不来，两个人在一起5年，待在一起就几个月，5个来月吧。

邵：那你们各管各，不住在一起？

徐：是的，我不去管他，他也不太管我。他过他的，我们合不来。

邵：（笔者心中感到有点奇怪，觉得有点不可理解）是这样子？那你哪一年来H市？

徐：嗯……1995年吧。

邵：1995年，（笔者翻了一下笔记本，看到她1972年出生）23岁。那时出来打工了？

徐：是的，差不多。

邵：你说犯罪时被害人是你店里服务员，那你开什么店？

徐：理发店，在H市某地开的理发店。

邵：理发店？是你自己的店吗？

徐：不是自己的，是租来的。

邵：租来的？生意好吗？

徐：一般般，过得去。出了事，后来就不开了，到厦门去了。

邵：（没听清）厦门？

徐：福建的厦门。

邵：哦，厦门。在厦门做什么呢？

徐：开快餐店，开食堂，开小吃店，各种店吧。

邵：收入怎么样？

徐：开食堂，给建筑工地开食堂，100来号人吃，一年可赚一二十万。但一年我没开到（就不做了）。开快餐店，一年赚几万块钱，够用用。

邵：一年几万，自己用用够了，有寄回家吗？

徐：有的。刚开始父母都在，后来父亲死了。父亲说你一个人乱花钱，多寄点回来。一年总要寄个1000块钱给他们花的。

邵：一年1000元，一个月100块左右。是每个月都寄吗？

徐：不是的，三五个月寄一次，一次寄个500什么的。

邵：是夫妻两个人一起到厦门吗？

徐：不是的。后来离婚了。一开始他不同意离的，5 年后终于同意了。后来的老公是在厦门认识的，也是老乡么。在厦门的老乡，都认识的。

邵：他也在那边打工？

邵：不是，他是城里人，居民户口（说到老公是居民户口，声音提高了一些，显出一些自豪感），什么都不会做的，我是指农活，（他）是在工地上管管事。不会干（农）活，所以我爸妈不喜欢。

邵：那他收入怎样？

徐：这个我不太清楚。

邵：你老公的收入你不清楚？

徐：那倒不是。他收入归他自己用。每个月大概几千块吧。

邵：他给你一部分吗？

徐：我开店有收入，自己用用够了。他管他的。

邵：你们倒比较独立。

徐：是的。实际上我们关系也不那么好，不好的。

邵：不好的？你跟他生了孩子，关系不好，倒要反思一下。

徐：你是说是我的原因？！两个男人都处不好是我的错？！

邵：（笔者有点意外于她的敏感）这个倒也不是。我是说，小孩子，你进来，小孩他带去养。

徐：他带去养我是不同意的。他又不会带，要去外面工地上做事，他姐姐带的。他姐姐带不好的，如说话就是粗话，骂人的话。小孩子，你知道的，一学就会。我姐姐就不会（这样说话）。再比如，给钱，小孩一讨就给，我姐姐是要问一下的，你要钱去干什么。他不同意我姐姐带，因为我家人不喜欢他。他想如果我家人带，肯定要教小孩，说爸爸不好什么的，这样小孩就不认他了。

邵：这个你可以向他做保证，说不会这样教的，你也提醒一下你家人。

徐：我跟他说了，我家人不会的，（但）他不相信。

邵：小孩子，你总希望他好的，对他有所期待，如总希望他思想好、学习好。

徐：是的。自己犯错误了，特别希望小孩不要再犯错误，不要再走这样的路。所以有时小孩犯错误，我就特别凶，打得特别厉害，我记得有这么两次。我小孩脾气特别倔，像我的，有一次要钱，我不给，他就哭，哭了两小时，我打他，他仍说要钱，我后来使命打，打得他站都站不住，他才说不要钱。后来想想，现在也是，想起来就难受，是否打得太厉害了。（几乎流泪的样子）

邵：是的，做父母的其实都心疼孩子。教育孩子是需要的，但你小孩4岁，有些行为也可以让一让（放一放），打一般来说最好不要有。可以这样跟小孩说：你再这样，妈妈不喜欢你啦。爱的一时性减少作为惩罚，让他明白对与错。惩罚要适度。

小孩子，三四岁，特别是3岁左右，是语言发展关键期，也是音乐才能发展关键期。音乐才能，我们没这个条件，成不了音乐家。语言么，跟他多交流。幼儿园小孩，玩为主。到小学，差不多你出去了（刑满释放了），小孩大概要上小学了，很快的，你判5年，2年半或3年就出去了，当然看你自己的表现。

徐：不快的，还有很长时间呢！（难过的样子）

邵：快的，判5年，很快就会出去的。你小孩上小学，你总希望他思想好、学习好。思想好，小学阶段是一个人道德行为习惯养成的最佳时期，如帮助人、合作、感恩等，要教育他。学习，主要是形成学习的兴趣，你可以每天抽10分钟时间，叫他讲学校里令他快乐的事。开始会说没有，多引导几次，慢慢就会主动跟你说快乐的事。实在没有，就叫他讲讲今天学了什么。学了知识，那就是快乐的，妈妈为你感到高兴啊。可以说这样子的话。还有学习习惯培养。你可以在监狱里学点养育孩子的知识。我们说，做父母的，应当学点教育学、心理学。这些知识，你可以利用在监狱的时间学习学习。当然，如果有机会，我们今后可以再聊。还有就是父母要监督小孩的不良行为，如逃学、撒谎、偷东西等。这些行为出现，要给予一定的惩罚。哦，想问你，你家里除了姐姐，还有哥哥、兄弟姐妹吗？

徐：两个哥哥，两个姐姐，还有一个弟弟。我是家里倒数老二。

邵：第二小。哥哥、姐姐都读书到什么程度？弟弟呢？

徐：哥哥姐姐都没怎么读书，都是小学，我和弟弟读到初中。

邵：你读到初中，初中二年级，是你自己不要读吗？你父母什么态度？

徐：是我自己不要读的。（我不读书）父母高兴的，因为家里这么多人，家里很穷的。我爷爷就给我爸爸一间房，他们兄弟4个，一人一间。

邵：你父母就在家里种田吗？

徐：是的。就种田收入，要养家，还要盖房子。

邵：盖了几间？

徐：4间。这样总共5间房。我妈妈就说了，你不读书，退回的钱就给你买衣服，因为学费已交的，不读书要去退学费。那时小，听说可以买衣服，心中很高兴的。退的学费买了两身新衣服，可高兴啦。就是大姐听说我不读了，急了，赶回家讲我（骂我），姐姐已出嫁的。

邵：唉，真是可惜了。那老师怎么说？

徐：我初一读书挺好的，老师当然不同意，所以我去退学费，不让退，说叫大人来退。后来是我爸爸去退的。

邵：初一读书好的，小学呢？成绩怎样？

徐：小学读书一般。

邵：那就是中等了。初二呢？

徐：初二一下子不好了，就不读了。

邵：家里人多，负担重，你父母供养不起（你们读书）。我想问一下，你父母教育你们，是放任不管，还是专制的，或者很凶的？

徐：爸爸对我们挺凶的，脾气暴躁，喝酒，还打我们。听说我小的时候爸爸还赌博，后来不赌了，但喝酒很厉害，每天喝四五回。家里活他也不太做，是我妈妈做，但有些男人活、体力活，如割稻、插秧，是他做的。爸爸前些年死了，只剩下我妈妈，她跟哥哥住。我们每人给她钱用的。

我自己现在经（历）得多了，也不像年轻时那么暴了。那时不懂事，脾气也不好，现在吵架也不会跟人家去吵了。像那件事，放到现在不会了。那时年轻，也不懂法律，对错是知道的，只是不知道会这么严重。我想只是从犯，但法院定共同犯罪。我实际上没参与。

邵：抢劫罪，最低是 3 年。你犯了罪后，一直到现在被发现才被抓，中间这么长时间，你一直在逃避。

徐：这个是的，态度不好啦。应当去自首，但是想想怕啊！哪敢啊！派出所的人也说了，应当早点来讲讲清楚，自首就好了。我这个事，其实是我前夫说的，是他供出来的。我也不怪他。

邵：自首就是两回事了，也许不会判这么重。很多事情，比如你读书，一直能够读下去，也许会是另外一个人生。

你前面说，初一读书好的，初二一下子不好了，怎么回事？

徐：这个……发生了一些事。我们家离学校挺远的，要走 10 多里路，要走路去上学。冬天天冷，每天走路不可能，就住到亲戚家。他们家离学校近。他有个女儿，我就跟她住……

（说话声音越来越低，并显得难过的样子，身体有些不自然）就在她家，发生了事……（低头不语）

邵：你亲戚有儿子吗？

徐：（低着头）当然有的，有几个！

邵：你在他家受到了侮辱?!

徐：这个事情，我也不敢跟家里人讲，更不敢对他人讲，就大姐、妈妈知道。妈妈也是过两年多后才告诉的。大姐知道了我不去读书，很着急，就赶回家来责问我，就知道了。我也不敢告诉哥哥，他们知道了，那肯定不肯罢休的。我们那边，偏僻农村，这种事情不好说的，说出来人都不能做了，也许只有去死了。

不过，现在都过去了，我心中也都淡了，平静了。对男人也不恨了。那事以后二三年，我恨死男人啦！看到哪个男人都恨！

邵：是啊，遭到这种事，真是……我听到你刚才说受到污辱，我真是为你难过，同时非常的同情。你那时才初中，一个小姑娘。（晚上整理回忆时，想到这件事笔者还是心中不能平静，为她感到难过，对污辱她的人感到愤怒）这个事，你虽然说过去了，但我想不容易过的，这对人的一生影响是大的，很大的。

徐：是的。第一个老公我就跟他讲了。我想我把这事告诉他，他会更爱我，结果他后来经常拿这个事骂我。第二个老公我就没有说了。

邵：这种事你最好不要跟丈夫说，绝大部分丈夫，是过不了这个关的，是不会不在乎的。我觉得今后你也不要说更好。那我想问你：你后来跟第二个丈夫在一起了，你跟丈夫过夫妻生活时，你怎么样？

徐：一开始是好的，到后来每做一次，做完后我就会哭。

邵：是啊。那次经历还是给你留下阴影了。你虽然说过去了，平静了，实际上它在影响着你的生活，甚至还要影响你今后的生活。（笔者看了看时间，已15时15分，就这个问题再展开，时间不允许，因为还约了另外的服刑人员谈话，而监狱16时45分下班）

我想对你说，这件事，以及你父亲酗酒打你，你父亲凶巴巴的形象，都影响着你的人生，你的心理。今天我只是指出来。你可以找这儿（监狱）的心理咨询师去过这一关，去化解。或者是你刑满释放了，当你有了一定的资金，找社会上的专业人士去过这一关。你初中受污辱这件事，是更严重影响你心理的。如果时间条件允许，我也会再来跟你谈谈。今天看来时间不允许了。

徐：我还从来没有跟外人说起过这件事。我今后不会再去找男的。我出去后，就跟我儿子过，挣钱，好好培养他。

邵：你这么说，是你的打算，但这个事对你影响着。我希望，你有一个阳光些的心态，去教育你的孩子，因为你的孩子是受你影响的。你的言行，你的做法，你对人对事的态度，影响着你的孩子。你如果不把这一关过了，心理阴影解决不掉，不仅影响你自己，我还担心影响你孩子。但是，总之一句话，希望你心态阳光些，对现实态度积极些，以正确的、正常的对人对事的态度，去影响你孩子，让他健康成长。你对他总是有期许的，希望他思想好，学习好（徐××点头），成为一个有用的人。

好，今天就谈到这儿吧，你先回去吧。

徐：（还想说的样子，但在笔者目光注视下，还是起身离开）谢谢你，谢谢！

分析：徐××犯罪的原因，是缺乏法的意识，或者说法制观念不强。但徐××对犯罪原因已有些认识，随着身心成熟及阅历丰富，犯罪防线已得到一定程度的建立。因此，在谈话中虽然仍然探索了其犯罪的原因，但更多地交流了其他方面内容，如如何培养小孩的学习兴趣、学习习惯作了交流。只是谈话中发现的创伤后应激障碍（PTSD），持续影响到现在。如果没有相应的咨询、治疗，将影响其一生，并有可能影响到对小孩的抚养与教育。由于创伤发生于20多年前，又没有针对性的治疗，持续时间相当长，治疗是较为困难的事。治疗的目标，也许应建立这样的观念：这是一个事实，它将相伴我一生，我接受它的存在，我能够不为它产生许多的烦恼。

17. 我无知，我无畏
——Z省G监狱谈话记录之二

谈话时间： 2010年11月2日，15：30—16：34。

谈话地点： Z省G监狱宽管犯接见室。

参与谈话人： 监狱某科室李警官（男）、吴警官（女）。

谈话对象： 朱××，女，1969年生，浙江人，小学文化，故意杀人罪被判处无期徒刑。1997年×月到Z省G监狱服刑，两年后按法律规定及朱××在监狱表现改为18年6个月。

谈话前笔者翻阅了朱××的档案，对其基本情况作了简要摘录。监区管理民警带朱××进来，笔者请她相对坐下，中间隔一张60公分左右宽的桌子。

邵： 朱××，你好。今天我们随意聊聊，不用紧张。

吴警官：这是警院的邵教授，是心理学方面的专家，到监狱来找你们谈话，是帮助你们的，有什么说什么。

朱：（笑眯眯的，语气平静地）不紧张，不紧张。

邵： 你是故意杀人，怎么回事，愿意说说吗？

朱： 这个……时间长了，不太愿意去说了，都过去了。

邵： 时间有点长了，你是1997年来监狱的吧。（笔者翻了翻笔记本）

朱： 1997年×月，到今天13年几个月零几天（报出了一个非常准确的数字）。我下个月就要出去了。

邵： 哦！刑满释放了，（真诚地）恭喜你啊！恭喜，恭喜！

朱：哎，待了13年多了。

邵：原判无期，后改为……

朱：（抢过话）18年6个月。

吴警官：改为18年6个月，后来又减刑了几次，表现不错的。

邵：改为18年6个月，现在不太可能了，当时幅度大。

吴警官：哎，是的喏。

朱：后来减了两次刑，这次减刑下来，到下个月就可以出去了。

（所有回答都喜滋滋地，轻松地）

邵：你家人怎么样？

朱：丈夫离婚了，有一个女儿，18岁了，判给他的。

邵：离婚，什么时候？

朱：1998年。

邵：那是你进来后一年，是谁提出来的？

朱：当然是他了，我怎么会（去提）呢？

邵：那，你是不愿意的。这让你伤心啦。

朱：是的（流下眼泪，拿出纸巾擦眼泪）……不过，后来也过去了……我在里面的生活费还是他出的。下个月也说来接我的。

邵：那他来看你吗？

朱：来的，每年都来看的。

邵：你前夫结婚了吗？

朱：结婚了。

邵：那他来看你，他妻子知道吗？

朱：不知道，我想（他妻子）是不知道的。不过，他每年也就来看一两次。

邵：你女儿来看你吗？

朱：看的，她来看过 3 次，6 岁时一次，11 岁时一次，13 岁吧再来看了一次。我不要她来看，看了就要哭，流眼泪的。少来看看，不要影响她。

邵：那是，儿女情长，在这种情景下见自己子女容易伤感……你小学文化程度，小学读到几年级？

朱：小学一年级，读了一年。

邵：小学一年级?！读了一年就不读了，你父母（对此）怎么说？

朱：他们要我读的，骂啊，打啊，但我不要读书的，就知道玩。背了书包去上学，实际上是玩去了。

邵：那你父母就同意你不读书了？

朱：我奶奶会帮我的。她要骂我爸爸的，说小孩子不愿干的事，你强迫她干嘛！她在其他事情上也这样的。（奶奶）跟我说，你不愿干，爸爸妈妈骂你、打你，不给你吃的话，你就到奶奶这里来，奶奶给你吃的。我奶奶家是地主，以前很富的。给我爸爸 5 间房。

邵：那你不读书，干吗了呢？

朱：不干吗，玩呗。

邵：你爸妈做什么呢？种田吗？

朱：是的，他们去田里干活。

邵：你有帮忙去种田吗？

朱：那没有的，做不了。我就在家烧烧饭，做点菜什么的。

邵：家里还有什么人？

朱：爸爸后来在我 16 岁时死了。还有一个哥哥，一个姐姐。爸爸死时，姐姐 26 岁，已经出嫁了，哥哥 21 岁。妈妈现在还在的。

邵：她来看你吗？

朱：她年纪大了，身体又不好，没有来看我。

邵： 哥哥、姐姐什么文化？

朱： 姐姐也没读书，哥哥高中毕业。

邵： 是否在农村重男轻女，女的不让读书。

朱： 那也没有的。

吴警官：农村里重男轻女可能蛮严重的。

朱： 我家没有的，没有的。

邵： 你小学一年级，相当于文盲，那大概只会写自己名字吧。

吴警官：来监狱要学的，扫盲班。

朱： 是的，监狱扫盲班学过两三年。

邵： 那报纸能看懂吧。

朱： 能的，看得懂。

邵： 那不错。

吴警官：没有继续读下去？小学，初小、高小？

朱： 没有继续学，不是要挣分吗（朱××侧转头对着吴警官说）。

邵： 哎，按规定，小学要学的，初小、高小学完，可能就不安排学了。

吴警官：你那时没有学？

邵： 看来你是漏网之鱼。

朱： （仍然朝着吴警官）我要多挣点分，好减刑，争取早点出去么。

吴警官：（对着笔者说）监狱文化学习安排在晚上，如果学文化了，劳动就不能去做了，就没有"分"了。（注：没"分"就减不了刑。）

朱： 是的。

吴警官：你干什么活？什么岗位？

朱： 流动岗。（朱××用了一个词，可能是监狱专用，听不

懂，也没有追问）

吴警官：安排在这类岗位上的人，是表现好的，就是队长放心的，不会惹事的。

朱：是的，我是安安稳稳的，不惹事的人。我也不会去跟人吵架，做好自己的事。

邵：队长很信任你。不过，你不惹事，安安稳稳，队长也不太注意你，不会来找你，所以一些事就溜过去了（像文化学习）。

朱：是的，队长不找我的。我也什么都不想的。

邵：你什么都不想，那也不可能吧。人总会想事情，特别是在监狱里。

朱：有什么好想的，想了也白想。

邵：好吧，那我问你几个问题。一是你吃饭情况怎么样？

朱：我很会吃的，吃很多的。

邵：二呢，你体重有没有什么变化？我看你不胖么。

吴警官：你是瘦的，不过脸色还好。

朱：体重没什么变化。吃是吃得多，但没胖起来。

邵：三是，你睡眠怎么样？

朱：睡觉好的。

邵：我想问的是，你躺到床上半小时内能睡着吗？

朱：睡觉好的。原来有一阵子干夜班活，白天睡觉，有响动什么的，睡不好。后来改了，白天干活，晚上睡觉，就能睡着了。

邵：我指的是躺在床上半小时内能睡着吗？

朱：那倒不是，半小时睡不着挺多的。

邵：半小时睡不着可界定为失眠，你还是有心事的。我还想问你，你怎么想到去杀你公公呢？

朱：这个……家里事还真说不清。我丈夫四兄弟，他和大哥合伙开厂，后来开不下去了，就是公公老在其中掇来掇去。他就是不要子女好，哪个子女好点了，他就不舒服，哪个孙子女好点，他也看不下去，就要让你们不好。工厂后来不合开了，我丈夫一个人顶下来，他就弄我丈夫，要大哥、兄弟都来找我家茬，找我茬。我这个人又不响的，也没处说。跟妈妈说么，怕她担心，怕她担心我在婆婆家吃亏、受气什么的。跟姐姐也说不了，因为姐夫跟丈夫在一起做的。跟丈夫说，有时还遭他骂。没人好说话，有时就糊涂了。

邵：你这个糊涂可大啦，一下子把你公公给杀了。

朱：我公公这个人还喜欢钻女人堆，村里这个女人堆扎扎，那儿扎扎，还说来说去，搬弄是非，就是说你不好呗，婆婆也给他说（的跟我）反目了。

邵：那公公有侵犯你吗？

朱：他死时 70 多岁了。

邵：听你这么说，他还是死有余辜啦。

朱：……

邵：所以，我觉得你呢，一是书读得少，认识能力不强，分析问题能力不足。这不读书是主要原因。二是一个人闷在肚里，没人好交流，（心中有）想法（却）没处去合计合计，压力没地方宣泄，这容易出问题。

你在家不读书，就在家干家务，那十四五岁时有没有交什么知心朋友？

朱：就知道玩，朋友也是玩玩的。

邵：那不算知心朋友。就没什么真正交往的朋友了？

朱：那还有叔叔、伯伯的小孩，一大批年纪差不多的，大家常在一起玩的。

邵：那也不能算知心朋友。心理学研究说，一个人，心理发展有一个一个阶段，比如小时，一两岁时，形成对亲人特别是母亲的依恋；小学时，开始学习，认知能力发展，道德行为习惯养成；中学时，友谊发展，要交知心朋友；高中，人生观、价值观形成。心理有一个一个发展任务。你呢，可能后面这些都缺失了，心理发展任务没有完成。还有，你就要刑满释放了，有没有想过怎么面对女儿、家人？

朱：女儿，家人？也不会怎么去想，出去再说吧。

邵：不想，是不可能的。想肯定想了，只是可能认为想想没用。听你说，女儿应当是 5 年没见着了，可能连她的近况也不知道。

朱：你是说见面认都认不出来了？有可能的，这么多年没见着了。

邵：见面认不认识，这是一。这还是次要的。主要的是你女儿怎么想。她现在对你是个什么认识，她心中的妈妈现在是什么样的。现在的妈妈与心中的妈妈反差有没有？大不大？说得重点，认不认你这个妈妈了都是有可能的。你应当对各种情况都要有所估计，有所预想。

朱：这个是的。她不认，那也没办法。

邵：还有，我再说严重点，你犯罪，可能给她生活造成了影响。在同学中形象受影响，她还可能恨你。

朱：这个不会的。我出了事，他们就搬到××城里来住了，就是考虑到这事对小孩的影响。老家不住了，在城里买了房，那时小孩 4 岁，上幼儿园，就在城里上。

邵：这个你丈夫考虑了，那是好的。对小孩有保护作用。

吴警官：你丈夫结婚了，他后来还生了小孩吗？

朱：小孩没生，但有一个小孩，比我女儿大几岁，是他老婆带过来的。听说他们关系也不太好的。

邵：（你）出去后有何打算？

吴警官：是住到姐姐家吗？她有房吗？

朱：她家没地方可住的。姐姐、姐夫，侄女儿、侄女婿，侄子、侄媳妇要住的，没房住的。

吴警官：那你哥哥家呢？

邵：对，你哥哥家呢？

朱：也没有的。妈妈住在哥哥家。我出去么，先租个房子，在老家××镇上租一个。哥哥他们也住在××镇。这样近点，可常常去见妈妈，她年纪大，身体又不好。

吴警官：你这样做对的，是好的，先租个房子，离妈妈近。

邵：再找个工作。

朱：出去先休息休息，休息到今年底。然后再找个工作，自己吃饭总没问题的。

邵：是的，找个工作，工资大概1000块钱左右，或者1500到2000块。租个房子，三五百的差不多，因为在镇上。

吴警官：她们乡下镇上，300块应该够了，杭州郊区，300也差不多。工资大概1000多，1500差不多。

邵：对的，镇上可能100多，200都有。

朱：我租房子，又不要大的，套房什么的，一个人能住就行了。

邵：是的，你这样考虑是对的。先休息，然后找工作。

吴警官：××地方，经济发达，工厂很多的，找个工作应当不成问题。

邵：据我看到的一个资料，近来东部沿海地区都出现了用工荒，工人都不够，找不到。

（此时，有一女警官走过来。朱××抬头看她，叫了她：××警官。该警官热情地说，朱××，是你啊，你怎样？）（吴警官给笔者介绍说，该警官原来是朱××所在监区的领导）

朱：××警官，我下个月就可以出去了。

××警官：（非常高兴地，真诚地）恭喜你啊！你下个月出

去了，恭喜啊！（随后走开）

邵：朱××，你快要出去了，我还有这么几句话最后跟你说。一是你出去后，对与女儿的关系要有一个心理准备，各种可能作一个预想。二是你比较内向，什么事都自己想，也没有什么朋友。健康心理学告诉我们，40 岁以上的人，应当有知心朋友，这样有利于个体的心理健康。至少有一两个无话不谈的朋友，当然最好还有三四个要好的朋友。你出去后，一下子做不到，先争取交一两个知心朋友，在以后做工时或做生意时交流中注意观察，哪个人、哪些人值得知心相托，发展成知心朋友。这样当你有什么心事，有什么想不开时，可以找他们谈谈，诉诉衷肠，就不会做出糊涂的事。不一定是丈夫，有时丈夫也不一定说得了一些知心话。希望你做好这两点，顺利走好人生。

李警官：朱××，我跟你说一句话。南非有一个人叫曼德拉的，（我插话：南非的黑人总统，为自由而战）为了黑人享有民主与自由坐了 28 年牢。他在出监的时候说了一句话，他说：我出监了，就要把心中的愤怒、怨恨，都扔在牢里，不带走。如果我仍然带走愤怒、怨恨与不满，那我身体虽然出去了，但我的心仍然是在坐监牢。希望你出去了，把一切愤怒、怨恨、不满都抛弃掉，做一个身心都解放的人。

邵：李警官的话很有道理，希望你下个月出去了，心情也解放。还有就是我刚才说的两点，对女儿的各种预期，总的目的是希望女儿健康成长，为这目的去做你应该、也可以做的事。也许要你作出牺牲。二是交知心朋友，这个不急，可以在一两年内慢慢找。要找到知心朋友，凡事多与他们交流。

好，今天我们就谈到这儿。由队长带你回去吧。

朱：谢谢你。

（整个谈话过程中，除了谈到离婚时流眼泪外，朱××都显得情绪较为喜悦，说话语气轻缓，不高不低。笔者想，这是因为

临近刑满释放的缘故）

分析： 朱××认知能力不强，性格较内向、简单，自控能力不足。这些也许是造成其犯罪的主要原因。以文化知识为基础的认知能力提升非短期内能奏效，在监狱13年半，文化补习没抓紧是一大缺憾。不过出狱后促其自己去补救在谈话中没有作指导，也有点遗憾。从谈话信息中，我认识到朱××自身认知能力不强，如果有朋友共同分析事情原委，也许可以阻止悲剧发生。因此，向她提出了积极交友，但也要慎重选择的建议。这当然亦有从健康心理学角度的思考。

多年不见的女儿，其母女互动情况是其马上要面临的一个情景。由于13年半来相互只见过三次面，而且已经5年未见面，对女儿的想法了解得不清楚，女儿的行为在面对朱××时无法预料，故提醒她要有多种心理准备，以免到时在真实情景中情绪失控，行为失度，对双方都造成不必要的心理创伤或伤害。

18. 那时年轻，有四五百块钱，就去抢了

——Z省未成年犯管教所谈话记录之一

谈话时间： 2010年11月9日，12：45—13：58。

谈话地点： Z省未成年犯管教所心理咨询室。

谈话对象： 陈××，男，1994年出生，安徽人，抢劫罪，判刑5年。2009年×月被捕。

陈××被带到心理咨询室。咨询室警官与接待警官一起安排好谈话桌椅后一起退出。

笔者请陈××坐下。

邵： 你叫什么名字？（笔者看到陈××胸前挂了胸牌，就凑近看了看，陈××看到笔者凑过去，就用手把胸牌稍提起点表示配合）

陈： 我叫陈××。（笔者翻开笔记本，记下名字）

邵： 陈××，你犯什么罪进来的？

陈： 抢劫罪。抢劫么，最低3年，重点就要10年啦。

邵： 那你判了几年呢？

陈： 5年。

邵： 哦，你哪年出生的？

陈： 1994年，今年16岁了。

邵： 什么地方人呢？

陈： 老家安徽的。

（笔者快速在笔记本上记下姓名、罪名、刑期、出生年、籍

贯后，合上笔记本，不当场记录，以减少对方顾虑，同时使谈话期间容量更大些）

邵：你是一个人还是几个人去抢劫？

陈：四个人一起做的。

邵：你在判决书上，名字排在第几？

陈：排在第二。后面还有两个。

邵：四个人，年龄都多大？

陈：最大的有十八九岁，还有两个跟我差不多。

邵：那，抢劫怎么回事，愿意跟我谈谈吗？

陈：是这么回事，有人找到我们，说把×××的三轮车抢回来，并教训他一下，给我们每人四五百块钱。第一次去，没找到人，第二次找到了，但给他跑了。第三次去，把他截住了，打了他，但人最后还是跑了，就拿了他的车，三轮车，是那种残疾人车，要7000多块钱。就判我们抢劫罪。

邵：那是有人雇你们去犯罪？

陈：我也不知道他们之间是怎么回事。那时年轻，有四五百块钱，就去了。那个雇我们的人，那个老板他自己跑了，到现在没抓着，我们被抓起来了。年龄大的送监狱，我和一个同案犯都在未管所，他在××中队（另一个分监区）。

（因没有看档案，对其犯罪情况的真实性无法判断，大致了解后，就不再继续问。虽然后面还提到其犯罪情况，但描述大致差不多，也不再撰写出来）

邵：你家里有什么人？

陈：爸爸妈妈，还有一个哥哥，一个妹妹。哥哥脑子（用手指指脑袋）有点问题，小时发高烧烧坏了，小学一年级读了三次，读不了，就不读书了，在家里（待着）。后来去做工，能干活的，现在能挣钱养活自己。

邵：生活能自理。

陈：是的，他生活能自理的。

邵：你读书读到什么时候？

陈：小学五年级。

邵：五年级读完呢，还是读了五年级上？

陈：五年级上读完的，五年级下没读。

邵：那，成绩怎么样？比如一个班50人，你排第几？

陈：成绩一直好的，中上有的。在班里排十一二名，12名以内。

邵：是自己不要读了呢，还是其他原因？

陈：自己不要读了。

邵：你不要读书，父母什么态度？

陈：父母要我读书的，但我坚持不要读，他们也没办法。

邵：老师怎么看？

陈：我小学都是一个老师当班主任。他到我家要我去读书，我爸妈同意我去读。我妈妈还到学校把五年级下学期的学费都交了。但总不能拉了我去读。

邵：老师还是负责的。

陈：是的，老师挺好的。我挺尊敬的。我在学校里坏事不干的。老师还把衣服给我妹妹穿，因为我家（经济）条件不好，我老师有一个与我妹妹年龄差不多的女儿。

只是妹妹看到我不要读书了，她也不读了。

邵：你不读书，去做什么了呢？

陈：我做工去了。五年级上读完，我就马上打工去了。我妈妈交了学费，还跑到工厂找我，要我去读书，但我坚持不读了。

邵：你怎么就不想读书了呢？

陈：这个……觉得读书受约束。

邵：那……上学期间有出去玩的吗？

陈：那是没有的。就是放学后，一般下午3点钟放学，书包一放就出去玩了。

邵：晚上一直玩吗？

陈：那不是的，就放学后玩一下子，晚上有事要做的。

邵：从什么时候开始的呢？

陈：小学三年级。放学后出去玩，一直到五年级，渐渐就觉得读书受约束，没自由。再一个，就是晚上要出去干活的。家里经济不好，收入主要是父母晚上出去抓鱼，抓田鸡，抓青蛙，抓泥鳅、黄鳝，抓蛇，等等。这些是野生的，大家都觉得野生的好嘛，又好吃又有营养。

邵：野生的是口感好，营养是差不多的。

陈：野生的，抓到市场上卖，一开始几块钱一斤，后来二十多，三十多，五十多块一斤。这主要是春、夏、秋，到冬天抓不了，爸爸妈妈就踩三轮车挣钱。有时一个晚上也能挣上百来块钱。

邵：冬天动物冬眠了，到地下了，抓不了啦。我问你一下，你爸妈什么文化程度？

陈：爸爸妈妈没读多少书，读了几年小学吧。

邵：那是初小了，三年级以下叫初小。（他们）能看懂报纸吗？

陈：能看懂的。字认得的，比我还认得多，他们经历丰富。

邵：那你爸爸妈妈教育你们的方式，比如是民主的，有事跟你们商量，还是专制的，比如就听他们的，而且不听要打、要骂，还是放任不管的，随你们去的。

陈：你说的第一种情况有点，但以打骂为主，第三种情况是不存在的。我们三个做得不好，爸爸妈妈要打的。

邵：是爸爸、妈妈一起打，还是爸爸打，妈妈在旁边骂？

陈：爸爸在，是爸爸打。爸爸在家，家里以他为主。爸爸不在家，那妈妈要打的，有时是骂。

邵：三个小孩都有打的吗？你妹妹也被打？你哥哥脑子不是不好，也被打？

陈：都打的。哥哥脑子不好，有时一根筋，特别倔，爸爸妈妈火了，要打的，打得很厉害。

邵：我想问一下，你家里除了自己一家人，爷爷奶奶呢？外公外婆呢？

陈：我家与爷爷奶奶关系不好的。我还从来没回过老家。我是5岁到温州的。我奶奶嘛脑子有问题，精神病，一天到晚疯疯癫癫的。我小时在老家，爷爷奶奶带。5岁他们来到温州，奶奶不是脑子有毛病么，我们下车后，她又上车了。后来找了好多天，找不到，到现在都没找着。

邵：那外公外婆呢？

陈：（我家与）外公外婆关系好的。但我也从来没去过。

邵：那你记得父母有给大人，爷爷奶奶、外公外婆寄钱寄东西吗？

陈：给爷爷奶奶没有的，给外公外婆有的。

邵：你老家在安徽，那你妈妈呢？

陈：妈妈是湖北的。是爸爸到湖北打工时认识的。后来一起到温州来打工了。

邵：你不读书，做工去了，做什么呢？

陈：做衣服。

邵：踩缝纫机？

陈：是的，是那种电动的。做衣服，每天很苦的。早上8点钟开始做，中间就半小时休息，晚饭后接着做，要做到晚上十一二点。真是吃不消。

邵：那一个月给多少钱？

陈：一个月900。那个老板跟我爸是有点亲戚关系，是远亲。一个月900块，没有休息天。有时白天干活都要打瞌睡了，实在吃不消。做了半年多就做不下去了。

邵：你小学没毕业，就去做工，那不是童工么，法律不允许的。有来查的吗？

陈：有查的。一两个月，或三四个月来查一次。

邵：那你做工期间，来查过吗？

陈：有两次。

邵：那你怎么办？

陈：查么，要看暂住证，有时要户口本。我就拿了哥哥的身份证去办了暂住证，就给交上去了。

邵：那证件交上去了，没有与人对证，人证不对的。

陈：是的，证件上一查，是符合用工的。我哥 1991 年生，年龄够了。

邵：18 岁到了。

陈：我们那边不是 18 岁，16 周岁到了就可以了。

邵：那你后来做什么呢？

陈：后来也一直打工，不过这儿做做，那儿做做，有时 1 个月，有时两三个月，做过服务员，如饭店跑菜的，也干过宾馆整理房间的，也在酒吧、网吧干过。在 × × 镇、 × × 镇、 × × 镇都干过，都是朋友介绍的。像这一次，是一个朋友介绍的，到 × × 镇去帮忙教训一下，给四五百块钱。四五百，对一个小孩来说也挺大的（挺多的），就去做了。我这次去做，也用的哥哥的暂住证。警察把我当我哥了。

邵：差点害了你哥，把你哥给抓起来了。

陈：不是的，就是把我当我哥，以为我哥就是我。后来是我自己说出来的。按我哥的年龄，那就不是未成年犯了。

邵：你说一帮朋友在一起，他们都是些什么人？有犯罪的吗？比如小偷小摸，抢劫？

陈：有的，我虽然没亲眼看到，但听他们说起，有偷的，有抢过的。朋友也不太固定，有服务员，有做工的。

邵：那他们年纪怎样？男女都有吗？

陈：年纪有十七八岁，十八九岁，还有20多点的。男女都有，像服务员，女的为多。

邵：那你们在一起，有吸毒啊，喝酒啊，男女一起过夜啊，或一起上网吧什么的。

陈：吸毒没有，喝酒也没有的，就是一起上网吧什么的。有时一起上网吧，上通宵也有的。

邵：有去宾馆开房间吗？

陈：那没有的。

邵：你说做工时每月有900块钱，那钱怎么花？

陈：都给我妈了，存起来的。

邵：自己没有花费吗？

陈：做工包吃包住的，整天做，没时间玩。做工存了3000多。但我存了一万多块钱，存折在我妈手上。

邵：那另外的钱怎么挣来的呢？

陈：后来不是做服务员么，每个月底薪1000块，加上开瓶费、酒水费，能拿到1500块。

邵：你服务员不是就做了两三个月么，又要花点，离一万还有距离。

陈：不是还干其他活么。还有从小就学会的抓鱼、乌龟、蛇、田鸡、黄鳝等。这些拿去卖，也来钱的。我有一次抓了3000只乌龟，是有人放生的，我去抓来，后来都快死了，就一块钱一只卖了（笑）。

邵：抓野生动物，这个可不好。我们说，人与自然要和谐相处，你抓这些，是破坏大自然。还有你前面说的，（你）父母也抓这些，这个可不好。

陈：（呆了一下）不是有很多人都在抓这些卖么。当时我们也是迫于生计，为了生活。知道是知道的，但这个来钱。很多人愿意买的。我们拿到市场上买，常常一下子就卖光了。

邵：有的动物，国家保护的，如白天鹅、老虎、大熊猫，抓了不仅判刑，还可能判死刑。

陈：这个知道，有的是不能抓的，国家保护动物。像猫头鹰不抓的，像燕子，吃虫的，有益的，不会去抓。麻雀，吃米的，黄鹂，这些去抓来卖的。

邵：但是，我认为这些动物都不能抓，要保护。

陈：不是为了生活嘛，要挣钱哎。

邵：所以，这个事要搞清楚，不是为了钱，什么事都好做的，如你前面说的，可能不懂事，为了四五百块钱，帮人出头，去拿人家的三轮车……

陈：（抢着说）那时不懂，再么老板骗我们，说把他的车拿回来，是给那人拿走的。

邵：人家这么一说，你就信了?！凡事要做分析。这也带出一个问题，你学习文化少了……

陈：（抢着说）是的，这儿的队长也教的，《三字经》、《弟子规》，要我们学会。文化课也上的，一天到晚都在学文化。

邵：这个好啊！知识是基础，像你这样，学到小学五年级，这个要提高。在这儿学，要认真学习，要努力多学点。今后出去了，要继续学习。我们说，到监狱、未管所，是叫再社会化，就是你们的知识、技能、规范、社会角色没学习到位，没当好应当的角色。社会化，首先是知识，这是基础。然后要学习规范。规范最高的，就是法律。这个是“高压线”，碰不得，不能违反。所以法律也要学。

陈：是的，队长也给我们说了，也学习了很多法律知识。

邵：法律知识不仅要学，还要记在脑子里。还不能学归学，做归做，做时又把法律给忘了。做什么事，对照一下法律，看看能不能去做，违不违法。与法律不符的，坚决不能做。这点头脑一定要清楚。

二呢，交朋友的问题。（根据犯罪学理论作了分析）

陈：这个我知道，我今后不会去交那些人。

邵：知道就好，要这样子去做。还有就是，你说的抓野生动物去卖，你父母也这样子。这个不好，要改正。可以通过劳动，工厂做工挣钱过生活，过日子，不一定非得要去抓动物，破坏自然。虽然可能来钱快，（来钱）又多，但对整个人类，整个国家，对今后的子孙后代，那是一种破坏。我们不能只盯着自己的眼前利益。要为他人想想。实际上，你把野生动物抓多了，破坏了自然，最后也会伤害到自己。

再呢，父母的打骂教育。这种家庭教育方式，对子女成长是不利的。我想你肯定不喜欢。所以有两点，一是这种教育方式的不良影响，对子女，对你们的不良影响要清楚。比如，会造成子女的暴力倾向，因为也学会了打骂，攻击行为；还有撒谎，为了避免被父母打骂。二是你感受到父母是这样教你们的，你今后有了孩子，也会不自觉地用这种方式去教育你的孩子。这样就把不良的家庭教育方式传递下去了。这个你要警惕。你对自己的子女，不要再采用打骂的方式，要采用民主的、协商的、指导性的教育。当然小孩的不良行为要监督，要给予一定的惩罚。这个问题，你现在还有点远。我在这儿提醒你，是希望你的下一代不要重复你的模式。

好，今天就谈到这儿。

陈：谢谢警官。

分析：陈××是未成年人，所犯的抢劫罪，是与朋友一起被人雇用去犯罪的。这一方面表明其认识能力不强，是非观念缺乏，法制观念淡薄；另一方面表明其所交的朋友不良。因此，对他的指导，主要是放在交友与法制观念的培养上。一是教育陈××要学法、懂法、守法；二是指明交朋友要选择，什么人可交，什么人不可交。

在犯罪人曾经所接受的家庭教育方式上，常常会是粗暴或专制的模式。这一方面给犯罪人的心理、人格造成一定的不良影响，另一方面给犯罪人今后的家庭教育方式埋下隐患。使其明白这类家庭教育的缺陷，警惕自身由此产生的内在问题，是犯罪人成长所需要的。

19. 贪小便宜，吃大亏

——Z省未成年犯管教所谈话记录之二

谈话时间：2010年11月9日，14：05—15：10。

谈话地点：Z省未成年犯管教所心理咨询室。

谈话对象：陈××，男，1995年出生，湖北人，抢劫罪，被判处有期徒刑1年。2010年2月到未成年犯管教所服刑。

管教警官带陈××到咨询室，随后走出。

邵：哎，来来，坐到这儿。（笔者指指椅子，双方坐下）

邵：你叫什么名字？（笔者凑近看他胸牌）

陈：陈××。

（笔者翻开笔记本，写下陈字，名字听到但不知哪两字，而胸牌后两字很淡、模糊，笔者更凑近些看，看清了名字，记到笔记本上）

邵：（胸牌）名字印刷的不清楚、很淡，看不清楚。（解释了一下自己的行为）

哦，你什么罪进来的？（笔者看到陈××脸上阳光、纯净，似乎没有被社会不良现象所污染，就直接问）

陈：抢劫罪。

邵：判几年？

陈：1年。

邵：哦，1年。（一段时间以来，谈的都是成年犯。抢劫，至少3年，前面谈的少年犯，抢劫也判了5年，许多判10多年，

甚至无期，所以对他的回答，稍感意外）

怎么回事？跟我谈谈。

陈：去年元宵节，我在一个溜冰场溜冰，把手机丢了。因为我爸爸很凶的，以前一点小事就打我，这次把手机丢了，那不要被打死！我在那儿想的时候，一个几天前认识的一起溜冰的朋友过来，问了情况，说卖给我一只手机，很便宜的，问我有多少钱。我说只有一百块钱，这钱还是爸爸让我给手机充值的。他说，一百块就一百块，就把我带去买手机。走到一个房子里，很小的，里面五六个人，正往外走，其中 3 个人还拿了刀。我问，到什么地方去买？带我去的人就说，别问了，你跟去就行了。到了城外，他们叫我躲在一草丛后。过了一会儿，他们（远远地）押了一个人过来，那人手臂还给他们砍了一刀，有血的（他用左手在右手臂到肩的地方比划了一下）。然后几个人跑到草丛前，把我叫出来。他们拿了那人 500 块钱和手机。到了草丛，就叫我快跑。我一开始跟他们一起跑。我也不知道他们是怎么抢的。跑到城里，他们往一胡同里跑，我往大街上跑，后来就给抓住了。

邵：去买手机，后来变抢劫了。

陈：我都没看见他们怎么抢的。不过，交友不慎，自己呢又想贪小便宜，想 100 块钱能买只手机。贪小便宜思想，后来吃大亏了。贪小吃大亏，在看守所里管我们的年纪大的犯人听了我讲后，也是这么说的。以后不会了。

邵：你家里还有什么人？父母，兄弟姐妹？

陈：我家就我和爸爸。

邵：哦，爸妈离婚了。

陈：是的。

邵：什么时候？

陈：我小学一年级时。他们经常吵架，打架。

邵：为什么呢？

陈：我父亲赌博，而且喝了酒去赌，脑子糊涂又没（赌博）技术，老输。向我妈妈要钱，不给他，就吵，就打起来。

邵：你父母什么地方人？

陈：父亲湖北的，母亲四川人。

邵：你和你爸爸现在什么地方？

陈：在浙江××地方。

邵：你爸爸在浙江××地方打工？

陈：是的。

邵：你说爸爸很凶的，经常打你、骂你吗？

陈：那也不是的，就是喝了酒，我呢又做了什么让他不高兴的事，稍微有一点做得不对，就会打我。有时打得很凶的。所以我从小就很怕我爸爸的。有时我想跟他说点什么，但一看到他，想到他的凶，就不敢说了。不过，他心情好时，也对我很好的。比如，吃饭了，就叫：小陈啊，过来吃饭了。

邵：那是跟你开玩笑了。

陈：是的，开开玩笑的。邻居也说，你不要打你小孩了，但我爸爸回答说：不打不成材，棍棒之下出孝子。他只要一喝酒，就会打我，而且有时往死里打。我当时也是怨恨的，现在想想也是为我好。

邵：你书读到什么时候，什么文化程度？

陈：小学六年级。父母小学一年级时离婚，妈妈带我到四川读了小学一年级，小学二年级时爸爸到四川把我带到湖北，在湖北读了三、四、五年级，六年级时到浙江××地方读书。

邵：哦，小学读完的。

陈：是的。小学读完六年级。本来要读初中的，在浙江××地方。父亲赌博赢了两万块钱，说是给我交学费的。因为我们是外地人，1 年 5000 元，3 年学费要一次交清，怕中间我们不读，走掉，这样15000块钱。但过了两个月，爸爸还想去再赢多点，结果去赌博把这两万块钱都输掉了。我就读不了书了。

邵：你户口不在浙江的吧。在老家可以不用花这笔钱了。

陈：是的。初中，九年义务制教育，在老家读书不要钱的。我也说回去读好了。但我爸爸不放心，说没人管。每月如给我寄生活费，寄个三五百，跟同学拿到游戏房打掉了，书也不读了，人也废掉。我说不会的，但我爸爸不相信，不同意。

邵：老家没大人了？爷爷奶奶呢，叔叔姑姑呢？

陈：奶奶很早就死了，爷爷年纪大了。有4个叔叔，关系不好的。前几天来接见，爸爸跟我说，在工地上，叔叔把他的腰用砖头砸伤了。

砸我爸爸的是我小叔叔，最会赚钱了。只要能来钱的，都会去做的。开网店，开小店，开出租车，工地也做。

四个叔叔，一个在老家，一个在广东打工，一个在四川打工，小叔叔在浙江。他们关系不好，所以在浙江××（地方）的小叔叔到工地干活时尽量不跟我爸爸一起干。这次工地老板找了我爸爸做泥工，找了小叔叔做油漆工，总不好推辞吧，就在一起做了，结果意见不一致就打起来了。

邵：哦，这样子。你父亲读书到什么文化？

陈：他读到初中一年级。

邵：那还可以么。你小学读完不读了，干什么去了呢？

陈：开始给叔叔管网吧。给他收收钱，然后我也在网吧上网，整天上网。

邵：你不是说父亲与叔叔关系不好的吗？

陈：我家大人们都说了，我叔叔也说了，大人的事归大人，不要影响小孩，小孩是小孩。

邵：这个对的。那你叔叔小孩多大了？

陈：叔叔有两个小孩，一个3岁，一个刚出生。大的上幼儿园了。

邵：那你就一直在网吧管事吗？

陈：不是的。我爸爸说，小孩管网吧，学不了技术，而且整天上网，人要废掉的。要去学一门手艺，就把我送去做鞋了，做皮鞋。（指指笔者穿的皮鞋）

邵：做皮鞋，有气味吗？

陈：我们做鞋面，没什么气味。做鞋底，就有污染了，有气味了。

邵：你年纪这么小，是童工哦。做工的厂在县城吗？

陈：不是在县城里。县城里这样的厂是开不来的，是在一个小镇上。就在马路边。一间房，十几个人，都跟我差不多，好几个是老乡。一看到警车，或警车停在马路边，老板就把门关了，机器也停了，叫我们不要做。

邵：每天要做多少时间？

陈：早上 7 点半就开始做，做到 11 点半，下午 12 点半做到下午 5 点半，晚上再做到十一二点。

邵：那一个月给多少钱？

陈：一个月 650 元。一般给 600，我爸爸跟他多要了 50，就 650 了。老板很赚钱的。

邵：650 元？（笔者觉得工资太低）每月都给吗？

陈：不是的。每月记账，做到年底一起给。平时可以预支点。像我做了一年，每月或半年预支点，我爸也去预支点，到年底，一结账，只剩下 2500 块了。本来有 7000 多的。

邵：每月休息呢？

陈：每月最后一天休息，平时没得休息。不过中午有 1 小时吃饭休息时间。开始我们都去上网，我们三四个老乡，有时中饭都不想吃，挤出时间去上网。后来老板管我们了，说去上网扣钱。慢慢地，后来都不去了。不过也不是真罚钱，月末了请我们一起吃一顿，老板掏钱，不要我们掏。年终了工资里都补进去的。

邵：他怎么罚你们钱的呢？

陈：发现我们去上网后，他就跟我们说，发现一次5块，第二次10块，第三次15块，第四次20块，就这么加上去。一开始罚5块，我们想想，5块就5块了，但罚到一次30块，或更多，就怕了。你想每天工资才20多块，一天罚30块，一天工资还不够，就不敢去了。3个月后，大家都不去上网了，后来就都不去上了。

邵：这倒也挺好的，把上网给管住了。

哎，我想问你，你父亲挺凶的，那他教育你就是打骂吗？有没有说说道理什么的？比如说，民主的，跟你协商的，有什么事跟你商量；或者专制的，什么都要听他的，不听就要打；或者放任不管的？

陈：我爸爸就是打，而且一般是喝酒后打。你想喝了酒，他神志不清，打起来没数的，不知轻重。我从小对我爸爸很怕的。

邵：专制的家庭教育，打骂式的，很容易使小孩学会说谎，为了避免被打。

陈：我在外面不说谎的。在我爸爸面前要说谎的，因为有的事，不敢说的，说出来那要到打死为止。

邵：就是，为了避免惩罚，有时小孩就会去说谎。

陈：在外面不会的，在其他人、老师面前，学校里不会的。

邵：你妈妈的情况知道吗？她后来有没有小孩什么的？

陈：不知道，我小学二年级离开妈妈后就不知道了。

邵：没什么联系？

陈：没联系的。

邵：你小学读到六年级，成绩怎样？

陈：成绩好的，中上水平有的。我学习是好的，但字很差，题目做对的，但有时老师看不清我做的，就扣分了。以前，小时候我看一个哥哥写字，他写字像画画一样，我就学他，结果后来写字就不好了，乱糟糟的。

哎，其实小学一年级时我学习不好，后来我爸爸常常来看我的作业，我写的字叫我念。我知道是来监督我。他指着整行字，我是念得出来的，后来他把两边按住，就剩中间一个字，那我有时就认不出来了。只要认不出来，我爸爸就是一顿打。为了不挨打，慢慢学习就用劲起来，成绩也就上去了。不过，后来我在家做作业，只要我爸爸一回来，我不管有没有做完作业，都会合上课本、作业本，不做了。

邵：你爸爸教育小孩的方式方法有点问题。又把你读书的钱输掉了，初中没有读下去。那到这里来（未管所），有读书吗？

陈：这儿天天都读书的，天天读。我也写信给父亲，说外面没有读初中，我在监狱里倒报名上初中，读初中了，叫他放心。我在里面挺好的。这儿确实挺好的。

邵：你在这儿 1 年，很快就要出去了吧。

陈：还有 3 个月。

邵：出去后，我希望你能继续读书。

陈：我也想的，我在这儿读书，像背《弟子规》，我很快就背完了，队长说你脑子挺好使的，挺聪明的。我也看到了这一点，很想继续学。但我爸爸不同意的，说他自己就读到初一，不照样挣钱！你读了六年级了，而且比比周围邻居小孩，他们懂什么你也都懂，那就行了。父子两个多挣点钱。他要给我挣下点钱，说过几年长大了要结婚，总要房子什么的。外面房子这么贵，但好差总要盖一个。

邵：到老家去盖。

陈：是的，好差要盖一个，这要好几万。现在，我爸爸写信来，说存折就剩 2500 块钱了。

邵：是否又去赌博，把钱输掉了？你现在在监狱里，当面不敢说，也说不了，可以写信劝劝他。

陈：是的，我是写信回去劝他了。

邵：写了几次？

陈：在看守所写了，来这儿马上写了，一共写了三四次。

邵：你父亲呢？

陈：他也给我写信，不过是我写一封，他回一封。他在外做工忙，这也可以原谅的。

邵：是的，不容易。你都说些什么呢？

陈：以前不敢说的。比如，房子太脏、太乱了，要收拾收拾。比如，喝酒少喝点。

邵：赌博什么的，没劝？

陈：这个没说。

邵：这个也可以跟他交流交流，因为赌博，他想着从中赚钱。这是不可能的。这是一个恶习，要改正。

陈：是的，赌博没好处。我也吸取一个教训。我做工第一个月，预支了 100 元钱，本来要去买点东西的。结果那天休息，一起做工的一个老乡到我家，他比我大，有 18 岁了。我爸他们在里面赌博。他说，他们在里面赌，我们在外面也可以赌一赌，赌小一点好了。我想通过赌博赚点。后来一赌就输了一些，我就想再赌把输的赢回来，最后 100 块钱全输掉了。

邵：就是，想通过赌博来赚钱，这是不可能的。这个你一定要记牢。你父亲也是一个反面典型，把你学习的钱——学费都输掉了，让你上不了学。教训很深呀！

总之，我跟你说这么几件事。第一，是读书，我看你，挺聪明的，但就读到小学，现在社会（这个文化程度）不够啊！要争取多读点书。听你说，你爸爸现在没钱供你读，又要一起挣钱盖房子，娶媳妇。但过几年，比如 20 岁，20 岁多点，你钱多点了，希望你能够再去读点书，20岁，还是很年轻的，学习不晚。我们说，按社会学理论，一个人要社会化，要学习知识，学习技能（笔者一个手指、一个手指掰过来，形象地说给他听）。知识是基础，知识有了，在知识基础上发展起能力，如认识事物的能力、分析能力、表达能力。学技能，或者说学门手艺吧，这个也很重要，是存世之基础，生存的手段。

陈：是的，我也这样想，但这儿（未管所）学不了，不安排（技能学习）。

邵：不一定在这里面学，今后也可以学，要知道去学。还有就是要学习规范，做人的规矩。这个你在里面应当学了很多了。

陈：是的，队长教育我们的，还有道德，什么是对的，什么是错的。

邵：就是，这些都很要紧的。规范最高层次，不能违反的就是法律。

陈：这个我知道。我不会去违反了。

邵：这就好。第二，就是交友要慎重。你出去后，而且像你这样的年龄，交朋友也是挺重要的，希望交朋友。这个可以，但一定要选择好交往的人。

陈：这个我有教训了。像这次，交的朋友才认识3天，我也对他不是很了解。我是在溜冰场认识他的。就是在溜冰时碰撞了一下，认识了。

邵：你做工一个月休息一天，怎么溜冰有好几天呢？

陈：哦，我们是这样，过年工厂不做，放假了，有两个月休息时间。我爸结了工资后，给了我500块钱，说你自己拿去用。我拿了这些钱，一个（去）上网，一个就去溜冰了。

邵：给500。结工资2500么，就是说你爸拿走2000，500给你用了。

陈：是的。后来上网用用不够，又再向父亲要了100块。交友 3 天，就跟他走了，去买手机，交友不慎。

邵：交友，可以慢慢观察，多观察一阵子，几个月，半年，一年，二年都是可以的。通过反复考察，觉得对方人品好，真诚，值得交往，那你也要真诚去交往，就可以发展成为知心朋友。如果交的朋友，他不诚实，而且有许多坏毛病，如小偷小摸，或偷东西的，打打杀杀的，那就坚决不能交。

陈：要断绝关系，不要跟他们来往。

邵：对，不要来往。我不来加入你们的团伙，这总是可以的，这是你的自由。当然，一个人曾犯过错，即使进过监狱，但他真诚悔改了，那你也是可以跟他交往的，而且可以发展为知心朋友。但如果他继续偷摸，暴力犯罪，那绝对不能交。（按犯罪学理论作了展开讲解）

陈：要学习，要学坏的。

邵：是的，学坏是一方面；另一方面，他们做坏事了，你会放松警惕。（按犯罪学理论稍展开作了讲解）

第三，你父亲赌博，这个对你心理会有影响。你前面说你有了一个教训。这个教训要记牢，不要学你父亲的。如果有可能，你大点了，可以劝劝你父亲不要再去赌。当然，一下子戒了连玩都不允许，可能不现实，但只限于逢年过节小小的玩一玩。

陈：是的，逢年过节小小的玩一下。不过，我听说我父亲现在赌博好点了，听说少去赌了。

邵：赌博是个恶习，有的人把手指都砍了，下决心不赌了，但最后还会去赌，说明戒赌不容易。但首先不要染上赌瘾。你父亲常赌，你要吸取教训，赌博没好处。

陈：十赌九输。靠赌博发财是不可能的。

邵：赌博，参赌的人赢不了钱，庄家赚钱，而且有的人赌博作弊，电视上都说了，作弊手段可多了。比如，有的人手指上戴个戒指，干什么用？看牌。把对方的牌都看清楚了，他都知道你手里有什么牌，你能不输吗？

陈：我爸爸就是不相信，说赌桌上作弊的很少，他没碰到过作弊的。

邵：他不一定知道别人作弊。我看电视上现身说法，作弊手段非常高超，而且多样。当然说作弊只是一方面，更重要的，赌博是违法的，是恶习，多少人因为赌博而倾家荡产，家破人亡！还有你今后会有孩子，也要教育他不要去赌博。

第四，你作为子女，你父亲虽然打你，打得很凶，也把你学费都输掉了。但作为子女，还是要有……

陈：（抢着说）感谢之心。

邵：对，感恩之心，感谢之情。一个人要懂得感恩。

陈：那是的。这个我知道的，我与父亲，也可以说是相依为命，没有他养我，我就老早不存在了。

邵：你懂得感恩之心，这个很好。你父亲总有一天会慢慢老去，而他只有你一个儿子，要靠你去赡养他，不管以前如何，不管他怎么样，不能遗弃，要孝敬他，以后老了要关心他。要记住这一点。

好，今天我们就谈到这儿。我最后给你谈的四点：一要争取机会读点书；二交友要慎重；三要从父亲赌博中吸取教训，不能学样；四还是要有感恩之心。希望你记住。

陈：谢谢警官。

分析：陈××的犯罪，与不良的家庭教育方式有着紧密的联系。同时父亲的不良行为也给陈××一定的影响。正是因为父亲极其严厉的教育方式，致使陈××出现手机丢失的情况后采取非法方式去获取，从而出现"贪小便宜，吃大亏"的结局。

陈××犯罪较为轻微，对犯罪也有了认识。因此，谈话重点放到了发展指导上。现代社会，学习是个体成长的主要途径。由于其父亲有赌博恶习，作为年轻子女也阻止不了他再次去赌博，因此给其继续学习在物质上不能提供相应保障。这样只有靠他自己今后有一定物质基础后仍然记得去继续学习。

作为少年犯罪人，陈××虽然已经在一定程度上认识到了选择性交友的重要，但是笔者觉得仍然有继续强调的必要，并对择友标准与方法作了指导。

在谈话中发现，虽然父亲赌博把他的学费都输掉了，但是陈××对赌博危害的认识并不深刻。一是对父亲的赌博没有劝导，二是自己也曾去赌博。因此，在谈话中对此作了深入的分析与劝诫。

儿童与少年感恩之心的培养，是其良性心理发展的重要内容，单亲家庭子女亦然。犯罪少年的父母，往往在子女教育上存在问题，使亲子关系不良，而且由于子女处于弱势，通常表现为子女在家庭成长过程中受到委屈，甚至伤害。在对犯罪少年的矫正过程中，感恩教育仍然有其必要性。

20. 初三成绩不好，因为早恋了
——Z 省未成年犯管教所谈话记录之三

谈话时间：2010 年 11 月 9 日，15：15—15：55。
谈话地点：Z 省未成年犯管教所心理咨询室。
谈话对象：张 × ×，男，1994 年出生，壮族，云南人，强奸罪，判刑 2 年，2010 年 5 月到未成年犯管教所服刑。

民警带张 × ×到心理咨询室，笔者叫他坐到我对面的椅子上，谈话房间剩下笔者与张 × ×两人。

邵：来，坐下来，你叫什么名字？（笔者凑近张 × ×胸前所挂的胸牌，看其名字）

张：我叫张 × ×。（笔者在笔记本上记下他的名字）

邵：张 × ×，你今年几岁？

张：16 岁，1994 年 × 月出生的。（笔者在笔记本上快速记下年龄，出生年月）

邵：哦，16 周岁超出了。什么罪？犯什么罪进来的？

张：强奸罪。

邵：强奸?!（笔者稍顿了顿。这是笔者近段时间来所谈的第一个性犯罪服刑人员，在笔记本上快速记下罪名）

邵：那你判了几年？

张：两年。（快速记下）

邵：你哪里人？

张：云南人。（笔者快速记下，然后合上笔记本，面对张 ×

×）

邵：那你是在什么地方犯的罪？

张：××地方，浙江××地方。

邵：哦，杭州××地方。怎么来这个地方的？

张：××地方有我的姐姐，我过来打工。

邵：那你什么时候犯的罪？

张：去年10月。

邵：什么时候到这儿的（指来未成年犯管教所）？

张：今年5月。

邵：那你在看守所待了7个月，时间有点长，怎么回事知道吗？

张：不清楚。

邵：强奸，是一种性犯罪，怎么回事，能说说吗？

张：我在公园里玩，认识了一个女孩。一天聊下来，她说到我住的地方去玩玩。在我出租房里聊了一会，她说累了，想到我床上休息一会，就躺到我床上去了。我也躺到床上，然后就发生了性行为。过了两天，警察来抓我了。她父母到警察局报案了，说我强奸。

邵：那你认识她多长时间？

张：就一天时间。

邵：（笑了笑）就一天时间？那了解她的情况吗？

张：知道她的名字。

邵：她和你发生性行为，是你强迫的吗？

张：没有的，她躺到了床上，我也躺过去，就做了。我是第一次（提高了声音说）。

邵：她后来怎么走的呢？

张：她后来自己走回去了。两天后她父母在宾馆里找到了她，就告我强奸。

邵：怎么在宾馆里找到的她？

张：我也不知道。

邵：女的几岁？

（按法律规定，与14岁以下的女孩发生性行为，不管对方是否愿意，都按奸幼罪论处）

张：十八九岁吧。

邵：那她比你大。

张：是的。我看18岁超过了。

邵：你家里还有什么人？哥哥、弟弟有吗？

张：有3个姐姐。

邵：你最小？

张：是的，我最小，没有哥哥和弟弟。

邵：父母都在的吧。

张：是的，父母都在。

邵：你父母多大了？

张：父亲57岁，母亲51岁。

邵：那最小的姐姐几岁？

张：18岁吧。

邵：大姐呢？

张：大姐不是我爸妈生的，是领养的。

邵：哦，抱来养的。

张：是的。前面生的都死了，就领养了一个。大姐今年22岁吧。

邵：领养了大姐，就接着生了两个姐姐和你。你什么时候来××地方的？

张：去年5月。

邵：那你在××地方5个多月。

张：是的。

邵：你什么文化程度？

张：初中。

邵：初中读完的吗？

张：初中读了一年级。

邵：初中一年级念完的吗？

张：初中一年级上读完，初一下学期没读。

邵：是你自己不要读的吗？父母怎么反应？

张：是我自己不要读书了。父母不同意的。

邵：父母要你继续读书，有骂你、打你吗？

张：父母要我读书，骂是有的，打没有。

邵：老师呢？

张：老师要我去读书的。我到浙江××地方打工，老师还打电话来叫我去读书呢！

邵：那小学读书成绩怎样，初中呢？

张：小学读书成绩好的，中上。初一读书不好了。

邵：小学读书好的，初中怎么就不好了呢？

张：这个……到新环境不适应吧。

邵：初中是与小学在同一地方呢，还是不同地方？

张：初中是到另外一个地方去读书的。

邵：是到外地去读吗？

张：是的，要到外地去读书。

邵：离家远吗？

张：要走10多里路。

邵：那是走着去读呢，还是住校的？

张：住校的（语气表现出“当然是”）。

邵：几个人一间这样住。

张：是的。40—50人一间，上下铺。

邵：上下铺？（有点没听清）

张：对，上下铺。

邵：那是一个大教室一类的，一个大房间。（笔者想起了自己中学时曾经几十个人住一大间屋子的情形）

张：是的，一个大房间。

邵：那小学在哪儿读，在村里吗？

张：是的，小学就在自己村里读。

邵：小学住家里？

张：小学当然住家里了。

邵：你小学成绩好，到一个新环境，不至于一下子读书就不好了呀！有交什么朋友吗？跟他们一起玩什么的。

张：出去玩不读书是没的。学校风气不好。

邵：哦，读书氛围不好。（笔者仍没有想到早恋问题，有些不敏感）那你不读书了，做什么去了呢？

张：跟我表哥到广州打工去了。

邵：广州打工？

张：是的。在那边打了一段时间的工，后来就到杭州××地方的姐姐这边来了。

邵：哦，这样子。你进来了，姐姐有来看你吗？

张：来的，看的。

邵：有几次？

张：3 次吧。

邵：父母呢？

张：父母太远了，没来看过。

邵：是的，在云南，太远了。我还想问，你不读书了，你父母没有一定要你去读书吗？

张：他们要我去读书的，是我自己不要读书。

邵：父母平时教育你们，教育方式是怎样的？比如是民主的，协商的，讲道理分析给你听，还是专制的，骂啊、打啊，或者放任的、不管的？

张：没什么讲道理的，就是骂，放任不管不是的。

（笔者看了看咨询室墙上挂的时钟，来谈话前已了解到16时15分下班，此时近15时40分，得抓紧谈）

邵：你前面说，那女孩子、受害人，你才认识一天，对她的情况不了解，就与她发生关系。这有点儿草率，行为草率。

张：是的，我也是被女孩子害的。初中一年级，我认识了一女孩，她不要读书的。

邵：哦，你是说早恋了。你初中读书一下子不好，原来是跟女孩子谈恋爱去了。是在初中才认识的呢，还是以前也是同学？

张：小学也是同学，但到初中一个多月后才认识的，也是朋友介绍的，在朋友聚会时认识的。

邵：她读书不要读，影响你也不要读。她读到什么时候？

张：她在初中上（初中第一学期）没读完就不读了，到广州珠海打工去了。

邵：那你呢？初一期中考试参加了吗？

张：考的。

邵：期末呢？

张：期末也考的，但考完就决定不读书了。

邵：到广州打工，原来是追她去了。

张：是的。但没出过门，没出去过，也怕的。就跟表哥一起到广东去了。在广东东莞打工。

邵：那她在珠海，你有去找她吗？

张：没有的，没钱啊！

邵：（你）做什么？每个月给多少（钱）？

张：做塑料树、塑料花。每个月900来块。在广东东莞做了几个月，后来就到惠州，做了几个月，又回云南，到昆明打工。去年姐姐叫我过来，就到杭州来打工了。

邵：那你后来也没见过她？

张：是的，后来一直没见过。

邵：你在初一认识了一女孩，就早恋了，然后就不读书了，唉，可惜了。

张：是的，没有再读书了。

邵：（再看了看时间，近15时50分，开始总结）张××，我跟你说，我们也许不会再见面，我跟你说这么几句。一个呢，你认识了一女孩，光知道她名字……

张：对，名字知道的。

邵：光知道个名字，就去跟她发生关系，这个草率，不严肃。我们说，从婚姻伦理学和婚姻法角度说，有这么两条：一是以爱情为基础的婚姻是道德的，二是以婚姻为前提的性行为是合法的，受法律保护的。这个你一定要清楚，要记住了。你这么年轻，年轻气盛，一个人18岁到30岁，是身体最好的阶段……

张：最有力气。

邵：是的，是生理上最强壮的时期，生理冲动、性的需求强烈，但是不能不加控制，随意地去做，更不能违背妇女意志。要尊重妇女，尊重女性。

张：队长（指未成年犯管教所民警）也教我们，我们××队长教我们《三字经》、《弟子规》，教我们道德知识。

邵：是的，队长教的要记牢，要好好学。另外，尊重女性，不违背她们的意志，还包括婚内性行为。现在有判“婚内强奸”的。因此，结婚后，与妻子发生性行为，要注意对方意愿，要尊重对方。当然，作为妻子，当丈夫有这个要求时，只要不是不方便，只要觉得可以，也应当尊重丈夫的权利。夫妻双方都要相互体谅、相互尊重。这样才能和谐生活。

从你前面发生的事情看，也表明你自我控制能力不够。想了，就去实施，不能控制自己。当然可能也不明道理。这就是我前面说的两条：一条是婚姻内的性行为受法律保护，二是婚姻以爱情为基础。不是我需要性行为，我就去结婚。这是不能持久的婚姻，要有自我控制力。

还有责任感问题。你随意与人发生性行为，也是不负责任的。性行为的结果，可能会怀孕，生下小孩子。（听到这，张××张大嘴巴，有些惊讶与意外。这点可能是他根本没想到的）你对小孩，要负起责任啊！

因此，我还要跟你说，你过五六年，或10来年，就要去结婚、生小孩，很快的。那你要明白，生小孩，要对他负责。而生小孩、养小孩，花费是大的，因此生小孩前，要有物质准备。要不要生，什么时候生，都要考虑清楚，看看自己的物质条件。还有小孩要教育，要把他教育好，父母要懂得一些心理学、教育学知识。我们说，生小孩还要学些心理学、教育学知识。

婚姻、家庭，不是一天、两天的事，要持久过，还要注意两点，一个是忠诚，一个是信任。你要忠诚于你的妻子，信任你的妻子；你的妻子也要忠诚于你，信任你。这样才能婚姻持久。

我说这么多，归纳起来四条：一是以爱情为基础的婚姻是道德的；二是性行为以婚姻为前提；三是结婚生小孩，要作物质准备，要对小孩负责，要有做父母的责任；四是夫妻双方要忠诚、信任。

你记住了吗？希望你能记住今天我对你说的话。

好，今天就说到这，你回去吧。

（笔者站起身，张××随即站起。笔者拍拍他的肩膀）

张：谢谢，谢谢警官。（这次谈话时，笔者穿着警服）

邵：好，咱们走吧。请队长（警官）把你送回去。

分析：犯罪心理学理论中，性欲型犯罪是指以淫乐性动机作为主要犯罪动机，以满足性欲为目的或以性行为为手段达到其他目的的犯罪行为。[①] 本案例中的张××，从其描述分析，是以满足性欲为目的的性犯罪，并且由于教育及年龄特征，对人类性行为的认知存在缺陷。因此，在指导中强调了合法性行为的前提条件，以及作为男性应当尊重女性的理念。同时，对爱情、婚姻、家庭、子女的关系，以及作为父亲的条件与角色内涵作了指导。

① 罗大华主编：《犯罪心理学》（修订四版），中国政法大学出版社2007年版，第168页。

21. 吸毒，因为我逆反、我好奇
——Z 省强制隔离戒毒所谈话记录

谈话时间： 2011 年 3 月 15 日，13：20—14：30。

谈话地点： Z 省强制隔离戒毒所教学大楼教师办公室。

谈话对象： 的日 × × ×，女，23 岁，四川人，吸毒，强制隔离戒毒两年。

陪同谈话警官： 沈警官，男，谈话一段时间后因事离开；吴警官，女，谈话全程陪同。

的日 × × × 完成笔者设计的一个调查问卷后，由管教警官叫来教师办公室谈话。

邵： 请坐。你叫什么名字？（谈话前笔者没有看她的档案，也没有向管理警官了解她的情况与名字）

的： 的日 × × ×。

邵： 什么？（感到有点儿意外，这样的姓名很少听到）叫什么？（笔者便使劲看她的胸牌，胸牌上名字栏写着五个字，字迹比较淡，有点看不清）

的： 的日 × × ×。（她重复了一遍）

邵： 的日 × × ×。有这样的名字？你是少数民族吗？（因为从外表上看不出她与汉族有什么区别）

的： 是的，我是彝族。

邵： 哦，彝族。红军长征时刘伯承跟小叶丹结盟的那个彝族？

的：……（茫然，没什么反应）

邵：的日×××（笔者指了指她的胸牌），给我看看你的胸牌。

的：（摘下胸牌递给笔者）

邵：的日×××（笔者一边看胸牌，一边念，一边在纸上记下名字），彝族（笔者一边说着，手却停了下来，一时想不起怎么写。的日×××看到这个情况，伸手向笔者要了笔和纸，在纸上工整地写下“彝”字）。

彝族，红军长征时刘伯承经过彝族的地方，与彝族头领小叶丹结成兄弟，然后就顺利地走过彝族领地继续长征，北上抗日了。你知道这个故事吗？

的：（看着笔者，摇摇头）

邵：哦，你年纪太轻了，不了解这些历史。你今年多大了？几岁？

的：23岁。

邵：什么地方人？

的：四川的。

邵：四川人。家里还有什么人？

的：爸爸、妈妈，还有一个妹妹。妹妹小我4岁。

邵：你吸毒进来强制戒毒的？（笔者看到她穿着印有“××省戒毒”的蓝色衣服）

的：是的，吸毒进来的。

邵：强戒是两年吧。

的：是的，两年。

邵：两年，什么时候进来的？

的：2009年6月到2011年6月。

邵：哦，到今年6月。你什么文化程度？

的：初中二年级。（因为调查时笔者在说指导语时特别强调

要她们写实际文化程度）

邵：初中二年级下读完的？

的：初中二年级下读完的。

（笔者在纸上记下姓名、籍贯、年龄、罪错、劳教期限、文化程度后，把纸和笔放到一边，专心谈话，不再记录）

邵：那你这次吸毒，是在什么地方？

的：在浙江××地方。

邵：××地方？那你是什么时候到××地方的？

的：2009 年 1 月。

邵：怎么去的××地方？

的：我有两个表弟，他们在那边打工。我也跟他们到××地方来，想打工。然后吸毒被抓了。

邵：吸什么呢？

的：海洛因。

邵：就海洛因，没吸其他毒品吗？

的：其他没有的。

邵：你刚才说是四川人。四川什么地方人？

的：四川××地方。

邵：四川××地方（笔者重复了一遍）。四川我去过，不过去过九寨沟、都江堰、峨眉山等地方，都是旅游风景点。四川××地方没去过。

的：都江堰（的日×××重复了一遍，声音稍高）

邵：是的。你第一次吸毒是什么时候？

的：第一次，嗯……（做回忆状）16 岁吧。

邵：第一次吸什么呢？

的：就是海洛因。

邵：是海洛因 4 号吗？海洛因有 2 号、3 号、4 号的，4 号纯度最高，有 95% 以上（后经查资料，海洛因 4 号纯度为 90%

以上①)。

的：没那么纯的。

邵：第一次怎么个情况?

的：是跟朋友一起吸的。

邵：是朋友引诱你的吗?

的：那也不是。朋友在一起，他们说吸这个东西治感冒的效果很好的。再么自己好奇心也挺强的，想吸吸看。

邵：我以前在一个看守所，跟一个贩卖毒品的女的谈过话，她有 40 多岁了，比你大。她也吸毒。她告诉我，第一次吸毒也是朋友说可以治感冒。难道都是这个原因去吸的吗?

的：治感冒效果确实挺好的。

邵：可是这个是毒品，它的副作用，它的危害是相当大的。我们说，青年人要抵制诱惑，在社会上要抵制诱惑，指的主要就是要抵制毒品。毒品是不能碰的。

的：是啊，毒品不好的，我身体也不好了，都是病。我是没希望了。(她一边听笔者说，一边慢慢转身对着坐旁边的警官说“没希望”)

吴警官：怎么会没希望呢?！有希望的。

的：不过，现在比刚来时身体好多了，病少掉了。

邵：吸毒，成瘾了，戒毒确实难的。但不是说戒不掉。国内外都有成功戒毒的事例，但要有坚强的抑制力，要有坚强的意志。戒毒，一个是生理方面，这个比较容易，通过医学手段，生理成瘾可以得到较好的治疗。主要是心理成瘾，心理依赖，这个更难。这个需要坚强的意志去克服。

你刚才说第一次吸毒是跟朋友一起吸的。这是一帮朋友吗?

---

① 郭建安、李荣文主编：《吸毒违法行为的预防与矫治》，法律出版社 2000 年版，第 4 页。

的：不是的，第一次吸时就两个朋友，一个朋友是男的，一个朋友是女的。

邵：你说初中二年级下读完不读了，那是15岁左右。16岁去吸毒，那是不读书了。不读书后你干什么呢？

的：不干什么，就在我妈妈开的小店里帮帮忙。我妈妈开一个小店，现在还开在那儿。

邵：开在老家，在老家开店？

的：是的。

邵：那两个朋友多大年纪？跟你差不多吗？

的：他们年纪比我大，都20多岁了，当时。有二十二三岁，与我现在年纪一般大。

邵：你吸毒，你父母什么时候知道的？

的：17岁吧。主要是我在那边吸毒被公安机关抓了，强戒了（强制隔离戒毒的简称），家里就知道了。

邵：家里知道后怎么对你的？

的：那时我被关起来了，家里就想早点把我弄出来。我们那边强戒要3个月。我一个月就被放出来了。我们那边强戒，家里人每天可以来看的，还可以来送饭。我妈妈每天给我送饭，怕我在里面吃不好。我每天都哭着求我妈把我早点放出去。我哭，我妈也哭，陪在边上的警官也哭，她妹妹也是因吸毒被强戒的。

邵：你妈妈跟你一块哭，你有没有想过她为什么哭？

的：（愣了一下）我妈妈哭，她为什么哭……这个我没想过。当时年纪小，在里面怕啊！就想早点出去。

邵：你妈妈哭，是因为你吸毒被关起来，她伤心啊！同时也担心你。这是母爱的体现，母爱是无私的！你可能没有去体会一下妈妈的这份爱，对子女的关爱之情。

的：这个……没想过。当时小，没想的。

邵：作为子女，要体会到父母这种无私的爱，然后怎么呢？

要感恩哪！父母生你、养你，不容易啊！就这份养育之情，做子女的就要铭记在心，不能忘了，要知道长大了去报答。你第一次吸毒本来要强戒3个月，后来你一个月就出来了。你父母可能去做了很多工作，花了很多精力，甚至可能还要托人求情花钱买礼物。这就是父母，希望子女少受点苦！你要体会到。

的：这个……是的，父母花了很多精力。可是当时没想到。

邵：这个要记在心里。你说读书到初中二年级，那成绩怎么样？

的：成绩？小学四年级前是好的。

邵：你说成绩好的，是怎么个情况？比如30名同学，你是10名之前，还是10到20名？

的：是前几名。老师很喜欢我的，常常叫我去演出啊什么的。小学四年级后就不好了。

邵：不好了，为什么呢？

的：玩去了，爱玩了，打游戏，逃学不上课……

邵：还去上网吧吧。

的：唉，是的，上网吧，打游戏，常不去上学，成绩就不好了。

邵：是跟几个同学一起去玩呢，还是自己一个人？

的：当然是几个同学一起玩的。

邵：可能大家成绩都不好，你的成绩大概到倒数几名了。

的：(点点头)

邵：那成绩不好了，父母怎么看，怎么处理？

的：爸爸妈妈就骂。爸爸要打的，但妈妈舍不得，就跟爸爸吵，然后骂我。但那时逆反心理特别厉害，听不进去，还故意对着干。

邵：学校老师怎么处理，有教育的吗？

的：学校老师一直教的，学校老师是好的。

邵：那四年级不好，教育你，五六年级也一直教育吗？

的：那也不是的。到五年级，（老师）觉得教育也不听，学习成绩也差了，觉得教不好了，没指望了，老师不喜欢我了，也不叫我去演出什么的。

邵：老师后来不教了。你说逆反心理，那是人发展到一定阶段要出现的一个心理现象。你四五年级有这个心理，那时你身体开始发育了吗？

的：还没有吧，发育之前就有对抗心理了。

邵：我们说青春发育期，一般要到初中。青春发育期，人开始追求独立，逆反心理、反抗心理会特别严重。看来你的逆反心理是其他原因。那你初中学习怎样？

的：初中也不要读书的。后来我到（老家）边上一个镇职中（职业中学）去读书，仍然是玩啊，打游戏、逃学啦。到初中二年级（读完），我实在不愿读了，爸爸妈妈也看到我读不了书，也就同意（我不读）了。他们也没办法。

邵：（父母）无可奈何啊。你在初中有男朋友吗？

的：有的。

邵：谈恋爱也影响你学习吗？

的：那不是的，这个倒没有的。

邵：男的后来怎么样？

的：他后来？初二就转学到云南那边去读书了。那边读书氛围好。他读书大概好的。

邵：后来没什么联系了？分开了伤心吗？

的：没联系了。分开伤心？那时谈朋友就像过家家，没什么伤心的。

邵：你父母什么文化程度？爸爸呢？

的：爸爸大专，他是个医生，在兽医站工作。

邵：妈妈呢？

的：妈妈小学毕业，跟文盲差不多。她没什么工作，就在老家做点活，后来开小店。现在还在开小店。

邵：你妹妹呢？

的：妹妹在成都××学校读大学。

邵：大学？读几年级？

的：她大二了。

邵：她小你4岁。

的：是的，小4岁。

邵：她学习好的？

的：她学习一直是好的。

邵：妹妹有出息，父母（会）得到一些安慰。你说吸毒，16岁开始，是一直在吸吗？

的：也不是。后来17岁吧，到深圳打工一年多，没有吸。在老家，吸毒很多的，周围很多人在吸，有的打针，后来都打死了。

邵：是你看到的呢，如打针打死，还是听说的？

的：看到的。前几天我还听说小学的一个同学，打针吸毒死了（的日×××用手比划着如何打针）。

邵：我看到过一个资料，四川、云南等地，是我国毒品的重灾区。毒品泛滥，害了许多人。（笔者随后讲了在某监狱谈过的一个四川籍贩毒分子的情况，他贩毒也吸毒）吸毒，需要毒资，你的钱哪里来？

的：爸爸妈妈给的零花钱。

邵：零花钱？毒品，吸毒，我们说，那是经济发展到一定阶段后才吸得起。原来我们国家穷，哪有那么多人吸毒?！没钱哪！

的：毒品，海洛因，我们那边不贵的，一二百块钱一克，不像××地方，一克要七八百块。

邵：一二百块一克，那也需要钱。你每天都吸吗？

的：不是的。

邵：那一星期一次？

的：是的，差不多，一个月四五次。

邵：也就是一星期一次。

的：那也不是的，不一定一星期一次这么平均。（反正）一个月四五次，五六次。

邵：一个月四五次，五六次，一次 1 克的话，那需要 5 克左右。

的：没那么多。

邵：那这个钱……

的：有时是自己买，有时是朋友请客。

邵：朋友就请毒品？（没有请吃饭？）

的：是的，就请毒品。

邵：这也叫请客？不过总有自己买的。这个钱哪里来？你又没有工作。

的：钱是向妈妈要的。

邵：知道你吸毒，还给你钱？

的：是的，骂是要骂的，但我向他们要，还是会给的。要钱时是说买什么东西。他们还是很宠我的。（后翻看的日×××的调查问卷，她在回答家庭教养方式时，选择的是溺爱。问卷调查虽然采用无记名方式，但组织调查的民警看到笔者找的日×××谈话，就把她做好的问卷给笔者拿来了）向妈妈要，要说我、骂我，但私下偷偷给的。爸爸也一样，私下给，怕妈妈知道。他们都还是很宠我的。也可以说溺爱吧。（的日×××笑眯眯地说）

邵：哦，这样子！溺爱可也是害了你啊！

你前面说到深圳去打过工。怎么会到深圳去打工呢？

的：那边也有亲戚在打工，我妈叫他们把我带过去，脱离那个（吸毒的）环境，会好点。为了我不吸毒，我妈还把我送到乡下外婆家去待过一阵子。那边清静，没吸毒的。

邵：深圳打工，没有去吸毒？

的：是的，深圳就做做工，没有吸毒的。我不吸也无所谓的。

邵：深圳做工，一个月收入多少？

的：一个月一千多。

邵：一千多少呢？

的：一千八九百。我每个月可以剩下一千块，或寄回家，或者存起来。

邵：那倒不错。在深圳，消费比较高的，你一个月花八九百就够了？

的：我又不出去干什么，就买点日用品，有时买件衣服。也就在那边待了一年多，回来过年后，就不去了。做工太苦了。

邵：做工辛苦。那一个月休息几天，还是每个星期都有的休息？

的：星期天有休息的。不过，经常加班，一加班就没得休息了。

邵：早上几点上班？

的：早上 8 点。

邵：中午呢？

的：中午 11 点半、12 点，到下午 2 点上班。

邵：下班呢？

的：下午 5 点下班。

邵：八小时工作外还上班吗？

的：晚上还上的。常常加班，有时做到第二天一二点钟。第二天早上又要上班，真是吃不消的。

邵：确实挺辛苦的。你做工时 17 岁，还未到 18 岁，未到成年。不过，16 岁超过了，也不算童工。童工的话，就违反国家法律了。

的：深圳那边用童工很多的（很普遍的），很多厂用童工的。

邵：打工回老家后，没有再去做工？

的：是的。也就帮妈妈看看店。

邵：那后来又吸毒了？

的：是的。朋友打电话来，我出去。妈妈开始也跟的，防止我吸毒，但后来店里也忙，生意要做，也管不牢（我），就又吸上了。

邵：妈妈知道？

的：朋友打电话来，我说出去玩会，实际上吸毒去了。

邵：你出去跟朋友吸毒，是就几个朋友呢，还是许多朋友？

的：吸毒就几个朋友一起吸，但每次一起吸的人不一样。

邵：那跟你一起吸过毒的，有很多人吗？

的：是的。

邵：那这次在××地方吸毒，也是跟朋友吗？

的：是跟一个老乡，她在这边打工。

邵：你到××地方是 2009 年 1 月，6 月被抓……

的：4 月开始吸的，（吸了）两个月时间。

邵：哦，这样。你妈妈为了阻止你吸毒其实也想了许多办法，但……（此时单位领导打来电话，有事找笔者，打了两分多钟。按照的司法部规定，监狱、劳教所任何人不能带手机进去。笔者已按规定把手机放在门卫处，由他们保管。为此该省各监狱、劳教单位以及司法警官学院给工作人员专门配发了工作用手机。工作机只能在监狱、劳教等司法单位工作人员之间相互通话。打完电话，笔者先向对方道歉）对不起，我接了个电话。

的：没关系（她笑了笑，对笔者道歉感到有点意外）

邵：（看了看时间，14 时 18 分，因约定 14 时 30 分结束，得抓紧时间）我们说，做子女的，要体会到父母的苦心，体会到父母的爱，对子女无私的爱。而且要懂得感恩，要对父母的养育感恩，把你养大，就值得做子女的好好感谢，记在心里。你没有小孩，体会不到这种母爱，或体会不深，等你有了小孩，就会体会到或体会更深。

这种感恩之心，一般在幼儿园，小学之前，7 岁前要教育他（她）。小时候就要教小孩懂得感恩。比如，给他（她）吃东西，要告诉他（她）东西来之不易，要懂得与爸爸妈妈分享，想到爸爸妈妈，要一起吃，或留下一份来给父母。从你的表现看，你父母也许在这方面对你教育不够，教育上有问题。而到小学，要教育他（她）道德行为，什么是对的，什么是好的行为，如助人行为，能够帮助他人。要这样一点一点教育过来。你今后有了小孩，要这样教。（的日×××认真地听着笔者说话）

另外一个，我觉得最重要的，你要学会控制自己，要加强自己的意志力。吸毒，诱惑力大，戒毒，国内外都有很多成功例子。只要你有坚强的意志，一定能够战胜它。你刚才说过吸不吸无所谓的，是吗？

的：是的。

邵：那就好。但是我发现你与朋友在一起，就很容易复吸。那么你出去后（解除劳教后），在交朋友时就要注意。

的：出去后，我就回老家去了。不过怎么回去呢？没脸啊！

邵：怎么呢？

的：我在这边劳教过了，回去让人知道，老家那边（会被人）看不起。

邵：这个也没办法，但更应该注意不要再犯了！回去，朋友很可能会再打电话来叫你，（的日×××点点头）那你要辨别。可以先叫他们上你家来，在你家招待他们。他们在你家，有你妈妈看着，不会吸。我想，你妈妈为了你不吸毒，肯定愿意在你家招待你的朋友。她会给你们烧好吃的。你也可以烧啊！跟朋友吃饭、交往，然后从中考察他们是否是好的朋友，不吸毒的朋友。这些人就可以交往下去。当然，也可能上朋友家去，但是如果发现他们吸毒，你要坚决站起来走掉。这个有点难，要有非常坚强的意志。不过，能做到就表明你意志很坚强。但是，回过头来，我觉得还是请朋友到你家来好。慢慢、慢慢地，过上正常的生活。你在这儿两年不吸了，再过些日子，身体更好些，就可以找个男朋友，过上家庭生活，还可以生个小孩。（的日×××点点头）你妈妈开店，你回去帮她，她年纪大了，总要把店传给你，你也就有了生存的手段，生存下去的路子。成个家，就可以安安稳稳过日子。这多好啊！你要为这个目标努力啊！

另外，我觉得你这个人也不会乱花钱。深圳打工就说明了这一点。一个月一千八九百，能够剩下1千块，存起来寄回家，说明你是个节俭的人。那（劳教）出去后过日子，仍然要节俭。为什么呢？因为你要结婚，还要生小孩，要养他（她）呀！这需要花钱。另外，父母年纪大了，要你赡养啊！还有自己年纪大了，60多岁，八九十岁，老了，也要用钱。这些钱要年轻时节省下来。

总之，出去后要控制住自己，成个家，生个小孩，要从小教育好，要学会存钱为今后打算。

好，今天就谈到这儿。

的：谢谢你。

分析：的日×××吸毒按照她自己的说法，一是好奇，还有就是逆反心理。调查表明，因好奇而吸毒的人为数不少。因此，对毒品知识的传播还是要加强。

的日×××的家庭教育存在一定的问题，首先家庭养育方式上是溺爱型的，缺乏有效的教育。从谈话中明显表现出其感恩之心不强，对父母之爱觉得应当如此。同时，成长过程中相应的教育缺乏，造成的日×××没有建立起正确的思想体系。因此，人生指导尤其需要。

22. 我是“四进宫”
——Z省B监狱谈话记录之一

谈话时间： 2011年7月12日，14：55—16：25。
谈话地点： Z省B监狱七监区四分监区办公室。
谈话对象： 李××，男，1963年出生，四川人，“四进宫”罪犯。
陪同谈话警官： 四分监区陈警官。

笔者安排好差不多样子的两张椅子，相距1.5米左右，呈90度摆放。谈话前分监区指导员鲁警官简要介绍了谈话对象的情况。

李： 报告！
邵： 进来！来，来，进来，你坐这儿。（李××坐下）你叫什么名字？
李： 李××。
邵： 什么地方人？
李： 四川的。
邵： 四川的，四川什么地方？
李： 四川××地方。
邵： 哦，四川××地方。你今年几岁？
李： 49岁。
邵： 49岁，哪年出生？
李： 1963年出生。

邵：1963 年出生，那你犯什么罪？最后的这一次。

李：贩毒。这个事也是冤枉的，很冤的。

邵：贩毒？四川的我谈过好几个了（有的四川籍罪犯谈后作了回忆整理，有的没有作回忆整理——笔者注）贩毒的比较多，是海洛因吗？

李：不是的，是那个冰毒。××克冰毒。

邵：（没听清），冰毒，多少克冰毒？

李：××克冰毒。（回忆时仍然觉得没有准确记住）

邵：判了多少年？

李：15 年。

邵：哪一年进来的？

李：2009 年。

邵：15 年，贩毒在我国是重罪，在世界各国也都是打击的重点。贩毒，重罪，判重刑。

李：我不是那么回事，我不是去贩毒的。

邵：那是怎么一回事呢？

李：我向一个老乡借钱，也是朋友，我在外面开餐馆，他经常来吃饭的，就认识了。我向他借一万块钱装修房子。他过了几天叫我去拿。我就坐了公交车去了。结果他把我带到宾馆，卖毒品，然后给了我一万，就这样被抓了。

邵：你向他借钱，他通过贩毒来借给你，你是知道的吗？

李：是的，知道的。

邵：那你是要被抓了。我听说你是多次判刑的，那第一次是什么时候？

李：第一次？是 1983 年。

邵：1983 年，你是 1963 年出生，那是 20 岁犯罪的。犯什么罪？

李：故意伤害。

邵： 判了几年？

李： 5 年。

邵： 在监狱里待了几年？

李： 3 年。

邵： 故意伤害，怎么一回事？

李： 那是在 1980 年的事，也是冤的。那时我家做藤椅（李××用手拍拍坐的椅子），2 块钱一把。我和姐姐在成渝高速公路边摆摊。有一天，一整天下来没卖出一把椅子。但工商要来收税，收 5 毛钱的税，撕给我们一张纸，交 5 毛钱。

邵： 是的，菜场卖菜的也是经常这样的，撕给你一张纸，那是税票，交几块钱这样子。以前我在菜场看到过。

李： 那天我们没做成一笔生意，但要收钱。做了生意赚了钱，那你收就收，没做成生意，也要收，所以我姐姐就不愿交。结果那工商收税的就拉我姐姐，拖她，还摔在地上。我看到姐姐被打了，就上去打了那个工商的，把他的头打破了。

邵： 打破了，脑子打成什么没有？

李： 说是脑震荡。1980 年发生的事，派出所当时把我叫去，教育了，也陪了医药费，100 多块。但到了 1983 年，不是那个……不是严打么，又把我的事给翻出来，判了 5 年。你说，自己姐姐，自己亲人给打了，哪个人会不冲上去的！

邵： 那 1980 年做的事，你 17 岁，你当时年轻，冲动性大。我问你一下，你读书读到什么程度？

李： 小学三年级。

邵： 小学三年级，三年级下读完的吗？

李： 读完的。

邵： 四年级读了吗？

李： 四年级没读。

邵： 你小学三年级读完就不读了，为什么呢？家里怎么看？

李：当时家里很穷的，没钱读书。

邵：爸爸妈妈同意你不读？

李：家里没钱，供不起读书。

邵：你家里还有什么人？哦，我是指兄弟姐妹。

李：我是老八，家里第八个孩子，最小的。

邵：老八?！那几个哥哥，几个姐姐？

李：3个姐姐，3个哥哥，一个哥哥死了，小的时候就死了。

邵：哦，3个姐姐，3个哥哥。那最大的几岁？

李：最大的？……最大的姐姐有60多岁了。

邵：六十多，六十多少呢？

李：六十一二，六十二三岁有的。

邵：六十二三岁，那他们都结婚了吧，都有孩子了吧。

李：都结婚?！他们爷爷、外婆都做了。我也做了爷爷啦！

邵：哦！你都做爷爷了。哦，你49岁，结婚早的话可以做爷爷的。你自己家里是什么个情况？哪年结婚的？

李：结婚？我们那里也没有什么结婚的。第一个老婆是1987年吧。

邵：那是事实婚姻。第一个1987年，那现在她几岁？

李：（稍想了想后回答）40多岁吧。

邵：那第二个老婆呢？

李：第二个老婆30多岁。

邵：也像前面一样，没结婚手续？

李：是的，没有结婚（手续）的。

邵：那有几个孩子？

李：两个小孩。

邵：儿子还是女儿？

李：都是儿子。

邵：大的几岁？

李：大的 1989 年生的，到今年 23 岁。

邵：实际 22 岁，23 虚岁吧。

李：我们那边就说 23 岁。他在广州打工。他在年初时写信跟我说，生了一个儿子。

邵：那小的小孩多大？

李：小的小孩我进来时才 2 个多月，现在 2 岁多了。

邵：是后面老婆生的？

李：是的。我叫她离开了，我判了这么长的刑。

邵：她是什么地方人？

李：山东的，山东人。

邵：第一个老婆呢？什么地方人？

李：第一个老婆是老家的。

邵：老家的，四川的。

李：是的，后来她嫁到广东去了。儿子跟了去，到广东打工了。

邵：跟了妈妈去，这个也好的。你接下来的犯罪，第二次犯罪是什么罪？

李：第二次是 1999 年，故意伤害罪。

邵：哦，也是故意伤害罪，那判了几年？

李：一年半。

邵：第三次呢？

李：第三次，聚众斗殴。那也是冤的。我这个人，以前算过命，说我有“牢灾”。

邵：第三次，什么时候？

李：2001 年。

邵：判了几年？

李：8 年。

邵：8 年，在监狱待了几年？

李：6 年，监狱 6 年。

邵：第一次 5 年待了 3 年，第二次一年半吧。

李：是的，一年半。

邵：3 年，1 年半，第三次 6 年，那是 10 年多，10 年半。

李：不止的，十二三年了。

邵：第四次加上去是 10 年不止了，是有十二三年。那第三次犯罪是怎么回事？

李：我这个人，反正倒霉。第二次是帮一个朋友，打了人家一下，结果他自己跑掉了，到现在也没抓到。第三次，也是这样。我监牢出来不是开餐馆么。开餐馆，有的经常来，就认识了。有一天，晚上两点多了，两个朋友来敲门，说是借两把刀。我说没刀，只有两把菜刀。他们要长的刀（李××用手比划着刀的长度，有五六十公分长），菜刀不要，就走了。我躺在床上，过了一支烟的功夫，我想他们借刀干什么呢？就穿了衣服去看看。走到一个桥上，碰到了他们，说事情已经摆平，把对方一个人砍了，就跑走了。过了两天，他们打电话问我，那个人怎么样了。我知道，那个人已经死了，就告诉他们说死了。他们马上挂了电话，再没打电话来。过了七八天，公安找来了，说我一起杀了人。我哪有杀人哪！我就把经过说了，但是那两个人跑了，到现在都没抓着。对方被打了的除了那个死的，另外两人又说看到我在现场。打架就在那桥的边上，二三米远。我看到有人躺着。我请了律师，当然作无罪辩护，还给了钱，可还是判了 8 年。

邵：你给律师钱了？给他个人的？

李：这个不是的。

邵：那是交给律师事务所的钱啰。

李：打架、杀人的没抓到，他们又说看到我在现场。我说我是去看看的，所以判了我个聚众斗殴罪。

邵：这个，你有问题。你说朋友向你借刀，半夜三更的，那应当不是什么好事吧。你不仅不远离，还起床去看了。实际上半夜三更借刀，借长刀，你有都不应当借！还去看?！看到有人被砍了，知道被砍死了，他们两天后还打来电话问这事。你呢，不仅不向公安机关报告，我们说，一个公民，任何一个公民，他看到也知道有人犯罪，都有义务向公安机关、向政法机关报告。你报告了，你就立功了，但是你不报告，这个就有问题，有时甚至成为共同犯罪了。你去报告了，不仅没事，因为你杀了人，还去报告，这总不太有吧，不符合逻辑啊！而且对方说你在场，公安机关也会查的。只要你及时报告，那结果就会完全不一样。即使参与了，也是自首啊！

李：这个……我以前有这么一回事。我在广州打工么。有一次赌博，我的戒指、项链被赌博的抢了，还被他们打了。我就去报案了，说戒指、项链被抢了。结果还被拘留了15天。

邵：这个……你是自己撞上去了。这中间是两件事。一是你参与了赌博，那是违法的。按《治安管理处罚法》要拘留。你的项链、戒指被抢，这是另一件事，公安机关要立案，应给你立案。不过，你最好有其他证明人一起去报案，证明你有这个事。

李：我老婆一起去报的案。我赌博，我老婆坐在旁边看。他们抢了我的戒指、项链，连我老婆一块打了。结果我们去报案，为查这个事，把我和老婆在派出所一起关了两天两夜。后来我老婆没参加赌博，就放了，我又被关了15天，总共十七八天。戒指、项链也没追回来。所以，后来想，（杀人这个事）我去报案，不要又惹事上身，又给牵上了，给关了。

邵：哦，你是被以前的经验束缚了，怕了。其实，前面的事，赌博，你是违法，关你没错。不过，项链、戒指真给抢了，要立案，要去给追回来。

嗯，我想问一下，你父母还健在吗？

李：父亲2007年12月死的，母亲2010年3月死的。他们是给我气死的。

邵：他们文化程度怎样？

李：他们么，当然没什么文化，没文化的。不过，爸爸、妈妈都教我不能偷、不能抢，要做好人。

邵：你哥哥、姐姐呢？

李：也没读什么书。小学啊、小学毕业啊，只有一个姐姐读到初中。

邵：初中读完的吗？

李：初中毕业的。

邵：为什么不读书呢？

李：读不起书，太穷啦。

邵：你小学读到三年级，成绩怎样？

李：成绩还可以。

邵：还可以，那一个班30人，你是前10名，还是10—20名？

李：这个……读书也不要读的。那时的环境，也没人读书的。

邵：你小学读到三年级不读了，后来干什么去了呢？

李：在家做点家务，务农，到田里干点活。

邵：就做这些吗？

李：就做这些。

邵：你报纸看得懂吗？

李：报纸能看懂的。

邵：小学三年级也不认真读书的，那报纸能看懂吗？

李：不是到监狱里要学文化的么，在监狱学了点。

邵：这倒不错。你儿子22岁了，他什么文化？

李：他初中毕业。

邵： 为什么不读下去呢？

李： 他跟他妈妈到广东去了。他妈妈后来嫁到广东去了。

邵： 你小学三年级后就在家干活，长大了，如十二三岁，到初中这么个年龄，总要交朋友的，交的朋友怎样？

李： 老家的朋友、同学都是好的，没有一个犯罪的。我爸妈也跟我们说了，偷、抢不能做的。我后来犯罪，一次次犯罪，我爸妈是给我气死的。

邵： 是啊，爸妈总是希望子女平平安安的。

李： 我老家看不起犯罪的。

邵： 你后来交的朋友，他们怎样？有知心朋友吗？

李： 后来在广州打工，在浙江开餐馆，那朋友中有坐过牢的。知心朋友，怎么说呢，社会上的人没知心的，都是利用的，而且害你的人多。

邵： 有没有犯罪的？

李： 犯罪没有的。就是聊天聊起来，他们以前也坐过牢。

邵： 犯罪学研究说，有犯罪的朋友，很容易造成一个人也去犯罪。因为朋友犯罪了，你会跟着去。

李： 这个没有的。就是最后这一次，这个畜生，我给他害了。这个人，他除了贩毒，还是一个 A 级通缉犯。他在四川老家，我是四川××地方的，他是宜宾的，他在四川宜宾时杀过人，后来逃了。派出所所长跟我说，这是个杀人逃犯，如果我检举了，还可以立功。

邵： 你不知道他以前杀过人？

李： 不知道，是所长告诉我的。我被抓到派出所后，所长天天找我谈心，怕我心情不好出事。我是冤的。我不是贩毒的。如果是贩毒的话，我也无话可说。在广州打工时，就有一个老乡找我，他贩毒很大的，要我跟他一起做。我说这个做不来的，要杀头的。他们四兄弟，都贩毒，后来三个枪决了，一个死缓。我是不会去贩毒的，所以想不通。

邵：你说向他借钱，你跟他一起去宾馆，卖毒品，然后被抓，是这么回事吧。

李：其实是这样的，他经常到我餐馆吃饭。我不是开了一个四川餐馆么，基本上都是老乡来吃的。他来吃饭，吃多了，就认识了。是他说的，说店应该装修一下。我就向他借一万块钱，把店面装修一下。几天后，他打电话给我，我就乘公交车去了。他说到××宾馆去，就有钱了。我就去了。到了那里，他说要把毒品卖了，才借钱给我一万块。我当场就说了，这个不行的，要抓起来的，我不干，（钱）我也不要了。他说没关系的，他都做了几十次了，从来没抓起来过，放心好了。我说我在宾馆大厅下面等你，你上去。他说，朋友帮帮忙，我和对方认识，他会不给钱的。你和他不认识，你向他要，他就会给钱。我想帮帮朋友，就去了。结果我们进去，就抓了。哦，是这样，东西（毒品）给他，钱给我们，就当场给了我一万。等我们打开门准备走，门口站着十多个警察。（原来）那个人是卧底。

邵：李××，听到你说这些，我觉得你这个人是非观念不清。为什么这么说呢？因为你明知道对方是贩毒得来的钱才借给你，你竟然同意了，还一起去了。我们说，做人要有底线。这个底线，最根本的是法律底线，不能做违法的事。再一个呢，一个人应当知道什么事好做、可以做，什么事不好做、不可以做。是非标准一定要清楚。借你钱，一起去贩毒才能借给你。这个是犯罪啊，不能做的呀。

李：他说没事，不会有事的，他都做了很多次，从来没出事过。这个畜生！

邵：那是侥幸心理……

李：是的，侥幸的。再一个，说朋友帮帮忙。我这个人，一直以来，前面几次犯罪也有的，朋友帮忙，面子上下不来。我不会去害朋友，我讲“哥们义气”。

邵：你这是“哥们义气”！你自己也说了。“哥们义气”，那是贬义词，是不好的。什么叫“哥们义气”？就是不管是非、不管对错，不讲是非、不讲对错地帮人家忙，帮忙所谓的朋友。比如，他贩毒，你帮他拿钱，不讲是非啊！比如，朋友半夜来借刀，你不问一句。打电话问人是否死了，你不报告，帮助掩饰，那就是不讲是非，就是“哥们义气”。是朋友，相互帮助，一定要在“对”的基础上。我帮助你，是“对”的事，如一起去资助贫困学生，一起去做好事，这才是朋友。没有是非，胡乱帮忙，那就是“哥们义气”，是不对的，害人害己。这个一定要明白的。

李：这个……这些我以前是不清楚，觉得朋友就是帮忙。

邵：你读书少，在家又是老小，爸爸妈妈可能宠你，还要求哥哥姐姐照顾你，很可能教育也不够，对你也许没什么（对错、是非）教育。（李××听到这些话，点点头）这样你的是非观念就没有建立起来。什么是对的，什么是错的，什么能做，什么不能做，就不知道。（具体讲解了是非观念）比如，你开饭店，人家来吃饭，你两块钱一碗饭卖给他，他愿意吃，这个可以。但如果人家给了你两块钱，你不给他饭，那就损害了他的利益，你就不对了，是不是？（李××点点头）当然，他给钱，你给饭，这也是市场经济的等价交换原则。但如果他要一碗饭，你要对方200块钱，这个又是不对的。因为一碗饭不值200块，你也是损害了他人利益。（李××点点头）因此，一个人，损害他人利益，就是不对的，就不能做。这一点，你头脑里缺乏。另外一个，你读书读到小学三年级，分析能力不够，认知能力差，一个事，对的还是错的，你有时会分析不清楚。虽然你父母教你不要去偷，不要去抢，你本性是不错的。但是你到社会上，分析能力不够，是非又不清楚，就很容易上当，上了坏人的当。你说被朋友利用，被他们害，也是因为你分析能力不够，认不清他们的真实意图，就容易上当。

另外，我们说，一个人要远离犯罪。像你第三次坐牢，朋友来借刀，你只有菜刀，没有借给他们。然后又去看看他们怎么样了。半夜借刀，会是好事吗？一般来说总是犯罪行为。哪想到这些，就应当远离犯罪，就不该再穿了衣服去看。如果第二天知道了犯罪情况，你就要到公安机关把你了解的情况向公安机关汇报。这才是正确的做法。知道他们犯罪，还跟过去，你总不是去阻止他们犯罪的吧？因此，我们说，如果你没有能力阻止犯罪，就应当远离犯罪现场、犯罪情景，向公安机关告发，提供你了解的信息。这就对啦。

李：我有个亲戚，我姐姐的女婿，他是个律师，他在成都。他跟我说，这次贩毒如果我说不知道，不知道他上楼去贩毒的，就不会判刑了。而我确实不是想通过贩毒挣钱。我是向他借钱，我没有贩毒的想法。我老婆也说了，如果知道我要通过贩毒借钱，她绝对不会让我去的。

邵：这个是的，如果你不知道的，那贩毒跟你无关。但事实是你确实知道他去贩毒，而你竟然同意了。这明确表明你是非观念不清。那么，这次你说不知道会侥幸没被判，但下次你还会因为其他事被判刑、被关押。因为你根本不清晰是非标准，什么事可以做，什么事不可以做，什么事能做，什么事不能做的评判标准，什么是做事的底线。（我又重复叙述了一遍上面的主要观点）希望你记牢。

李：我知道了。唉，如果我早 20 年认识你，那我就不会犯后面的罪了。

邵：我希望你明白了是非标准，懂得一些道理后，今后不再犯罪。好，今天就谈到这。再见。（双方站起）来，握个手。

分析：李××的犯罪，最主要的原因在于是非观念不清，没有判断是非的标准。这一方面与其接受教育少有关，另一方面在成长过程中没有人，包括家庭、学校，给予他这方面的教育。另外一个原因是认知能力有限，这主要是由于只接受了小学三年级的教育，思维能力尚未发展到抽象思维的阶段，因而分析事物的能力就差，表现为在社会上行动时常受所谓的“朋友”的欺骗，一生走过来觉得总是受到他人包括朋友的欺骗，自己总是上当。

远离犯罪场所，这是一个基本的常识。当然，作为社会公民，发现犯罪现象，应当与之坚决地斗争，这是应当的。但是，与犯罪作斗争，要衡量自己的能力。如果没有能力阻止犯罪，或者当场阻止徒增牺牲，那么就应当在自身安全后及时向公安机关报告，或者采取安全的报告方式，如发短信给公安机关等。

在这个案例中仍然可以得出家庭、学校教育的重要性。家庭溺爱的教养方式，是李××是非观念不清的重要原因；而学校教育少，则是造成李××认识能力低下的主要原因。这些都是个体犯罪的主要内在因素。

23. 我是个好人，哪会想到跟犯罪搭边?!
——Z省B监狱谈话记录之二

谈话时间：2011年7月12日，16：28—17：30。
谈话地点：Z省B监狱七监区四分监区办公室。
谈话对象：张××，男，广东人，1977年出生，非法销售伪劣商品罪，被判处有期徒刑15年。
陪同谈话警官：四分监区陈警官。谈话前分监区指导员鲁警官介绍该犯不认罪服法，是分监区顽危犯。

张××喊报告进来，笔者请他坐下。张××身材魁梧。

邵：你叫什么名字?

张：叫张××。

邵：今年几岁?

张：35岁。

邵：35岁，那是哪年出生呢?

张：1977年出生。

邵：什么地方人?

张：广东××地方。

邵：广东××地方。那个地区的人，都很会做生意的。前几天我看电视，就看到几个那个地方的人，说生意做得挺好的。那你犯什么罪进来的，愿意说说吗?

张：（别过头难堪地笑）这个，我都不愿说了，什么非法销售伪劣商品罪，乱搞的。

邵：乱搞的？那是在什么地方犯的事？

张：××地方，浙江××地方。

邵：那你是做生意的？

张：是的，做这个服装的花边生意（张××指指自己所穿的运动短裤的边）。

邵：哦，这样，那判了几年？

张：15年。

邵：哪一年进监狱的？

张：2009年来这儿的。

邵：家里还有什么人？

张：3个孩子，还有老婆。

邵：3个孩子，都多大呢？

张：8岁、10岁、12岁。

邵：老婆呢？

张：老婆跟我一样大，也35岁。

邵：那3个小孩，男孩女孩怎样？

张：两个男孩，一个女孩。

邵：8岁、10岁、11岁，男孩女孩都多大？

张：是8岁、10岁、12岁。

邵：对，对，12岁。

张：大的两个是男孩，女孩8岁。

邵：他们现在在什么地方呢？

张：他们回老家广东去了。

邵：原来也在（浙江）××地方跟你一起的？

张：是的，原来他们都在××地方。

邵：到（浙江）××地方做生意多少年了？

张：两年多点。

邵：在××地方××市场做的吗？

张：是的。我的一个哥哥在这边开个花边厂，我开个公司销售。

邵：那你一年收入大致有多少呢？

张：几十万有的。

邵：那犯罪是怎么回事，愿意说说吗？

张：犯罪？说我销售假冒伪劣商品，就是假烟。判决书上就两字：出资。我借给他们10万块钱，借条都有的。这些人，我都不认识他们。

邵：不认识？那犯罪一共有几人？

张：有9个。

邵：你在判决书上排第几？

张：排第三，也是主犯。

邵：前两个判多少？

张：两个无期。

邵：主犯认识吗？

张：他们认识的。是这样，我的一个弟弟，也不是亲弟弟，是堂弟。他吸毒的。我阿姨打电话给我，要我管管他。我就借给他10万块钱，让他去做生意。这样就不会吸毒了。真是好心的！

邵：那你借钱给他们，知道是做假冒伪劣商品的吗？

张：这个知道的。但我就是借个钱给他们，一分钱也没有拿回来。他们还欠我10万块钱。

邵：这个钱拿去作犯罪的启动资金，可能也拿不回来了，国家要收掉了。你借了10万，有分红吗？

张：没有的，就是借给他让他去做生意。不过，10万块钱是要他还的。

邵：你知道他们是生产假烟的，还借钱给他们。这个有问题，你错误在先。

张：这个我知道，我也知道这样违法了，有错。但没想到这么严重，判15年。我是在（浙江）××地方做生意，H市公安打电话给我，说叫我来一下，有个事要核实一下。我认为这没什么事的，就来了，还说：我下午还约了客户，要赶回去，你们不要耽误我时间。

邵：是在H市犯的事?!

张：是的，是H市中院判的。判了后马上上报到中央，作为典型抓的。如果知道这么严重，我走掉好了。我回到老家，就抓不住我了。

邵：你借钱给他们，判决书上就“出资”两个字?

张：就说我出资，给他们制售伪劣商品作启动资金。后面还说道，按每车14.8万元，到年底一共12车，170多万，判刑15年。

判我15年，我是不服的。我从来没想到自己会犯罪，都是本本分分做生意，从小到大，没做过什么坏事。我又不要他们的钱，只是资助一下弟弟，不要去吸毒。辩护律师也跟我说了，你大概判个3年，争取能判个缓刑。结果判了15年，这辈子全完了。

邵：那你不服判，在监狱有申诉吗?

张：那个没有的，也没用。

邵：借了10万，也不去分红。这个判15年，我法律学得不多，也说不清其中的缘由。不过，判15年，在监狱好好表现，可以争取早点出去。

张：早点出去，早着呢！我们做生意的，你判个两三年，我出去，那些生意客户还在，再朋友支持一下，向他们借点钱，可以再做。15年，出去谁还认得你?！谁还会支持帮你一把?！所以，这辈子全完了。

邵：也不能这么说吧。你表现好，15年过了一半，7年半，或8年，假释出去，也有可能啊。

张：（摇摇头）那要到什么时候?！反正完了，我家的孩子也给毁了。原来家里他们以爸爸为荣，我在他们心目中形象很高大的。现在呢？我们那边，老家，判刑劳改，都看不起的。他们怎么看自己的爸爸？那肯定说爸爸是不好的。

邵：他们有来看过你吗？你老婆有来看过你吗？

张：我不要他们来看的。来看干吗！一个光头，还隔着玻璃，形象太差了。所以，我不要他们来。老婆来看，只会哭，看了难受，不要来的。

邵：你老婆跟你一起做生意的吗？

张：她一个家庭主妇，很老实的，很贤惠的。我叫她回老家去，她就回老家去。（老家）总好点。在这边，在（浙江）××地方，也做不了什么。

邵：老家还有什么人？父母亲呢？

张：是的，父母亲在的。

邵：他们多大年纪？

张：父亲62岁。

邵：母亲呢？

张：一样的，都是62岁。

邵：还有兄弟姐妹吗？

张：亲的？有一个弟弟，一个妹妹。他们在深圳做生意，做得挺好的。

邵：那（浙江）××地方的这个哥哥呢？

张：是堂哥，不是一胞生的。

邵：我想问你一下，你在监狱，你现在晚上睡眠怎样？

张：睡觉还好的。不过，有时乱想，想很多的。例如，想出去做掉那两个人的孩子，他们毁了我的孩子。例如，借的钱要去要回来。再如我这个事，家里也没处理好，没帮好忙。反正想得挺多的。

邵： 听你这么说，我觉得，你不要生气，也不要意外，我觉得你这个人现在还有一定的危险性，有报复之心，这个是危险的。他们犯罪，也不关他们小孩的事。

张： 也是这样想想。我就借了钱给他们，有借条的，判我15年。我在法院庭审时出示了借条，他们（法官）就说为什么前面审讯时，在公安时不拿出来？我又不是去做假冒伪劣商品，我自己有事做。我开了公司，一年到头，生意也还好的。我不需要去做那个！

邵： 你是没去做，但是你知道借给他们的钱是去做违法事情的。这个是共同犯罪啊！这个也说明你脑子还是有些糊涂，是非观念也不是完全清楚的。违法的事，不能做，也不能沾边。怎么还借钱给他们？

张： 我是想（希望）弟弟不要去吸毒。我舅妈，她在我们老家那边的，她跟我交代，弟弟在我这边，要我管一管，不让他去吸毒。我这也是为了弟弟，为他好。律师也说，我这是间接故意犯罪。

邵： 是的。从你说的来分析，你确实没有直接追求违法的利润；从犯罪的恶性来说，你不严重。但是，我国的判决，往往是从犯罪的结果、危害社会的结果来判决的。犯罪构成有四要素，虽然学术界有争论，但现在还是按四要素来分析犯罪。再有从犯罪定义说，最后也落在危害社会这个角度，你行为的结果，也许社会危害性大，所以判了重刑。我跟你说个事，说个案例。那是多年前，20世纪90年代吧，我在监狱碰到一个服刑人员，20多岁，二十七八岁吧。他是一个退伍军人。后来考到乡政府做文书工作，表现很好的。但他的弟弟是个小混混。有一次，他弟弟这边一帮人与另一帮人打架，有人就跑来跟他说：你弟弟打架了，你快去劝劝。他就去了。在半路上遇到了弟弟，弟弟也正往他办公地点——乡政府跑，以寻求保护。弟弟手上拿了一把可折叠的水果刀。他看到后，夺下弟弟的水果刀，放到自己口袋里，还训斥弟弟拿刀干吗。弟弟看到哥哥来了，胆子壮了，就又往打架地方跑去。哥哥就一边追，一边劝。到了现场，由于弟弟一边已有人增援，已把对方打散了。弟弟看到其中一个逃去，就去追，哥哥就去追弟弟。结果在一个拐角处，突然有人一棒子打过来，把他打倒在地。也不知怎么地，也许出于本能，他拿出水果刀刺了过去，结果刺到对方……

张：把对方刺死了？

邵：不是的，刺到对方胸部，气胸，重伤，判了3年半。

张：重伤，3年半，那算什么呢，才3年半。

邵：但是，判决书上也记载，该人工作认真负责，工作表现好，为人处世也好，是个优秀的公务人员。乡政府都开出了证明。说明什么呢？他的恶性小。

张：这个……我也可以回老家，拿到5千人的签名，证明我是个好人，老老实实的人，本本分分的人。你到我老家问问，那表现真是好的。我以前真不知犯罪是怎么回事！哪里会想到自己会跟犯罪搭边，想都想不到。

邵：所以，我们说，从你说的情况来看，你的恶性也不大，学术上有个专门术语，叫做“人身危险性”。有的国家判决时会有一个专门的机构来鉴定、评估这个犯罪人的“人身危险性”。根据他的人身危险性以及社会危害性来判处刑罚。我想，今后我们审判的发展，也许也会慢慢这样做。因为刑法修正案（八）有这样的规定，宣告缓刑，或者假释，要“没有再犯罪的危险”，那就要鉴定他的人身危险性。你呢，人身危险性小，这个跟我前面说的你现在的危险性是两个概念。因此，努力表现，好好表现，争取假释，七八年，也很快的。

张：七八年，不快的。还有那么长。

陈警官：张××，你来了几年了？

张：来了两年了。

陈警官：你才来两年，会有这样的认识。再过些时间，你就会改变的。

邵：是的，再在监狱呆两年，你的想法也许会变的。但是，一定要表现好。

陈警官：表现好，才有机会。你判 15 年，好好表现是一天，坏的表现也是一天。要争取减刑、其他的机会，只有表现好才有机会，才有可能。为什么不好好表现呢?!

邵：是啊！我再跟你说个事。多年以前，我在四监（某省第四监狱）做调研，我要管教民警推荐几个服刑人员跟我谈话，要两个表现好的，两个表现不好的。其中一个表现好的，他被判了 7 年有期徒刑，也是这么跟我说的：他说，也是一个在监狱的同乡跟他说的，你在监狱，好好表现、好好过是 7 年，胡乱表现、坏的表现也是 7 年，那为什么不好好过呢？而且好好过、好好表现也许不要 7 年。我找他谈话时，他已经减了半年刑，已经没 7 年了，只有 6 年半了，而且又正在申报减刑。因此，张××，我跟你说，你在监狱的表现，你要认真想一想。一是你能做什么？15 年，你能改变吗？

张：我想改不了，也不想去改。

邵：那就是了，15 年的判决，已经定下了，改不了啦。我们就以这个为前提，来思考问题。那自己能做的，能够把握住的是什么呢？那就是自己的心情，自己对事物的看法，以及相应的在监狱内的行为表现。心态要调整，虽然很难。调整好了，行为也会相应改变。那如何认识自己呢？一个，我想，这个事，自己确实有错，是自己错误在先。这是事实。这也表明，你的是非观念还是有不清晰的，要明确起来，要提高分析是非的能力。二呢，老婆还在的吧？没离婚吧？

张：我老婆很老实的，很贤惠的，叫她离婚也不会离，打也

打不走。(张××有点得意、自豪地说)

邵：这个好啊。妻子等你，那你要珍惜，要珍惜这个家庭，对妻子在家照顾小孩、父母要感激。你也要关心她。你写信回家吗？

张：写的。

邵：多长时间写一封？

张：半个月吧。

邵：写些什么呢？愿意说说吗？

张：主要就是问问小孩的成绩，要小孩好好读书。

邵：这个也对的，但是不够。一是老婆要关心、慰问，在信中要表示出来。另外一个，更重要的，你小孩8岁、10岁、12岁，男孩大的12岁。这进入了人成长的一个关键期。心理学上说，人在12岁到18岁，是人生发展中最关键的一个阶段，要明确“我是谁？”“我将成为什么样的人？”“我将走向何方？”这个需要做父母的引导，特别是做父亲的，有这个责任。你不仅仅是问问小孩的学习成绩就够的，还要指导他人生目标，人生道路。

张：这个有的。我都安排好了，叫大的小孩到深圳读书，到深圳去学做生意。

邵：这个好的。做生意也是一门技能，也可以是人生目标与追求之一。不过，光安排是不够的，还要在做人上多指导。

张：我都判刑了，在小孩心目中形象不好的。原来我在小孩、家人心目中形象是很高大的。

邵：你犯罪，正是因为是非标准、是非观念有的地方还不清楚，正好以这个教育他们啊！要他们认真学习，还要认真去学做人，学会做一个有用的人，对社会有用的人。这个你在监狱要多思考：教什么、怎么教。(在谈到小孩教育时，张××认真地看着笔者，仔细地听。而在其他方面，特别是一开始，一付无所谓

的样子，身子也似躺似坐在椅子上）

再一个方面，我觉得你在监狱可以多学点法律。你的犯罪，不懂法也是一个重要原因。可以说，正是不懂法，造成了你的这次犯罪。因此，自己要乘机多学点法律；还要教育小孩，要小孩也多学点法律知识。所谓“吃一堑长一智”，小孩不要再在这个问题上有缺憾。

好吧，今天就谈到这。

分析：张××的犯罪，不懂法是个重要原因。他人做违法犯罪的事，还给予资金支持，这明显地也是在违法犯罪。同时，亦表明其在是非观念上尚存在不足。不懂法加上某些方面是非不清，造成其走向犯罪之路。

张××成为监狱的顽危犯，主要是对被判处15年徒刑不服，觉得判刑太重了。在这方面，由于笔者法律知识不足，不能有效地从法律角度作指导，因而就从心理学角度出发与其来作分析。这就是，现在自己能做什么，以此为前提，改变自己的认知、态度与看法，从而调节自己的心理与行为。同时，希望能够转移张××对自身前途的过分关注，在对家庭、对子女的关心与照顾上多花点时间，因而在这方面作了指导。

谈话结束后在与分监区警官交流时得知，张××还在要求家人对其判刑去寻求改判。因而，张××对自身“罪与刑”的认识是首先要解决的问题。两个多月后，笔者所在学校开学了，就邀请了本校法律方面的老师一起去做帮教工作，遗憾的是张××已送新疆服刑改造。希望新疆的同行（监狱警察）能够有效地开展教育矫正工作，否则该名服刑人员可能会由于此次判刑发展起“反社会心理”。这将走向改造的“反面”，这与任何一个国家的矫正目标都是背道而驰的。

24. 我有个理想，当运动员，当音乐家

——Z省未成年劳教所谈话记录之一

谈话时间： 2011年7月13日，9：40—10：52。
谈话地点： Z省未成年劳教所一大队副大队长办公室。
谈话对象： 张××，男，山东人，1996年出生，罪错：故意杀人，劳教期3年。

管教警官把张××带到谈话室外面。

张： 报告。

邵： 进来。来，你坐这儿（笔者指指办公桌左边的椅子）。你叫什么名字？

张： 张××。

邵： 张××，你是什么地方人？

张： 山东××地方。

邵： 山东人，那你是怎么来H市的？

张： 我父母在这边做工。

邵：（没听清，因为正好劳教所在对整栋房子的每个房间换铁门，有点吵）做工？你父母到H市来打工的？

张： 是的。

邵： 你父母做什么呢？

张： 母亲开服装店，父亲在一个印染厂开车（没听准确，后来才弄清楚，是在一个煤场开车）。

邵： 那你什么时候来的H市？

张：我两个月大时到H市来的，在H市长大。

邵：幼儿园，你上过幼儿园吗?

张：上的。

邵：幼儿园、小学、中学都在H市上的?

张：是的。

邵：你今年几岁? 多大了?

张：15岁。

邵：哪一年出生?

张：1996年出生的。

邵：1996年出生，按理下半年上高中了。

张：下半年初三。

邵：上半年初三，下半年高中吧。

张：下半年初三。

邵：你家里还有什么人? 兄弟姐妹呢?

张：还有一个哥哥。

邵：他在H市吗?

张：他现在回山东去了。他小学五年级在老家读的，后来在H市读了初中，现在又回山东老家读书了。

邵：他多大了?

张：比我大4岁。

邵：那他读高中了。

张：是的。

邵：高中后就要参加高考了，高考要回原籍的。

张：是的，他的户口在山东。我已经迁到H市了。

邵：你犯什么罪错进来的?

张：故意杀人。

邵：故意杀人?! 你愿意谈谈吗?

张：我不愿再去回想，不想谈这个事了。（张××说得挺坚

决地）

邵：（笔者有点意外，停顿了一下）哦，那你劳教期多长？几年？

张：3 年。

邵：3 年，那是最长的了。什么时候被公安机关抓的呢？

张：2010 年 × 月 × 日下午。

邵：那劳教期是什么时候？

张：2010 年 × 月 × 日至 2013 年 × 月 × 日。

邵：2010 年 × 月，到现在 1 年多了。

张：到现在 1 年 × 个月零 × 日。（所有日期张 × × 都报得准确清晰）

邵：一年下来，劳教期能减多少呢？

张：减了 2 个多月，快 3 个月了。

邵：那不错。你学习到什么文化？

张：初中二年级。

邵：初中二年级上读完，还是初中二年级下读完？

张：初中一年级读完的。初中二年级刚开始上学，就发生事了。

邵：哦，发生的事是一个什么事呢？死了吗？

张：死了。

邵：是你掐死的，还是……

张：溺死的。

邵：对方多大？

张：十二三岁吧。

邵：男孩，女孩？

张：女孩。

邵：对方是溺死的，有性侵犯吗？

张：性侵犯？这个、这个没有的。

（谈话过程中，张××基本上面呈微笑，表情轻松。问到犯罪情节时，表现出一些紧张，表情严肃。下面换话题谈话后，表情又恢复到轻松状态）

邵：你学到初一，那初中成绩怎样？

张：成绩中上有的。

邵：中上？那一个班级比如 30 名学生，你是前 10 名，还是 10 到 20 名？

张：我们一个班级 45 人，我在 10 到 15 名。

邵：那还不错的。小学成绩呢？

张：小学成绩也差不多，应该算好的。

邵：前几名吗？

张：那没有的，10 名左右吧。

邵：你们学校老师教育你们，如有思想教育的吗？

张：应该有的吧。

邵：比如你犯错误，或同学犯了错误，有教育吗？

张：教育有一点，说一下就过去了。

邵：说说不听呢？

张：说了不听就算了，不管了。

邵：所以，我们说，中国的学校教育存在问题，缺乏一种深入细致的思想教育、做人道理的教育。或者只管学习，不管思想教育，或者是教育几次不听就不管了。这个不对。

你父母什么文化？

张：他们都是初中吧。

邵：父母多大了？有多少岁？

张：这个不清楚。

邵：父母教育你的方式，如随你的、不管的，或者打骂的，或者说一定听他们，又或者你要什么给什么，就是溺爱的。哪一种为主呢？或者是朋友一样，跟你商量？

张：没什么事，或没大的事，可以说爸爸、妈妈都不太管的吧。出了大事，那爸爸要打的。

邵：妈妈呢？

张：家里听爸爸的。爸爸不在，那妈妈要骂的。

邵：妈妈打还是不打的？

张：妈妈不打的。

邵：朋友商量，这个没有的？

张：是的，这个没的。

邵：也就是说放任为主，出了事打骂。

张：是的，是这样子。

邵：你初中在什么地方读书？

张：××中学。

邵：哦，H 市××中学，那在 H 市××地方。小学呢？

张：小学也在××学校。

邵：你小学上学去，有跟爸爸、妈妈打招呼吗？比如，我上学去了，再见。

张：没有的，上学就走了。

邵：放学呢？有说爸爸、妈妈，我回来了？

张：大部分时间我回家他们还没有回来。

邵：那他们在家的时候呢？

张：那也没说什么的。

邵：所以这个家庭交流有问题。家庭要有情感交流。上学去了，要跟父母打招呼，放学也一样。当然，一开始可能要父母跟小孩先打招呼，如×××，上学去了，路上小心，再见。或者，×××，好好上学，听老师的话，等等。当然，先进一点的，可以说，×××，学校过得愉快。放学也一样，小孩要说：爸爸、妈妈，我放学回来了。我记得，我小孩当时是和爷爷、奶奶住在一起，小孩回家会说一声：爷爷奶奶，我回来了。

张：我爸爸很凶的，我看他有点怕，不敢说的。爷爷挺慈祥的，我喜欢跟他说话。不过他住在他上班的地方。给单位看门的，管管仓库。

邵：你爷爷也在H市，那奶奶呢？

张：奶奶在山东。我哥哥回山东读书，她在那边照顾他。

邵：哦，对的，对的。那边也需要有人照顾。你爷爷多大了？

张：这个不知道。

邵：不知道爷爷年龄，这个也正常。那你常去看你爷爷吗？

张：是的。每个星期都要去看一下，也就坐一会儿，谈谈天，就回来了。

邵：爷爷有给你讲讲做人的道理吗？教育你什么的。

张：是的，爷爷有说的。

邵：那印象最深的说的是什么？

张：这个……那忘了。

邵：你在学校里，有经常在一起的朋友吗？

张：有的。

邵：有几个呢？

张：有四五个，有时七八个。主要是四五个。

邵：四五个人，七八个人，是同性别的，还是同性、异性都有的？

张：有同性，也有异性。但四五个经常在一起的是同性别的。

邵：这四五个人成绩怎样？

张：两个读书好的，我与另一个中上，有一个差的。

邵：差的是在倒数了？

张：是的，比较后面的。

邵：那四五个人经常在一起做什么呢？

张：一起打篮球为主。我们是一个篮球队的。

邵：篮球队？是一个班的吗？

张：不是一个班的，是一个年级的。

邵：哦，是一个年级的。除了打篮球，大家一起还做什么呢？

张：还有么，一起上上网。

邵：哦，上网。你经常上网吗？

张：每个星期天会去上一会儿，一般是下午。

邵：有通宵上网吗？

张：那没有的。星期天下午上到 5 点就回去了，否则家里要骂的。

邵：什么时候开始上网的？上学就开始上网吗？

张：我是这样子的：小学六年级上还不知上网是怎么回事。六年级下，有一次去找一个同学，他在网吧，我也就进去了，坐在旁边看他们玩。看了一会觉得挺好玩的，就上去玩了。这样后来就开始上网吧了。六年级前网吧不知道的。

邵：除了玩游戏，还在网吧做什么呢？

张：主要是玩游戏，玩那个 ×× 游戏。（因对游戏较陌生，没记住张 ×× 说的游戏名字）

邵：上网吧，需要钱。钱从哪里来？

张：钱……是其中一个人请客的。他家很有钱。

邵：都他请吗？

张：都他请，一般都由他付。

邵：那一次要花多少钱？

张：我们四五个人，一个下午上网，加上买点零食，要 40 块左右。

邵：那每个星期都去，一个月下来要 160 多元。

张：也没那么多。有时零食自己买点。

邵：怎么知道他家很有钱？他家里你去过吗？

张：没去过。

邵：那他的钱怎么来的，知道吗？

张：不知道。

邵：这个有问题。你父母应当教你，不能随便用人家的钱。

张：父母不知道的。我上网吧，如果时间短就不说了；如果时间长就跟父母说上书店看书去了。我一般是这样，出去时间短就不说的，时间长跟我妈打个招呼，说一声。

邵：父母一直没怀疑？

张：没有的。

邵：那你自己家里有没有电脑？

张：有的。

邵：为什么不在家里玩？

张：家里不自由。

邵：电脑是不是放在你房间？

张：电脑在爸爸的房间。他在电脑上设置了密码。他回家了，如果看到我玩游戏，就说做作业去，我就不能玩了。

邵：家长教育，一般在玩电脑上，可以与小孩商量，如双休日，你12点开始玩，两个小时，到下午2点结束。当然，小孩也可以表示不同意，如到2点半。好，双方达成一致，玩到下午2点半，必须结束。如果超过，做家长的要处罚。

张：我们没有的，就叫我不要玩，去做作业什么的。

邵：你说几个朋友一起打篮球，这个挺好的。为什么参加篮球队呢？

张：我自己有个理想，就是今后要当运动员。还有一个理想，是当音乐家。

邵：这个好啊。人生要有理想，有追求。那除了打篮球，还参加了什么运动？

张： 除篮球外，还有羽毛球、乒乓球、排球。

邵： 大球、小球都有了。那足球呢？

张： 足球不喜欢，足球没去踢的。

邵： 你想当音乐家，有什么具体努力吗？

张： 就是唱唱歌，参加学校的合唱队，找老师学学识谱，以及各种音乐符号的含义。

邵： 当音乐家可能有点难。不过，篮球队，有取得什么成绩吗？

张： 参加比赛得过奖。

邵： 是H市吗？

张： 那没有，是区比赛，得了第4名。

邵： 那一共有几个队参加？

张： 一共有11个队。

邵： 那还不错的。

张： 还有参加"百队篮球对抗赛"。本来可以得第一的，他们违规，裁判没看见，结果没判，他们赢了，（我们）得了第二。

邵： 那有向裁判或仲裁委员会反映吗？

张： 又没录像，裁判又没看见。

邵： 那有向带队老师反映吗？

张： 老师说，怎么不当场反映？现在都结束了，结果都出来了，说了有什么用！

邵： 哦，这样。（笔者认为老师的处理不完全恰当，没有体现出教育的本质）

你刚才说上网，经常上网，通宵上网没有的。我们说，人的早期会有一些不良行为，如抽烟。

张： 抽烟没有的。我不抽烟的。

邵： 抽烟没有。第二个考试作弊。（笔者掰着手指头一个一

个说）

张：这个也没有。我都考的出来的，不用作弊。成绩差的，有作弊的。像我们四五个人中成绩差的那一个。

邵：第三个，撒谎，经常撒谎。

张：这个有的。像我星期天下午出去上网，要撒个谎，说到书店看书去了。

邵：第四个，上网，有的；还有通宵上网，你说没有。第六个，打架。

张：打架没有的。

邵：再一个，早期性行为。

张：这个也没有的。

邵：第八个，逃学。

张：也没有。

邵：第九个，酗酒。

张：没有的。

邵：第十个，离家出走。

张：没有。

邵：欺负低年级同学或弱小同学。

张：这个也没有。

邵：故意破坏公物。

张：这个么有的。有时是故意的，有时是无意的。

邵：看来，撒谎有的，还有上网，还有破坏公物。你在劳教所一年多了，你家里人来看你的吧。

张：来看的。爸爸第一个月来看了一次，后来就没来了。妈妈原来每个月来看一次，到今年 5 月是爷爷来看的。

邵：妈妈还是关心你的。爸爸看来对你心中有恨意或者其他什么原因。你刚才说，你妈妈开服装店，你爸爸在印染厂工作。他在印染厂打工吗？

张：不是的，是开铲车的，有时开货车。是把煤铲到汽车里。

邵：那是在煤场工作，不是印染厂。

张：是的。

邵：他平时跟你交流多吗？

张：没什么交流的。

邵：那你跟他交流吗？

张：我看到他心中有点怕，有时话也不敢说。不过，有这样一件事，我 13 岁时在爸爸房间翻东西，看到一个东西，知道爸爸坐过牢。

邵：是刑满释放书吗？

张：不是的，好像是判决书。

邵：他犯什么罪，知道吗？

张：抢劫罪。

邵：判了几年？

张：11 年。

邵：你看到后有什么想法吗？感到震惊吗？

张：也没什么想的。就是抄了一份，保留起来。

邵：你自己收拾起来，现在还在的吗？

张：是的，在的。

邵：那为什么要抄一份呢？

张：不知道，就想抄下来。

邵：哦，这样子。你来了一年多了，我想问一下，有没有去反思一下自己做的事？

张：这个，也有的。我的犯罪，给自己，给家人，也给被害者带来了伤。

邵：这个反思是对的，可以说害了两家人。你的这些反思，是所里民警教的吗？

张：所里没什么教的。

邵：那你们在所里的教育、学习，怎么安排的呢？是半天劳动，半天学习吗？

张：我们是这样，外面放寒假、暑假了，那每星期劳动6天，一天休息。

邵：“6+1”，6天劳动，一天休息。现在监狱实行“5+1+1”（5天劳动，一天教育，一天休息），劳教所也一样的吧。（因为从该省劳教局以及基层劳教所同志的交流中得知，全省劳教所早已实行“5+1+1”教育改造模式）

张：我们是这样，外面上学时，我们是上午学习，下午劳动。

邵：那学习，学些什么呢？

张：语文、数学，文化教育。

邵：是国民教育吗？比如，小学语文、初中语文，小学数学、初中数学。

张：国民教育？（张××表现出不理解）

邵：社会上小学一、二、三年级等之类的教育，叫国民教育，用的教材，叫国民教育教材。

张：不是的，是所里自己编的。

邵：你初一学完的，那现在学初中的知识吗？

张：说是那么说，实际不是的。

邵：那实际是什么程度？比如数学。

张：实际吗，我看是小学三年级水平吧，如乘除的列式运算。

邵：那你们上课听吗？

张：没什么好听的。很多人睡觉、讲话，玩其他东西。

邵：你做什么呢？

张：我有时在下面画画。

邵：那老师不管吗？

张：看到要管的，但看不到么……

邵：除了文化课，思想教育课有吗？

张：很少的，一年那么二三次，而且听不懂。

邵：听不懂？学什么啊？

张：还有心理健康课，一年也二三次。

邵：看来，所里的教育，有的要加强，有的要改善。那你们一起学的有多少人？

张：所里少教（指未成年劳教人员），一共才 50 个人。

邵：50 人?!（有点意外）

张：50 人，就一个班，一起学。

邵：以前也是这样吗？

张：多的时候 100 多，分两个班，小学、初中，但实际上一样的课，都是小学的知识。

邵：人少，文化课如排课，确实也不好安排。如果民警少，管理、教育不过来，确实也有困难。（此时，管教民警推门进来说，学员 10 时 50 分要吃中饭，抓紧点。笔者看了看时间，10 时 45 分得抓紧）

好，时间关系，我有这么几句话跟你说。张 × ×，一个呢，你学到初一，初二也没学，这个我认为你今后要继续学习。如果学校里学不了，那可以到社会上的学校去学，或去上培训班。二呢，要学一门技术，就是存身立世，养活自己的技能、手艺（为什么要学技能、手艺展开讲解了一番，内容与前述大致相同）。三呢，做人的道理要弄明白，自己要做个什么样的人，要去想想，总要做个对社会有用的人。四呢，做人中最主要的是“是非观念”。什么是“对”的，什么是“错”的，一定要弄明白。（对是非观念作了讲解）像你以前犯的罪，你爸爸的抢劫罪，这是错的，不能去做。五呢，交朋友，一定要有所选择，要交好。一个人，特别是像你这个年龄，肯定会交朋友。交朋友时，不好的，违法犯罪的，一定不能交，这已是反复证明了的。（按犯罪学理论稍展开作了讲解）所以，朋友一定要选择。这五点，我再重复一遍，学习，要继续学；要学一门技能，生存技能；要思考做人道理；要明确是非观念；还有（笔者一时停顿）……

张：（接上笔者的话）交朋友。

邵：对，交朋友，要选择。看来你记牢了，很好。希望你做到，这对你一生都有益的。

好，今天就谈到这。

分析：张××的故意杀人罪错，由于他不愿意再回忆，因此没能弄清楚是怎么一回事。谈话前也没有阅读他的劳教决定书，因而在谈话中没有能够去探讨他的犯罪原因。由于自己谈话活动开展以来一直得到谈话对象的较好配合，这次谈话出现不愿谈的情况，有点出乎意料。所以在谈话中主要围绕家庭教育、学校教育，以及张××成长过程来组织，并根据谈话中得到的信息，以及针对张××的年龄特征就文化技能学习、是非观念与做人道理以及交友等五个方面作了指导。

25. 不是坐牢，就是残废

——Z 省未成年劳教所谈话记录之二

谈话时间：2011 年 7 月 13 日，12：04—13：14。
谈话地点：Z 省未成年劳教所劳动车间民警办公室。
谈话对象：李 × ×，男，浙江人，1994 年出生，罪错：寻衅滋事，劳教期 2 年。
陪同谈话警官：陈警官，女，教育改造科民警。

管教警官带李 × × 到办公室，笔者请他坐下。

邵：来，坐这儿（指指办公桌右边的椅子）。你们中午午休的，打扰你休息，不好意思。

李：没事的，我就在那儿靠靠，反正也睡不着的。

邵：你叫什么名字？

李：李 × ×。

邵：什么地方人？

李：浙江 × × 地方的。

邵：浙江 × × 地方？ × × 地区的？

李：是的。

邵：是 × × 县城里，还是农村，或镇里的？

李：是城里的。

邵：你今年几岁？

李：18 岁。

邵：18 岁，那是哪年出生呢？

李：1994 年 × 月 × 日。

邵：1994 年，那应当是 17 岁吧。你犯什么罪错？

李：寻衅滋事。

邵：劳教期多少呢？

李：2 年。

邵：什么时候进来的？

李：2009 年 12 月 × 日。

邵：2009 年 12 月，那到目前你减了多少时间？

李：到目前减了 2 个月，快 2 个月。

邵：还剩多少时间？

李：剩 3 个月。

邵：那剩下不多时间了。你犯寻衅滋事，怎么一回事，愿意说说吗？

李：是我们这一帮与另外一帮打架，把对方打伤，打成轻伤。

邵：你们一帮，有多少人？

李：二三十个。

邵：二三十个，那最大的几岁？

李：最大的有 20 岁吧。

邵：最小的呢？

李：最小的十四五岁。

邵：你当时十六七岁，在中间。

李：是的。

邵：你读书读到什么程度？

李：初中二年级，初二下半学期读了 5 天，不想读了，就回来了。

邵：初二上学期读完的？

李：是的。

邵：初二下不想读了，是自己不想读书了？

李：是的。不要读书的。当时母亲把我送到外地一个学校去读书。我读了 5 天，就回家来了。不要读了。后来就去办了退学手续。

邵：你不要读书，父母是怎么处理的？

李：父母看我不要读书，也没办法。是母亲和我一起去办的退学手续。

邵：你不读书，退学，老师怎么处理？

李：老师啊，我在那个学校就读了 5 天。我是转学过去的。

邵：为什么初二换一个学校呢？

李：父母说，再这样下去，跟那帮人混在一起，人要废掉了。

邵：一帮人混在一起？有几个？

李：有好几个，四五个，五六个。

邵：你是否早恋了？

李：（不好意思地，扭开了头）是的，早恋了，不想读书的。

邵：你读书成绩怎样？比如初一。

李：初一还好的。

邵：还好的，如一个班 30 个人，你在中间 10—20 名，还是 10 名以内？

李：10—20 名，中间。

邵：小学呢？

李：小学三年级前还好的，三年级后不好了。

邵：为什么呢？

李：小学三年级后玩游戏去了，不想读书了。

邵：那中学又好起来了？

李：是的。升上中学，我想要好好读书了，初一成绩就上来了。

邵： 可惜谈恋爱去了。那一帮人在一起，你们是固定一对一对，还是今天跟这个是女朋友，明天跟另外一个？

李： 那是固定的，一对一对的。

邵： 一对一对，大家在一起去玩？

李： 是的。

邵： 你父母什么文化程度？

李： 母亲是高中毕业。

邵： 父亲呢？

李： 父亲啊，不清楚。

邵： 你父母在一起的吗？

李： 在的，但父亲出国去了。

邵： 父亲出国到什么地方？

李： 西班牙。

邵： 什么时候？

李： 我小学五年级的时候。

邵： 你父母教育你的方式，是打骂的，还是放任不管，还是你要什么给什么，溺爱的，或者是跟你商量的？

李： 父亲是打的，犯了错要打的。母亲是我要什么给什么，是溺爱的吧。

邵： 那你犯了错误，母亲怎么教育？

李： 母亲一开始还骂的，后来我不听，她也没办法，就不管了。

邵： 你父母对你的教育方式有问题。你父亲出国，到西班牙，做什么呢？

李： 做生意。

邵： 是开餐馆，还是开超市？

李： 开酒吧、咖啡厅什么的。

邵：常回来看你们吗？

李：二三年回来一次。

邵：有寄钱给你妈妈吗？

李：这个不知道。

邵：你初中二年级后不读书了，做什么去了呢？

李：就是玩，后来加入帮派去了。

邵：加入帮派，你家里人知道吗？比如妈妈。

李：知道的。

邵：爷爷奶奶呢？

李：也知道的。

邵：其他亲戚呢？

李：叔叔、伯伯、舅舅、舅妈、阿姨等都知道的。

邵：知道了怎么说？

李：妈妈一开始不知道，知道后骂了几次。我不听，后来也哭着劝我，但没听的。

邵：亲戚有劝的吗？

李：我舅妈就跟我说了，你再这样下去，不是坐牢，就是残废！

邵：是啊，大人们都看得很清楚，妈妈更是担心你，怕你出事。你在帮派里，做些什么呢？

李：就是放放高利贷，去要要钱，然后就是大家聚聚，上网玩游戏。

邵：放高利贷？哪来的钱？

李：年纪大的，他们出的钱。

邵：年纪大的？你说最大的就20岁，他们哪来的钱？

李：这个不清楚，大概什么朋友给的吧。然后他们交给我们，由我们去放高利贷。

邵：他们不去的，就你们年纪小的人去？

李：是的，都是我们，或者十四五岁的人去放（高利贷）。

邵：那你平时生活，钱哪里来？母亲给么？

李：一开始给的，我要什么给什么。后来知道了，老说我，我也不回去了，就在外面过。

邵：在外面住，不回家，那住什么地方？

李：住宾馆。

邵：住宾馆要钱啊！钱哪里来？

李：我跟那个 20 岁的人住一起，住一间，他付的钱。

邵：你们去放高利贷，你一个月收入有多少？或说半年，一年？

李：一个月收入？这个说不清楚，一年收入也说不清楚。放高利贷是这样的，如借给他一万，手续费 500 块，然后借一天 500 块，这个给他时就收掉了。如果第二天不还，再要 500 块。这样下去，到还本金为止。

邵：这 500 块钱都给你吗？

李：这个不是的，是去的几个人分的。有时 500 块，有时我只分到一点。

邵：那这些钱，有给父母，爷爷、奶奶一点吗？

李：给父母（有点意外的表情）？没有的，我自己全花光了。

邵：这个不对。我们说小孩挣到钱，要懂得孝敬父母。我跟我的学生说，上班工作后挣的第一个月的钱，留下生活费后，要给父母，或给父母买点东西。父母养你，要花很多心血，还要花很多钱。我记得上海有个调查，指的是上海人，从出生养到 18 岁，最少 18 万，平均 45 万，多的要 180 万。当然这是上海情况，也就是说，养到 18 岁，最少 18 万，一年一万。作为子女，要有孝心，要懂得孝敬长辈。当然，你这个钱，来得也不正，要正当收入。

你们帮派之间，冲突起来有相互打的吗？

李：有的。城里有四五个帮派，我们这一个跟其中一个帮派有冲突。

邵：其他（帮派）没冲突的。

李：是的，与其他帮派之间没冲突。我们这两个帮派之间相互要打的。

邵：是放高利贷或其他什么发生后冲突吗？

李：不仅仅是这样，相互看到就要打的。我们看到他们的人要打，他们也一样。

邵：你们打起来，用棍、刀吗？

李：对，一般是棍、刀。

邵：刀有多长？

李：有这么长（李××比划着有近60公分）。

邵：这么长，那一刀砍下去，头破手断了！

李：是的，手砍掉都有的。他们有一个人被打成了植物人。

邵：你受伤过吗？

李：我受过轻伤。

邵：看来是对的，这样冲突、斗殴，是要残废为止，而且打得严重了，必然要有人被抓、判刑。刀这么长，是管制刀具，怎么携带呢？特别是夏天，衣服这么少。

李：夏天贴身带，看不见。没刀不行的，要带的，否则自己吃亏。

邵：你有女朋友吗？

李：（有点不好意思的样子）有的。

邵：有一个，还是有多个？

李：谈朋友是一个，不过谈了很多个。

邵：那最长的一个在一起多长时间？

李：最长的两个月吧。

邵：住在一起吗？

李：（有点不好意思的样子）这个，住一起的。不过也不是每天住在一起的。

邵：那有发生性行为吗？

李：这个……有的。

邵：有的人，如小学，我们说会有不良行为，如抽烟，你抽吗？

李：抽烟抽的。

邵：小学吗？

李：小学抽的。

邵：抽多少呢？一天 5 支？

李：一天抽一两包，不过大家一起玩玩的。

邵：大家你一支我一支递来递去吧。中学也抽吗？

李：中学也抽。

邵：第二个，考试作弊。

李：考试作弊有的。

邵：第三个，撒谎，经常撒谎。

李：这个有的。

邵：还有上网，通宵上网。

李：上网有的，通宵上网没有的。

邵：打架，这个应该有的。

李：是的，打架有的。

邵：还有早期性行为。

李：这个，小学时没有，中学有。

邵：赌博呢？

李：有的。

邵：还有多次逃学。

李：有的。

邵：喝酒，酗酒。

李：这个没有，酒不喝的。

邵：欺负同学或低年级同学。

李：这个也有的。

邵：离家出走呢？

李：小学没有的，中学后就离家出走了。

邵：破坏公物呢？

李：有的。

邵：还有吸毒。

李：吸毒没有的，我不会去吸毒。

邵：看来，你早年这个不良行为，真是不少啊！你在这儿，爸爸出国来不了，妈妈来看你吗？

李：来看的。

邵：其他人呢？爷爷奶奶呢？

李：爷爷奶奶年纪大了，没来看过，他们坐不了车。叔叔、舅妈，其他亲戚来看的。现在是舅妈来看，因为妈妈出国去了。

邵：妈妈出国去了，西班牙吗？

李：是的。本来我也出国去了，手续都办好了，但给抓起来了。

邵：你妈妈什么时候出国的？

李：本来一起出国的，后来我去不了，就我妈先去了。她是2010年×月出去的吧。我这儿出去，也要出国去的。

邵：出国也好的，这样离开了那个环境。

李××，有这么几点，我想跟你说，一个呢，是非观念，我看你的是非观念是颠倒的。什么是对的，什么是错的，不清楚。你呢，打打杀杀，放高利贷，过帮派生活，都觉得没什么错。这些行为，都是不对的。是不是？什么是“非”呢？（对是非观念作了讲解）你今后到国外去，仍然是这样一个判断是非的标准。

国外，发达国家，文明程度更高，在这些方面会更多得到体现。我今天跟你说的也是有用的。我再次跟你说，你以往的生活、以往的行为，是错误的，是非颠倒的。这一点你要认真去反思一下。你在这儿还有3个月，这段时间希望你好好反思一下这个问题。二是你还有3个月就解教了。你回到老家去，那些朋友还在吧。我们可以称之为“狐朋狗友”，他们一定会找上门来，而且你劳教所待过了，“里面”待过了，会认为你更了不起，更看重你。你自己一定要头脑清楚。如果找上门来，你不善于拒绝，又走到一起，那你必然还是会犯罪。他们找过来，你能拒绝交往吗？

李：这个难拒绝的。

邵：是啊。直截了当地拒绝可能做不到，可以婉转地拒绝，如我爷爷年纪大了，要我去办什么事；我妈妈从国外打电话来了，要去接，约好的，等等。采取一些办法拒绝掉。否则，你还是会回到那帮朋友中去。当然，你可能马上出国去了。

第三，做人，我们说要有人生目标。你这方面没考虑，过一天算一天。“我今后要成为什么样的人”你没有考虑。这是一个人，作为人应当、必须考虑的。自己要成为什么样的人，然后为此努力，人应当是这样的。

还有，说到人，人有自然性一面，如吃饭、喝水、睡觉，这个动物也需要的，叫人的自然性一面。但人作为人，还有社会性一面，就是人要承担一定的社会角色，要与人交往，要懂得交往规则。如果人只追求自然性一面，那跟动物没什么差别，那就不叫人啦。（对什么是社会化与如何社会化作了讲解）你到国外，开店做生意，这也是一个技能，要学习。一无所长，靠打打杀杀，不算谋生技能。还有规范，就是做人的规矩，要遵守，不能突破。做人要有底线，这个底线是什么呢？

李：道德。

邵：做人的底线有两条，一条是道德，更重要的一条底线，是法律。道德，不遵守，那要受到社会的谴责。比如，你交女朋友，这个交交，那个交交，这个交往着，对另一个又去交往，不负责任，这个违反了道德，要受到周围人的谴责。但是，还有一个底线，这是“高压线”，就是法律。法律违反了，那要受到惩罚。你这次就是违反了法律，所以受到了处罚，被限制了自由。这个是更严重的，是国家机器、国家强制力在保障实施的。这个你头脑要清楚，人不能违反法律。

还有就是社会角色。每个人在社会上都要承担一定的角色，角色有角色的要求。比如，你是儿子，就要有儿子的样子，按照中国传统美德，要孝敬父母，尊敬长辈。等父母老了，你要赡养他们。作为学生，要尊敬师长，团结同学，等等。《弟子规》你们学吗?

李：学的。

邵：对，《弟子规》上这些都有规定。它要求我们，什么样的角色就要按角色的要求去做。违反了，就不对了。比如，儿子不像儿子，那我们就说“不像话”，或说这个人没教养。我想你以前的行为，可能有这种情况。是什么样的角色就说什么样的话，做什么样的行为。所以，知识、技能、规范、社会角色，要一样一样都学起来、掌握起来。这些，可能以前都没人跟你说过。

李：是的。

邵：所以，很可惜啊。这么好一个小伙子，走了歪路。一定要认真去反思，特别是你不读书后在社会上的那些行为，是错误的，颠倒的。认真反思，建立是非观念，明白做人道理，学习知识、技能与规范，做一个社会有用的人。

好，今天就谈到这。

李：谢谢警官。

分析：李××的犯罪，与不良的家庭教育有很大关系。父亲的教育方式是打骂式的，而母亲是溺爱式的，两种不良的家庭教养方式结合到一起，对子女成长的不良影响是显而易见的。特别是在小孩青春期，父亲出国不能进行有效的教育，而母亲却是溺爱式的养育，对子女的人生指导极为缺乏，致使小孩与帮派人员生活在一起，走上了“不是残废，就是坐牢”的路子。因而，在儿童成长过程中，社会化内容，部分是家庭的职责，部分是学校与社会的职责，特别是学校教育，对儿童的健康成长是负有重大责任的。

李××也可以说是一个违法犯罪人员中的典型案例，如果接下来没有得到良好的指导与教育，继续犯罪的可能性是非常大的。虽然他即将出国，但是这样的一个思想认识与认知方式的人，到国外后继续违法犯罪亦是同样可能的。矫正机构有教育的责任，希望他的父母能够从中吸取经验教训，承担起教育子女的重任。

26. 我拿人家东西拿惯了
——Z省J劳教所谈话记录

谈话时间：2011年9月8日，9：35—10：35。
谈话地点：Z省J劳教所心理咨询室。
谈话对象：李××，女，1985年5月出生，浙江人，盗窃，劳教期1年3个月。

劳教所民警告诉笔者，有两名劳教人员，一名脱逃未遂，一名有自杀念头（有自杀念头的劳教人员因考虑到保护来访者的权益不在书中呈现），希望前去给予心理干预。

管教民警带两名劳教人员前来咨询，问笔者是两人一起咨询还是一个一个来。笔者说：一个一个来。女警官就安排李××先咨询。安排好后警官离开心理咨询室。

李××走到咨询室门口，喊报告。笔者从咨询室内走到咨询室门口。

邵：进来，进来。（笔者一边说，一边往咨询室里边走）来，你坐这儿。（指指办公桌边彩色塑料的新椅子，李××犹豫着不敢坐的样子）你坐这儿好啦，没事，坐这儿。（再指指椅子，李××坐下，笔者走到办公桌另一边的椅子坐下，从放在地上的背包里拿出笔记本和笔）你叫什么名字？

李：李××。（笔者在笔记本上记下名字）

邵：哪年出生？

李：1985年5月。（笔者自然地朝她胸牌看去，上面写的出生年月是 1985 年 6 月 × 日）这牌子上是不对的，我实际上是 1985 年 5 月出生，不是 6 月。

邵：哦，1985 年 5 月（在笔记本上记下），什么地方人？

李：H 市 × × 地方。

邵：哦，你是 H 市人。

李：是的，H 市的。

邵：你劳教期多长？

李：1 年 3 个月。

（来咨询前，劳教所民警跟笔者介绍的是一名早年受到家人性侵犯有自杀意念的劳教人员，1985 年出生。一开始笔者认为就是这名劳教人员，因为也是 1985 年出生。但交流到目前，对方对答如流，说话意愿强烈，表情轻松自然，笔者开始认识到这不是那名劳教人员）

邵：那你以什么罪错进来的？

李：你是说犯的罪？我是盗窃。

邵：盗窃，怎么一回事，愿意说说吗？

李：喏，是这么回事：我老公么是在外打工的，做打桩机的，他比我大 10 岁，1975 年的。他给我 400 块钱，给小孩去交培训班的钱。我小孩今年 10 岁，语文课，其他课都很好的，但数学课不好，上次考试考了 3 分。（说到 3 分，声音低了很多，刚刚能听到）这样就想给他找个人辅导，找大学生办的班去辅导辅导。结果我拿了这 400 块钱，你也知道，女人总要买买化妆品什么的（她用手在脸上摸了摸），给我用掉了。用掉了么，我就想去找人借，就到外村一个亲戚家去借。结果那天去了，亲戚不在，没人。在回来的路上，遇到一个老爷爷，也是认识的，我就骗他。我说：某某爷爷，我老公到外地打工去了，电费明天要交了，我身上没钱，借我 100 块钱吧，我老公过几天寄给我钱时我再还你。老爷爷摸了摸口袋，也没有钱，就说：你跟我回家，我家老太婆有钱的。我就跟他去了。到他家，老婆婆不在，就叫我等一下，大概买菜去了，一会儿就会回来的。等了一会，老太太回来了，老爷爷说要她借100块钱给我，交电费。老太太摸摸口袋，全部钱拿出来只有30多块钱，就说：她媳妇有钱，等会吃中饭吧，等媳妇回来就有钱了。到了中午，媳妇回来了。她拿了十字绣的东西，跟我说，她去拿了这个活干，但不太会做。我会做十字绣的，就说：这个我会，我教你。就到她房间去了。到了房间，说了一会话，当要拿十字绣时，发现十字绣材料没拿上来，放在摩托车后面的箱子里没拿。她就下去拿了，随手把手提包扔在了床上。包往床上这么一放，包里面滑出一个小钱包，这么大（李××用手比划着钱包的大小、形状）。我就拿起钱包，拉开一看，里面有120块钱。我就拿了100块，然后拉好，把钱包放回到床上去了，心里还是紧张的。她回来后，我这个人也真笨，向她借钱，借100块钱。她说没钱，剩下的一点钱，今天老公生日，要给他买生日蛋糕的。她拿出钱包给我看，结果一看少了100。她说怎么少了钱。我说是否掉在什么地方了。她说包拉得好好的，怎么会掉呢？我说，要么你前面出去时用掉了。她说，没有的，我记得剩120块钱，给老公过生日用的。这样说了一会，我就走了。到家后，过了一阵子，大概1个多小时，派出所民警来了。他一开始在大门外面喊，我没听见。后来到我房间窗户下喊，我听到给他开门（H市农村，一家一户常常是一幢几层小楼，非多层或高层住宅）。他问我是否拿了人家钱。民警一问，我想不能骗的，就说拿了她100块钱。民警就叫我到派出所说说清楚。这样就进来了。

邵：你就拿了100元?! 按我们东部地区的规定，派出所立案侦查，要800元。800元以下不立案侦查。不过，超过800元，你要刑拘了。

李：我那两天还拿过小店二三百块钱，加起来有四五百。我前面判过一次刑。

邵：判过刑，什么罪？

李：盗窃罪。

邵：多少年？

李：6个月。

邵：什么时候？

李：前年判的，判了6个月。

邵：前面盗窃判了刑，怎么一回事，愿意说说吗？

李：我这个人，小时候是外婆外公带的，他们很溺爱我的。从小，四五岁时就养成了一个坏习惯，随便拿人家东西的。长大了也不懂的，也觉得自己没有就去拿人家东西，拿人家东西拿惯了。是这样，我儿子上学，不是人家都用摩托车送的么，我也想（这样）。看到一辆摩托车停着，没有人，就拉走了。拉到开锁的地方，就跟师傅说，我钥匙放口袋里掉了，叫他帮我开一下锁，重新配一把锁。骑了几天，让车主看到了，他不是认识自己车的么，就拦下我，然后送到派出所去了。

邵：你是外婆外公养大的？

李：是的。我爸爸想要个儿子，我妈妈不想的。我生下来7个月，我妈又怀上了。我有个亲戚会搭脉的，搭了知道是男是女，一搭是男的。我爸就更要这个小孩了。这样我外婆就说，小囡（当地对小孩的一种称呼）我来带好啦，我要的。我就给外婆带了。外婆对我很好的，自己小孩不管，一天到晚抱着我，出去干活也把我背在背上，很溺爱我的。她自己的小孩都有意见了。

邵：你外婆的溺爱，造成你是非观念不清，人家东西不能随便拿也不知道，可害了你了。

李：是的，从小拿习惯了。

邵：你读书到什么程度？

李： 就读了一年级，我这个人不要读书的。

邵： 一年级读完，二年级不读了？

李： 是的。

邵： 你不要读书就不读了？

李： 是的，他们很宠的。

邵： 你父母什么文化程度？

李： 我母亲没什么文化的，父亲初中毕业。

邵： 你给外婆带，父母也没什么教你了？

李： 是的。

图2　邵教授与李××谈话

邵： 你说前年判刑6个月，今年又去偷了。这是累犯，知道吗？法律上规定，判处有期徒刑，5年内又故意犯罪的，是累犯，应当从重处罚。你前面犯过罪，才3年，是累犯啊，要从重处罚的。（李××认真地听着，表现出不懂这些知识、这些法律规定，表情显示她感到有点意外的样子）

李： 这个我不知道的。

邵：是啊，你是非观念不清，法律又不懂，你日子过得糊涂。是人家的东西，不能拿，这个总应该清楚的。

李：这个知道的，现在知道的。

邵：那你来劳教所多长时间了？

李：20 多天吧。

邵：20 多天，那是哪天来的？

李：8 月 × 日。

邵：8 月 × 日，那到今天快一个月了。你劳教期从哪一天到哪一天？

李：这个……

邵：你哪一天被拘留的？劳教期应是从拘留那天算起。

李：7 月 × 日。派出所民警把我叫去，后来就送我到 × × 拘留所了。我没想到会劳教的。派出所民警说，就拘留 15 天的。后来就送来劳教了。那里的某某警官说，李 × ×，你又进来了，我不是跟你说过，人家的东西不能拿的吗？怎么又去拿了！

邵：是啊！人家的东西不能拿，这个你可一定要记住了。我觉得吧，你这个人是非观念不清。什么是"非"呢？损害他人利益的就是"非"。你拿了人家东西，拿人家摩托车，他利益当然受到损害，这就是"非"，是不对的。你可一定要记牢这一点：不能损害他人利益。这个容易分清的。

李：（点点头）

邵：我看你这个人挺聪明的，事情也弄得明白，什么事好做，什么事不好做，应该是清楚的。

李：警官（笔者咨询时穿了警服），我跟你说，我在这儿，有一个警官对我很凶的。我跟这儿的劳教说了，她说，不要说，没好处的，但跟你说说不要紧吧。她罚我下蹲，我脚腿都麻了、酸了，她叫我不要站起来，要继续蹲……（李 × × 说了许多有关这名警官如何惩罚她的话）

邵：警官惩罚你，总有原因吧，为什么呢？

李：我背不出来劳教人员行为规范。喏，就是这个东西。（李××从口袋里拿出一叠纸，上面抄着“八荣八耻”以及劳教人员行为规范，笔者翻开各页都看了看）

邵：是你抄写的吗？

李：不是的，是其他劳教抄的。

邵：上面的字都认识吗？

李：有的不认识，问问人家。

邵：你小学一年级，能看得懂报纸吗？

李：看不来的。

邵：行为规范总是要清楚的。我觉得吧，你这个人在社会上，在家里可能也不做什么事，靠老公养你，到监狱、劳教所来，倒是应吃点苦。不是说要接受身体惩罚什么的，而是说要过过规律的生活，努力做事，靠自己双手劳动创造财富的日子，而不是只知道享受。你看，给儿子上培训班的钱，你都花花掉，看来确实有时过分追求享受……

李：警官，我跟你说，我太想我儿子，所以前些天跑过一次。也没跑出去，就是躲起来找不着我。后来她们关我禁闭。在禁闭室，我想想跑又跑不出去，儿子又看不到，就想死了算了，想自杀，就把头往墙上撞。现在这个地方（李××撩起刘海，露出额头，用手摸摸额头）还疼的。禁闭室有监控的吧，那天又是那个警官值班，也大概看到我用头撞墙，所以中饭就没送来，到晚饭才送来点吃的，就是一块这么大的饭团（李××用手比划着多大的一块饭团），光带了饭团，没有菜，也没有调羹，就叫我吃，然后……（李××说了许多该警官如何批评她、教训她，甚至有点儿虐待她的情节。对此，笔者作为心理咨询师，认真倾听，让她倾诉。但是，从事实与现实情况分析，李××的话不可信。因为中国的劳教所对防自杀是极为重视的，今天专门请笔者前来对两名劳教人员进行心理干预就是一个明证。按李××的话，她上午在禁闭室欲自杀，警官在监控室发现此行为没有过问，直到晚饭时才来教育她，这是不可能的。首先，监控室一般是两人以上值班；其次，防脱逃、防自杀是监狱、劳教民警两件最为重要的事情，中国的监狱、劳教所提出了“零指标”，即不逃一个人、不死一个人。监狱、劳教所逃了人，死了人，是要彻查的，对责任民警的处罚，对监狱、劳教所领导的处理都是非常严厉的。目前在中国哪个省，在整个国家，对这两件事谁都不敢马虎。笔者作为一名在浙江司法行政系统工作了二十多年的工作人员，对这一点是非常清楚的。同时，对中国监狱、劳教系统不问理由追究警察在脱逃、自杀等事件中的责任，重视组织违法犯罪人员劳动改造，相对忽视教育矫正工作，对此是持有保留意见的。因此，李××在禁闭室表现出自杀行为，据她讲，警官送晚饭时也指出那时她的行为是想自杀，表明警官判断出其行为是自杀，然而却没有即时来处置，让她自杀，这是不可能的事件）

邵：你想逃跑，还这么去做了，这是劳教所最忌讳的。逃跑不成，关禁闭，又想自杀，这又是劳教所民警最忌讳的。因为不逃不死，是上级对她们的基本要求，如果逃成功了，或死了劳教人员，她们要受处理的……

李：要脱警服的。

邵：是啊，有的要脱警服，开除，甚至判刑。这个你是在砸她们的饭碗，那怎么能不影响民警的情绪呢?！发生这样的事，劳教所领导肯定要批评管理你的民警甚至她们的领导、大队的领导。你想想，你站到民警角度想想，她们会是怎么样的心情，怎么样的感受？当然，不是说民警因为这样可以体罚你，虐待你。如果有这样的行为，有这种情况，这是不对的。我也会跟这儿的队长、警官指出来。

李：我跑吧，主要是想儿子，想早点出去。我听这儿的一个劳教讲，可以保外就医，给队长（警官）点钱，好像400块……

邵：400块，给你办保外就医？

李：哦，哦，不是400，是4000？

邵：4000块，一个处级干部一个月工资吧全部加起来有6000来块，4000块，一个月工资不到。

李：要么4万。

邵：4万，半年工资不到，给你违规办事，不可能吧？拿你半年工资不到的钱，查出来开除、判刑，不可能吧。照我的理解，这样的事民警不会做的。

李：我儿子10岁，一直我带的，我就是想他。你的手机可以给我打一下吗？（她看到笔者把一部手机放在桌子上）我要我妈妈给我寄一张照片来，儿子的照片。我在这儿，接见停止了，信也不能写。

邵：你逃跑，又要自杀，当然要受到处罚。停止接见，以及通信，要你好好反省。你要认真去思考一下自己的行为，真的。我的手机吧，是打不了外面的电话的。这是工作机，可能就是防止民警借给服刑人员、劳教人员打电话而设置的。你看，就6个号码（笔者展示给她看），是民警相互之间打打的，与外界不通。

李：那这儿电话能不能打（李××指指桌子上电话）？

邵：我是临时来这儿做咨询的，我也不知道好不好打。不过，我估计也打不了，劳教所肯定控制起来的。

李：那你能不能给我打个电话？我就是要一张儿子的照片，哦，全家的照片，叫儿子在照片背面写上：妈妈，我爱你。我儿子写字很会写的（意思指字写得好）。

邵：我在另外一个劳教所碰到过一名男劳教人员，他也想打电话，不过是我主动向他要的。谈完后我也跟劳教所领导讲了，他们没表示不同意见，后来我给他父母打了电话。你这个情况，我也是要跟所里讲的。你可以把电话号码先给我。（笔者把笔记本和笔递给她）

李：好的。（李××一边写一边说）这是村妇女主任的电话，你打给她，叫她告诉你我妈妈的电话，你再帮我打电话给我妈妈，要她寄一张全家福的照片给我，照片背面叫我儿子写上：妈妈我爱你。（李××写下电话，反复核实。笔者说11位号码，应该对的。当写到妇女主任的名字中的“美”时，不会写，写错了。笔者说，知道，知道，没关系的，是“美”字）

邵：好的。不过，我肯定要向（劳教）所里先汇报一下，与她们沟通后再决定怎么样打。

李：（李××脸上稍显失望，但还是热情地说）那谢谢你！可不要忘了给我（去）打电话。

邵：李××，你这么关心你的孩子，那你应当做好来呀！我跟你说，我是学儿童心理学的，小孩子12岁以前受母亲影响是很大的。你儿子10岁，你的影响对他来说很大，你要做好来呀！

李：给他做好榜样。

邵：是啊，你要成为小孩的好榜样呀！言传身教，这个你总懂的吧。你很聪明，你脑子不笨，怎么做应当清楚。怎么老去偷，这会给孩子什么样的影响？你去偷东西，小孩子学你的样，也去偷，犯事，违法犯罪，也进来，你怎么想？你不伤心难过？

李：也跟着偷，跟着违法犯罪，这害了他。

邵：是啊。你不为自己想，也为小孩想想。小孩子一辈子要毁在你手里了。这个你愿意看到么？所以，我跟你说，你真的要认真反思自己的行为，建立正确的是非观念，不要再偷人家东西，再违法犯罪。同时，你也想想你父母。

李：父母亲么总是关心的，不管犯多大的错，总是他们的孩子。

邵：是的，父母是宽容的，但是你犯罪，你进监狱，来劳教，难道他们心里高兴？他们心里肯定很难受。说你不争气，心里很苦很苦。我们做子女的，应当为父母着想着想。

李：是的，父母一直是关心我的。虽然我常让他们生气。我结婚也是一样，他们坚决反对，但我自己愿意，就结了。

邵：你结婚时才16岁吧。

李：是的，很小的，父母坚决不同意的。我丈夫大我10岁，又没什么工作，是个打工的。但我自己看上了，就结了。

邵：16岁，也不太懂事的时候，外婆溺爱，更以自我为中心，不顾人家的感受。

李：我这次犯罪，本来说关15天的，后来劳教了，我也没带什么衣服，又没钱。我就向看守所警官要电话打，要家人给我寄钱寄衣服来。妈妈没电话，打给我老公，他在外地打工，接到电话，他听到我又偷了，就说：叫你不要偷，上次还没吸取教训啊，怎么又去偷了！就把电话挂了，不接了。

邵：你丈夫生气了，你不争气，不改正。

李：我就打给我一个堂哥，他给我买了两套衣服来。我再给打电话，他也不接了。打给另外一个表哥，他给我汇了300块钱来。

邵：这样问题总算暂时解决了。

李：后来我叫我爸爸给我汇点钱，他给了我钱了。

邵：父母是宽容的，所以你不能辜负父母的一片心哪！你现在不允许接见，停止写信，这是你自己造成的。你逃跑，当然要接受惩罚。所以，李××，你可以跟队长说，我今天跟邵老师谈了以后，我知道错了，我决心改，不会再跑了，也不会去自杀……

李：跑是不会再跑了。

邵：这个对的，不能再想逃跑。其实你也跑不出去，四周这么高的围墙，你不要有这个念头。你跟警官、管理你的警官要表这个态，而且要说：看你的实际行动。你在行为上也要表现出来，真正地改了。我想，警官会看在眼里的，我也会跟她们交流一下，说你愿意改正。当然，很重要的一件事，是你需要去思考什么是对的，什么是错的，是非观念要弄清楚，是非观念要建立起来，不能再去偷人家的东西，拿人家的东西。要为你父母、为孩子想想，特别是孩子，还要靠你去教育，要你作个好榜样。

好，时间关系，还有另外一位学员等着，我们今天就谈到这。

（两名劳教人员咨询结束后，笔者与管教民警作了深入交流。笔者跟她们说了李××要笔者打电话的事。管教民警说，劳教所里有亲情电话，到时她们给她安排打一个。同时，管教民警告诉笔者，因李××脱逃，劳教所正申报加期3个月，尚未批下来）

分析：李××的犯罪主要是由于早年不良的家庭教养方式——溺爱型家庭教育造成的；而且因为家庭溺爱，当李××读完小学一年级不愿读书时，家人竟也同意了她的意愿。这使得纠正不良家庭教育方式造成的思想上的不良后果希望在学校教育中得到弥补的途径也丧失，并且进一步地认知能力亦不能得以提升，人格的完善受到阻碍。

由于缺乏良好的家庭、学校教育，李××形成了随意拿他人东西的不良行为方式。而且一而再地犯罪，也没有从惩罚中吸取教训，具有较深的恶习与错误的思维方式。因此，在清晰这些犯罪心理与行为的基础上，进行了针对性的矫正性指导，即强化最基本的是非观念，建立法制意识，承担起对家人的责任感，特别是做到作为一个母亲必须给孩子树立榜样作用，不能再辜负家人、民警对其的关爱、关心与教育之情，并希望能够在劳教期内安心改造。

李××在一小时的心理咨询后作出了一定的承诺，基本实现心理干预之目的。

27. 我的性格有缺陷
——P 县公安局看守所谈话记录之一

谈话时间：2011 年 11 月 17 日，9：35—10：31。
谈话地点：P 县公安局看守所民警办公室。
谈话对象：许××，男，1991 年×月出生，云南人，故意伤害罪，判刑 11 个月。

看守所领导带笔者到监房民警办公室，问笔者需要什么样的人谈话，笔者说各种类型的服刑人员都可以。她出去安排服刑人员，笔者在办公室里找了一把椅子，布置好谈话双方的坐椅。这次谈话笔者穿警服，以方便进出看守所。

许××到办公室门口，喊报告。

邵：进来！来，来，你坐这儿（指指椅子）。（许××依言坐下）你不要紧张，我们随意聊聊。你叫什么名字？

许：许××。（笔者拿出笔记本，记下名字）

邵：哪年出生？多少岁了？

许：1991 年出生的。

邵：1991 年，几月呢？

许：1991 年×月。

邵：（记下月份）1991 年×月，到现在 20 岁多了。那你是什么地方人？

许：云南××市××县××村人。

邵：云南的？哦，云南××市。（一边说一边记，一下子想

不出市的地名）

许：云南××市（许××重复了一遍，再重复一次，笔者还是想不起怎么写）。

邵：哦，云南的，云南人，这就行了，就写云南吧。你什么罪名呢？

许：故意伤害罪。

邵：故意伤害（笔者记下）。那判多少年，多少时间？

许：11 个月。

邵：11 个月。（又记下，然后把笔记本推到桌子一边，不再记录）故意伤害，是你一个人，还是几个人？

许：两个人一起做的。

邵：两个人，那他怎么样？判了几年？

许：同案犯判了 6 个月，已经出去了（刑满释放了）。

邵：哦，6 个月。那他多大了？

许：他比我小两岁。

邵：哦，小两岁，那 18 岁。你们犯故意伤害罪，怎么一回事，能说说吗？

许：是这样，我的同案犯，是我弟弟的同学，也是我朋友，他跟他的朋友有冲突，受欺负了。有一天，在路上遇到，又吵起来，就打起来了。

邵：（听后没弄明白，就一个问题一个问题地问）同案犯是你朋友吗？

许：是的，我朋友挺多的。

邵：又是你弟弟的同学？

许：是的，又是我朋友。

邵：你们路上遇到冲突起来，你们把对方打了，打伤了？

许：是的，打成了轻伤。

邵：对方轻伤，你们有受伤吗？

许：我们没有。

邵：对方年龄多大？

许：对方年龄？大概十八九岁吧。

邵：比你稍微小一点，与你同案犯差不多？

许：是的。

邵：那打架是什么时候？

许：打架是去年的事了。我是打后一年多才抓起来判的。

邵：一年多，你在什么地方呢？是逃到外地去了吗？

许：一开始是在××地方的，后来过了两三个月到另外××地方去了。

邵：（浙江）××地方，那是在××地方被抓的吗？

许：也不是，是从××地方回来，回这儿时被抓的。后来派出所立了案，挂网上了。

邵：网上通缉了。是查身份证时出问题了？

许：不是的，我没身份证的。我户口本上写的是女的，回老家去办了3次，都没办成。

邵：哦，户口簿登错了，办不了身份证。

许：从××地方回来，到××地方下车，下车时警察问我叫什么名字，我说叫许××。警察说，你挂网上了，就抓住了。

邵：你在这儿时，你待在什么地方呢？

许：这儿？那是待在舅舅家里的。

邵：你说与同案犯一起在路上遇到对方冲突起来。这是怎么一回事呢？

许：其实是这么一回事。我这同案犯，也是我的一个朋友，他欠我几百块钱，那天叫我去拿，我就去了。去了以后，他说有几个人跟他有冲突，叫我一起去教训一下。

邵：你就去了？

许：我想一起去看看，想劝劝他们的。

邵：你平时身上带刀什么的，有吗？

许：这个没有的，我身上不带的。

邵：那你们把对方打成轻伤，用什么打的呢？

许：在他家后门，有棍棒的。走时就拿在手上了。

邵：那还是有准备的。把对方打伤了，对方有几个人？

许：对方3人。

邵：你们呢？就两个？

许：是的。对方3人，其中一个看到打起来，就跑了。对方两个是两兄弟。

邵：把对方打伤了，是打得都是血吗？

许：不是的，是多处骨折。

邵：多处骨折，那是肋骨打断了？

许：不是的，是多处轻微骨折。

邵：打成轻伤，那医药费要你们出了。拿（出）了多少医药费？

许：两万多，快3万块钱。我与同案犯平分的。本来赔了也没事了，同案犯家里不肯赔钱，后来对方就报案、立案了。

邵：打伤了，不肯赔医药费？

许：我们家是愿意赔的。打了以后，对方找上门来。实际上两家还是亲戚，他们家的祖辈，爷爷这一辈，与我们家的爷爷这一辈，在老家云南是亲戚，但双方父母都是不认识的。我们家愿意赔医疗费，两万多，但同案家父母不肯赔。这样就谈不拢，他们就去报案了。

邵：报案、立案，然后派出所就开始抓你们了。哦，什么时候来这儿的？嗯，我是说你什么时候被抓起来的？

许：嗯，是2011年×月×日（笔者记下日期）。

邵：判11个月，那是到2012年×月。

许：到2012年×月×日释放（许××抢着说）。

邵：对，2012 年 × 月 × 日，11 个月。没有减刑吗?

许：（有点不好意思地）这次在争取。

邵：11 个月，刑期很短，也许减不了。你一开始说是云南的，云南人，是什么时候来 × × 地方的?

许：到 × × 地方，10 多年了，中间又回去过，来来回回的。

邵：那你读书读到什么时候?

许：书读到初三。

邵：初三，有毕业证吗?

许：毕业证没有的。是这样，要回到云南去考，拿毕业证。这儿读到初三上学期，初三下学期回老家去读。读了一个月，我们那边学校没这边正规，乱糟糟的，就不读了。

邵：是你自己决定不读的?

许：是的，我自己不想读了。

邵：你说乱糟糟的，是打架啊什么的，有吸毒吗?因为云南是目前我国毒品最泛滥的省份之一。

许：吸毒是没有的，打架有的。

邵：那打架之外，还有逃学什么的?

许：是的，逃学也有的。

邵：学校管理有点乱，不到位。那你读书成绩怎样?

许：读书成绩一般，在中间，10 多名的样子。

邵：10 多名的样子，那一个班比如 30 人，你在 10 至 20 名之间?

许：是的，在十七八名的样子。

邵：十七八名，中间。是一直这个样子吗?

许：都是这样子。在这儿读书都差不多，小学、中学都这样。但我到这儿读书是三年级后，三年级前是在老家读书的，那时读书很差的，我都不知道自己小学一年级、二年级、三年级读了多少回了!

邵：小学一年级、二年级、三年级读了好多次，留级啦！

许：我们老家特偏僻，100 多户人家，小学一个教室里有两个年级。期末成绩不好，老师就说在这个教室里再读一年。

邵：哦，是那种复式教学，一个教室里两个班，如一年级在教室这边，二年级在教室另一边。老师一年级教好，叫他们做作业，再去教二年级。(笔者用手比划着教学情景)

许：是的，老师教好一年级，再教二年级，但学校里没几个老师的。到小学四年级，要到外地小学去读了，那个小学老师很多的，但要走几里路。这个时候我爸爸妈妈就要我到这儿来读书了。他们在这儿待了好几年了，有四五年了。

邵：也就是你上小学，上幼儿园大班的时候他们就过来了。

许：我们（老家）那边没幼儿园，上小学吧。

邵：哦，你上小学时他们来这边。那之前（父母）在老家的。

许：是的。

邵：那（父母）来这边后，谁管你呢？爷爷奶奶吗？

许：是的，奶奶管的，之前外婆也管过。

邵：那小学以前是爸爸妈妈管的？

许：是的。

邵：你爸爸妈妈管你的时候，小学前，7 岁前，有打骂吗？还是跟你说说道理？7 岁前，你可能也记不确切了。那外婆、奶奶管你时，有打、有骂吗？有讲讲道理的？

许：打是没有的。道理讲讲的，要好好读书啊，不要去打架啊，不要去干坏事啊。

邵：爸爸妈妈呢？他们怎样教育你，有打骂吗？

许：爸爸妈妈也不打的，也跟我们讲讲不要做坏事，要好好读书的。我爸爸读到小学三年级，我妈妈也没读什么书的。他们虽然讲不了什么道理，但要我们不去做坏事，要学好什么的。

邵：是的，父母虽然没多少文化，做人道理是懂的，怎么做人是知道的。哦，还没有问你家里情况，你有兄弟姐妹吗？

许：我还有一个哥哥，一个弟弟，两个妹妹，妹妹是领养的。

邵：一个哥哥，一个弟弟，还有领养的两个妹妹，不少啊！哥哥多大了？

许：哥哥 23 岁。

邵：比你大 3 岁。那弟弟呢？

许：弟弟 16 岁。

邵：哥哥读书到什么时候？

许：他小学未读完就不读书了。

邵：弟弟呢？

许：弟弟还在读书，读初三。

邵：16 岁，读初三。在哪里读？

许：也在这边读的。

邵：妹妹呢？几岁了？

许：一个妹妹 14 岁，在民工子弟学校读书。

邵：你说是领养的，是什么地方领养的？

许：老家那边的。我妈妈吧，生了我后就想生个女儿，结果还是一个儿子。后来就去领养了一个女儿。

邵：另一个妹妹呢？

许：另一个妹妹 4 岁？5 岁吧，四五岁吧，在老家。

邵：在老家？怎么个情况？

许：这个妹妹是这样，是我叔叔的小孩，老家叔叔的小孩。我叔叔生病死了，我婶婶是外地的，就走掉了。这样我妈妈就带过来养了。

邵：这个妹妹在老家，你父母在这边，那是你父母寄钱过去，叫你奶奶她们带？

许：是的，我爸爸妈妈寄钱过去的。

邵：你们一家人，在这边，有房子吗？还是租的？

许：租房子，是两间两层。

邵：要那么多房子。你父母做什么呢？

许：在这边做水晶。

邵：做水晶，是自己做，还是卖水晶。

许：也不是，不是做老板，就是买了台机器，做出水晶，然后卖给人家。人家收购了去。

邵：你初中后不读书，做什么去了呢？

许：就在家帮爸妈干活。

邵：在家干活，那一个月，如一个星期吧，休息几天呢？

许：一个星期，有时每天都做，有时休息一天。如果销路好，活儿多，晚上还要加班。

邵：那一个月休息很少了，有时一天，有时两三天。那一个月父母给你多少钱？给你开工资吗？

许：工资没有的，但我要用钱会给的。

邵：你用钱会给的，给多少呢？

许：给一两千元，看情况。

邵：给你的钱，你怎么花呢？

许：我朋友很多的，有时请请客，去吃饭、去坐车，我都抢着付的。

邵：哦，你说朋友很多，有多少呢？比如知心朋友，很多谈得来的朋友，可能还有一些交往多但关系不很铁的。

许：我朋友多的，而且关系都很好的，（相互关系）一样的，差不多的。

邵：这样?! 那朋友里面，有偷啊、抢啊，犯罪的吗？

许：这个？也许有的吧。但我交朋友也注意的，一般都交好的，如有稳定工作的。

邵：你交朋友还是比较注意的，有选择的，这个好。我们说，一个人，不能去交坏朋友（按犯罪学理论稍展开作了讲解）。你是云南的，云南毒品犯罪比较多，你父母这方面还好的吧。

许：我父母没犯罪的，他们老老实实做生意。我哥哥吸毒判过两年，在杭州那边。

邵：你哥哥吸毒？吸什么毒呢，你知道吗？

许：他吸毒没多久就被抓起来判了，是跟几个朋友。跟朋友在一起没几天就给抓起来了。

邵：可能是劳教两年吧。现在你哥哥怎样？还吸吗？

许：现在我哥哥在家跟爸妈一起做水晶，不吸了。

邵：不吸好。可能不是海洛因。海洛因摧毁人的意志，人一吸上可能很难戒掉。你有没有吸毒？

许：我没有的，我不吸毒。

邵：这个好，毒品不能碰。人在社会上要抵制诱惑，主要是毒品。毒品不能去碰。

许：我不会的。

邵：那就对啦。哦，我想问你一下，你有女朋友吗？

许：女朋友没有的。一起交往的朋友中有女朋友的。

邵：你是指朋友很多，交往的朋友中有男男女女的，不是恋爱的女朋友？

许：是的。我父母也跟我说的，说我这么大了，可以找个女朋友，这样可以管管我。像我舅舅，比我没大几岁，在我们老家那边，17 岁就结婚了，现在小孩都上小学啦。

邵：那你是一直没女朋友，还是谈过又吹了？

许：一直都没有谈过。我觉得谈女朋友，要自己有个稳定的工作，或者独立做生意，独立挣钱了，才去找。

邵：这个也对的，谈了女朋友，要对她负责。还有，生了小孩，对小孩也要负责。要有经济基础，如买房子什么的。

许：买房子倒没怎么想。我爸妈也支持我去开个店，如他们计划到外地开个水晶店，如杭州，我就可以去店里帮帮忙。这样自己可以做生意。我自己还想回老家去开个店，如开个服装店，我爸妈都很支持的。

邵：这个也好的。做生意吧，也是一门技术。我们说，一个人在世上生存，要有一个生存的手段，生存的技术。开店做生意也是一门技术，一个生存的手段。只是做得好，今后做大了，仍然要守法，如不要偷税漏税。再就是有了钱，不要去吸毒。你回云南去，那边毒品比较泛滥。

许：（许××很专心地听着，点点头）这个我知道的，不会的。我妈也说了，钱不要乱花，到外面也不要乱来，要做好。

邵：那一个月父母给你多少钱？

许：这个……比如一批货卖掉，会给我一两千的，然后有时就会交代一下（不要乱花钱）。

邵：那你这个钱怎么用？怎么花？

许：我吗，有时就是请朋友吃吃饭，然后就是存起来。

邵：存了多少呢？最多的时候。

许：最多存了一万多。

邵：这个好，不乱花钱。以后有钱了，还记得给大人用一点，给家里人花一点。时间关系，我想跟你说这么一些话。一个交友，你说朋友很多，这个没问题。但朋友一定要交好。我看你人生成长过来，也没多少坏品质，没有偷啊、抢啊。这次犯罪，是打架，故意伤害。这个我们说是自控力不足，性格上有点问题，要改过来。但今后出去了，到社会上要交好的朋友，坏的，偷的、抢的，不要去交。

许：这个我知道的。在这儿，我判刑，也有很大收获。在里面，有许多老乡，都是云南的，可以说占了1/3，几十个。我也不是随便交的，我看看他表现好的，做人好的，我就跟他们交往、交流。他们也跟我说，做人要注意什么，可以说懂了很多道理。

邵：这个好，一个人在社会上，怎么做人很要紧的。最基本的是什么呢？一要明确是非观念，明白什么是对的，什么是错的，是非观念很重要，然后就是自我控制能力。像你这一次，可以说是自我控制能力不足，有问题。如何提高自我控制能力？两条：一仍然是是非观念，什么是“是”，什么是“非”懂了，对的就去做，不对就不去做，这个不对的不做，就需要控制能力。你说是吗？（许××点点头，看着我关注地听）二呢，凡事三思而后行。（如何三思而后行作了讲解，内容大致如前）

许：三思而后行，想一想。

邵：对！这两条，是提高自控力重要的两条。但是人在社会上，做人还要有底线。做人的底线，你知道吗？（笔者一边说一边用手指在桌子上画线）

许：法律？

邵：对，法律是一条，还有一条是道德，两条底线。做人不能违反道德，如把人家的东西弄弄坏，或者丢丢掉，一些小年轻平日无事可做，无事生非，会这样去恶作剧。这个不道德，不要去做。有的去偷人家东西，这个也不道德，但还违反了另一条线——法律。小偷小摸，不道德，《治安管理处罚法》要处罚了，如行政拘留。偷多了，违法了，要判刑了。这两条底线要守住，不能做。

还有就是刚才也说过的，不要去吸毒。你前面说，你哥哥吸毒劳教过两年。这个不要受影响。要保持清醒头脑。今后你做生意有钱了，生活条件好了，也一定要注意，不能去吸毒。

怎么说呢？你今年 20 岁，年纪不大，挺年轻的嘛，今后的人生还很长。这次打架判刑，也算是个教训，要从中吸取教训，提高自己，把今后的人生道路走好啦。如何走好呢？我今天跟你说了四点，一是交友，出去后交朋友要交好的；二是20岁了，总要成家立业，要有一份工作，一个谋生的手段；三呢，做人要有底线，两条底线，道德、法律，要守住；四呢，千万不要去吸毒。（对这四点，我又稍微展开重复了一遍）

今天就谈到这儿吧，你可以回去了。（笔者站起来）来，握个手。（许××不敢伸手，笔者伸出手，拉起他的手，用力握了握）小伙子，加油，走好今后人生路！好，再见。

分析：许××的犯罪，主要是自我控制能力不足造成的，也可以说是人格中有一定的缺陷。这与成长过程中家庭教育还是有一定的关系，如在儿童时期，父母在满足小孩需要时可以不是即时满足，而是有一个延缓期。延缓满足，这是一个父母教育小孩的方法之一，但是要注意控制延缓的时间，不能无限制地延缓，特别是婴儿时期。同时，许××的家庭教育可以说是一种朴素的教育，这在我国许多父母文化程度不高的家庭中普遍存在。父母只能说些最基本的道理，提出最基本的要求，至于为什么是这样、小孩如何去做到，这些基本的道理怎样一步一步地来展开教育，父母往往是自己也不清楚的。特别是各种品德教育的关键期，也是常常不能把握，而进入青春期的小孩如何来教育，更是众多家长觉得束手无策的事。

28. 冲动使我违法犯罪
——P 县公安局看守所谈话记录之二

谈话时间：2011 年 11 月 17 日，10：33—11：03。
谈话地点：P 县公安局看守所监房民警办公室。
谈话对象：陈××，男，38 岁，故意伤害罪，判刑 1 年。

陈××被带到办公室门口，喊报告。

邵：进来！来，你坐这儿。（指指椅子）

陈：（依言坐下）

邵：你不用紧张，我们随意聊聊。你叫什么名字？

陈：陈××。耳东陈……（他一个字一个字地联系着告诉笔者，以便笔者记录下来。他一边说，笔者一边记）

邵：哪一年出生？今年几岁呢？

陈：38 岁。（笔者记下年龄）

邵：什么地方人？

陈：就这儿的。

邵：你犯什么罪进来的？

陈：故意伤害罪，就是打架。喏，是那么回事：我养母的儿媳妇，晚上 12 点回家，在路上被五六个外地过来的人拉住，抢劫什么的，就打电话给我。我就去了，手上拿了刀的，菜刀。过去就吵起来了，后来打起来，一个人跑了，我把菜刀扔过去，刚好扔到他脚后跟，把脚筋砍断了。

邵：哦，这样，那判了多长时间？

陈：1 年。

邵：12 个月。

陈：对，12 个月。

邵：那从什么时候进来（看守所）的？

陈：2011 年 × 月 × 日。

邵：1 年，那是 2011 年 × 月 × 日到 2012 年 × 月 × 日。

陈：是的。

邵：你说对方五六个人，你这边几个人？

陈：我这边就我一个。

邵：你一对五，一对六？

陈：是的，我一个对他们五六个。

邵：你倒挺勇敢的，也挺厉害的。

陈：喝了点酒，不是在吃夜宵么。刚好那天在外面吃夜宵，弟媳妇打来电话，说被人抢劫了。我就去了。走时从店里后门走的，经过厨房，随手就拿了一把菜刀，想想就我一个人。

邵：拿了菜刀，那是凶器。凶器，拿在手上，砍过去，必然是危险的。这是故意犯罪了。这个你应该知道的。

陈：那天喝了点酒，胆子有点大，脑子也有点不清楚了。

邵：喝酒（犯了罪）也是要负刑事责任的。你说是你弟媳妇（笔者没记清他说的相互间准确的亲戚关系）？晚上在路上，12 点？还在外面？

陈：是我养母的儿媳妇。她是做导游的，她丈夫是 × × ×，法院的（说亲戚是法院时，透出一点傲气），那天她从外面，杭州回来，到家快晚上 12 点了，家在 × × 地方（非丈夫工作地，是娘家所在地）。下车后碰到五六个人，在 × × 小商品市场摆摊的，有摊位的，也喝了点酒，就拉我弟媳妇，拿她的手机。她就往家里跑，他们追到她家里，我养母也过来骂他们，相互吵得很厉害，旁边邻居就给我打电话，我就过去了。过去也（跟他们）

吵，后来就打起来了，其中一个跑了，我就把菜刀扔过去。巧不巧，刚好扔脚上，把脚筋砍断了。当时我也是马上送他上医院的。医生也说，脚筋没完全砍断，还有一点点挂着。如果完全断了，那就是重伤了。医生说，你真运气。

邵：对，重伤，那就不是判 1 年了。那赔了多少医药费？

陈：先是协商，他们提出要 40 万。我说 40 万太多了，最多 20 万，他们不同意，就报案了。后来法院判的，赔了 9 万多块钱。

邵：法院是按医药费、误工费什么算的，照实算的。

陈：还有伤残费、鉴定费。他的脚还是有点影响的，有点瘸的。伤残费、鉴定费，6 万多。在医院住了 18 天，医药费 2 万多块。4 万伤残费，他们还到处去鉴定，到 × × 地方、× × 地方，鉴定了 3 次，一次 5000 多（元），一次 6000 多（元），鉴定费就两万多块。

邵：鉴定费都你出？

陈：是的，鉴定费都要我出的。法院判了，就赔了 9 万多块。我跟他们说，法院判，没赔这么多的，20 万都没有，10 万块钱。赔 40 万，我不肯的。实际上，判一年，我少出 30 多万块，一年 30 万，一个月 2 万多，3 万……

邵：你倒算得很清楚，看来你倒懂不少法律知识，以及医药费赔偿情况。

陈：问过的嘛！

邵：哦，你说过的，受害人，你亲戚的丈夫是法院的。

陈：他也问过，还有一个亲戚，是派出所的副所长，叫 × × ×，他更清楚，轻伤，赔几万块钱，10 万也不到（说到派出所副所长，语气中傲气更强）

邵：法院判了 9 万多，他们也无话可说。

陈：我跟他们说，40 万，不可能的，20 万，我就给了。

邵：他们是做生意的，在 × × 地方摆摊做生意，20 万，生意人觉得少了。想想是要40万。

陈：40万，我不会给的。这个事一直在协商的。实际上我扔刀伤了他，马上送医院，然后想想不对，也向派出所报了案，说伤好了再来具体说（处理）。对方也没去报案，就要40万。我不肯拿，只给20万，协商不通，他们才去报的案。派出所立案后，也告诉了我。我说快过年了，等过完年再来投案。我是想投案自首的。可是过了几天，几个穿便衣的，也不认识，就在我回家的车站把我给抓了。

邵：这样?！我看，你有问题。派出所立案了，你要重视啊！法律不是儿戏，立了案，你还说过几天，过完年再说?

陈：不是马上过年了吗?我说了，还打了电话，过完年就去投案。结果你知道的，有GPS，有卫星定位系统，我手机还在用的。

邵：陈××，我觉得你在这个问题上有问题，法律岂是儿戏，派出所立了案，那你应当马上去说明，去报到，怎么还可以过几天，过完年再去?你这不是开玩笑吗?

陈：这个……

邵：嗯，还没问你，你家里还有什么人?结婚了吗?

陈：我还没结婚，但女朋友有的。

邵：哦，还没结婚。你38岁了，那女朋友多大啦?

陈：女朋友……她今年20岁?21岁吧。明年22岁，可以结婚啦！

邵：22岁结婚，那是晚婚年龄。要等到她晚婚的年龄?

陈：她不是要入党吗！我叔也说了，××（女朋友名字）要入党的话，要22岁结婚。我是入不了党啦，我进来过了。

邵：你如果是党员，判刑是要开除的，不仅仅是入不了党。你女朋友21岁，她是什么地方人?

陈：她是河南的。

邵：河南的，那现在她在什么地方?她说等你吗?

陈：她在这边开店，她姐姐也是嫁到这边的。她会等，说好明年结婚的。一开始她家里、父母不同意。后来女儿自己选定了，他们也没办法。现在他们住在我家里。

邵：你是说女方父母现在住在你家？

陈：是的。

邵：从河南过来？

陈：是的。

邵：你家里是什么情况？父母在吗？兄弟姐妹怎样？

陈：我父母在的，还有一个姐姐，两个弟弟。姐姐早出嫁了，两个弟弟也都结婚了。

邵：你父母住在哪里？

陈：我父母住在××地方，我住在××地方（注：两个地方相距5公里左右），我们分家了（指父母、兄弟姐妹各自分开过），是我提议的，大家分开过，这样各自努力，也好些。

邵：这也对。父母每家给钱吧。

陈：是的，父母每家每月给几百块钱，一个月加起来有2000块。不过，他们自己开个小店，一个月收入总有2000来块，过过够用了。我弟弟结婚了，4个小孩我父母带，吃他们的。

邵：农村里，一对老人，一个月2000块，应该够用了，再开店赚2000块，足够了。弟弟家4个小孩，每家两个？

陈：是的。

邵：那姐姐家小孩呢？

陈：姐姐嫁到H市××地方去了。

邵：哦，嫁到H市，小孩自然自己带了。

陈：我们分家，本来分给我的是新房，我主动要求要祖宗留下来的老房子。放在那儿好啦，我又不会住的。我肯定要到××地方造房子的。要新房干吗？给父母住。

邵：哦，这样，这也对。嗯，还没问你，你书读到什么时候？

陈：初中毕业。

邵：有毕业证吗？

陈：毕业证有的。

邵：毕业后干什么去了呢？

陈：先到江西干活一年，在工地上打工。安徽干了一年，后来到义乌小商品城干过。也开过饭店、棋牌室、百货店、小超市，等等。

邵：那一年收入多少？

陈：收入也不固定，有多有少。第一年、第二年，十七八岁，打工，一年下来能够积攒下来一两千块钱。后来开店，有时候多点，三五千，几万块钱。

邵：这些钱你怎么用的呢？

陈：开始自己留一半，给父母一半，逢年过节还带东西回去的。后来分家了，是我主动提出的。我不会在老家住的，一定要在大的镇里住，那要盖房子。盖房子的钱是要我自己挣的。

邵：你盖了多大的房子？

陈：一间上去六层。

邵：哦，六层楼。农村要盖房子，这也挺要紧的。你盖房子的钱，都是你自己挣的，父母没支持你一下？

陈：没有的，都是自己挣的。后来也赌博去了。前年去赌博，把一年挣的几万块钱都输了，赌大了，后来就下定决心再也不赌了。

邵：赌博是个恶习。恶习，不好的、恶劣的、坏的行为习惯。赌博，把一年辛辛苦苦赚下的钱都输掉了，不值得；而且，赌博还可能引发其他犯罪行为。

陈：我借钱赌博是不会的，都是自己挣的钱，输光不会借钱去赌。

邵：是的，有的人赌博输了，再去借钱赌，高利贷，几分利，借了又输，输了又借，恶性循环。你这方面还好。但赌博，十赌九输，想靠赌博发财，是不可能的。这个前年你就意识到，不赌了，好！

（此时，透过办公室与劳动区用玻璃整面隔离的玻璃窗，笔者看到服刑人员开始集队。看看时间，快 11 点钟了。看来要尽快结束谈话。几乎同时，带笔者进来的民警也过来叫笔者去吃中饭。由于到这个看守所找服刑人员谈话是通过他人介绍来的，不那么熟悉，因此，得遵守他们的时间规定）

陈××，时间关系，我想再给你说这么几点，一是今后做事情，凡事要想一想，要注意控制自己的行为，故意伤害，像你打架，可能存在自控力不足的问题，一冲动，就冲上去打了。

陈：那天喝了点酒。

邵：喝酒是一方面，另外一方面，心理学研究表明，你这样的犯罪，在你性格中存在着不完善的地方，如我刚才说的，自控力问题。还有你是拿了刀去的，拿刀去打架，这是很容易伤到对方的。这是故意犯罪了。

陈：想想对方五六个人，我走时经过后门，经过厨房，随手拿了把刀。那个人一跑，我把刀扔出去，刚好扔在脚后跟。幸亏还好，医生说我很运气。

邵：那是你运气。不管是轻伤还是其他，这都是你故意伤害犯下的。

陈：后来想想，我派出所、法院的亲戚也说了，当时告他们抢劫就好了。当时没想到，是他们抢东西在先，抢我养母儿媳妇的手机，她当时身上还带了 29000 多块钱，因为刚当导游带团回来。可是这事过去七八个月，再想起来，再告么，都过了这么长时间了。派出所也不同意，说当时为什么不告，都过了七八个月了。

邵：这个也对。根据你所说的，可以告对方抢劫。这样正当防卫可能算不上，因为是你伤了对方，不是你养母儿媳妇，但可相互牵制，相互制约，赔偿协商时有利些。

不过，陈××，我跟你说，法律不是儿戏，我觉得我们谈下来，你有不把法律当回事的情况。可能你觉得自己有亲戚在政法机关，有靠山。这个，我告诉你，不能这么想，谁都要依法办事。可能有的农村有点乱，人情因素影响大，但一个人犯事，终究谁也保不住，终究要受到惩处的。这个我觉得你要好好去想想，要按法律来办事。

还有一个，你女朋友明年 22 岁，明年（你）要跟她结婚。结婚了，男人要有责任感，要有家庭责任感。还会有孩子，还要对孩子负责。这个我提醒你一下吧。

另外一个，你要培养自我控制力，凡事要多想一想，想想后果，不要冲动，注意控制自己。

最后，你说前年赌博赌大了，输了就不再赌了。这个好，要坚持住。今后成家立业，更不能去赌博。赌博是害人的恶习。希望你做到远离赌博。

好，今天就谈这些了。时间关系，你可以回去了。

分析：陈××的犯罪，冲动性是一个重要原因。虽然受害人有一定的原因，但陈××在整个犯罪过程中的故意性是明显的。

从谈话过程中反映出的另外一个问题，是自以为亲戚中有公安机关、法院的，所谓的有“靠山”，就认为自己可以不受法律约束。这在我们这样一个法治思想较为缺乏的国家，在某些地方，是较为严重地存在的。所以，法制教育，对犯罪人、对社会公民，都是非常需要的。虽然国家很重视法制教育，近几十年来都在开展普法教育，但是仍然任重而道远。

29. 我是 HIV 携带者
——Z 省 Y 监狱谈话记录

谈话时间： 2011 年 11 月 26 日，15：04—16：08。

谈话地点： Z 省 Y 监狱九监区医务室。

谈话对象： 赵××，男，1985 年出生，浙江人，盗窃，刑期 5 年 6 个月。HIV（俗称艾滋病病毒）携带者。

谈话前看了赵××写给监区领导的一封信。信有 2000 多字，对赵××之前在监区内的一次违规行为作了详细解释，并较为全面地回顾了自己的成长经历。监区郑警官建议笔者跟赵××谈谈，笔者说行啊。谈话过程中郑警官一直陪同。

监区民警叫来赵××。赵××到医务室门口，喊报告。

邵： 来，你请坐。你叫什么名字？

赵： 赵××。

邵： 赵××，今天我们随意聊聊，你不用紧张。

赵： 不会的，我不会的。

邵： 那好的。你今年多大了？

赵： 27 岁。

邵： 27 岁，那是哪年出生呢？

赵： 1985 年。

邵： 对，对，1985 年。1985 年几月？

赵： 1985 年×月。

邵： 1985 年×月，那你是什么地方人？

赵：浙江省××市××县。

邵：哦，××市的。怎么进来的呢？

赵：盗窃。

邵：哦，盗窃。你什么文化程度呢？

赵：高中，高中文化。

邵：哦，高中毕业，高中毕业的在犯罪人员中少。你工作每个月收入大概多少呢？

赵：收入？每个月大概 3000 块左右吧。但是，你知道的，在××市生活，开支挺大的。

邵：嗯，××市也是发达城市，生活开支不小。那有给家人一点吗？

赵：有的，给爷爷奶奶、爸爸妈妈，给家人每年都有的。

邵：那挺好的。嗯，你说盗窃，怎么一回事呢？

赵：我高中毕业后来又学了会计的，在基金公司上班。在我这儿买基金的，把卡放在我这儿。我用他们的卡，我拿了他们的信用卡取钱，然后他们去告了。

邵：这个也应该算是盗窃，盗窃人家信用卡里的钱。哦，你家里还有什么人？

赵：我父母，还有一个妹妹。

邵：妹妹多大了？

赵：妹妹小我 4 岁。

邵：小 4 岁。你父母呢？我跟监区民警交流，了解些情况，说你的母亲在你小时候打你的。

赵：是的，打我的。

邵：是偶尔打，还是经常打？

赵：经常打。

邵：是什么时候开始打？是从你记事时候就打吗？

赵：是的，从小就打的。

邵：那打到什么时候？什么时候不打了？

赵：到初中。中考后，考上高中了，我也到城里念书了。我半工半读完成学业的。

邵：哦，我们说，小时候父母的打骂，特别是打，与后来的犯罪有很大的相关。

赵：……

邵：你读书的钱是自己挣的？妈妈没给钱？

赵：那也不是，自己挣一部分，表哥、叔叔，还有爷爷奶奶给一部分。我记忆中，高中妈妈就给过我一次钱，记得是 50 块（赵 × × 伸出一只手，手指张开表示 50），其他（时间）没给过。

邵：我了解知道，你亲生爸爸小时候就没有了。那是你多大的时候？

赵：我很小的时候。

邵：多小呢？

赵：很小吧，记不得了。

邵：那你刚才说的爷爷奶奶，是你亲生爸爸这边的爷爷奶奶吗？

赵：不是的，是后爸这边的爷爷奶奶。他们对我挺好的。

邵：哦，这样子，那也挺不错的。那你亲生父亲原来是什么地方人？

赵：也是 × × 市 × × 地方的，同一个县的，只是不同的地方。

邵：哦，同一个县的。后爸，后来的爷爷奶奶对你好，那不错的。

赵：我奶奶前几年死掉，在我进来（监狱）前死了。奶奶死时说，最孝顺的，还是不是亲生的这个孩子。

邵：那你们关系挺好的。

赵：因为她在世时，我经常给她钱用。我前面说的给家里人寄钱、给钱，主要是给爷爷奶奶。

邵：妈妈没怎么给。

赵：对，妈妈基本没给，我当时还是恨她的，不过，现在不恨了。

郑警官：你母亲为什么打你？总有原因的吧。

赵：这个……也没什么原因，主要是她心情不好时，因为我亲生父亲对我妈不好，伤害了她。她有阴影，看到我吧，就想到我爸了，就打（我）了。

邵：把你当替代品、替罪羊了，把对你爸的仇恨转移到你身上了。那你妈妈打你，你有没有反抗什么的？

赵：她是那种农村妇女，力气很大的，我根本不是对手。她经常打，所以当时很恨她的。

邵：我想问你，你爷爷奶奶这边的孙子辈，与你一样大的，有几个？

赵：有好几个，我最大。

邵：还有什么人呢？

赵：有堂弟、堂妹，好几个，还有我妹妹。

邵：那你爷爷奶奶对你好，真是不错的。你妈妈经常打你，你说当时很恨她的。

赵：是的，很恨的。她很看重钱的。我初中毕业，考上高中，她就叫我不要读书了，干活挣钱去。邻居都说了，你小孩考上重点高中了，要给他去念书，（否则）蛮可惜的。她不同意，后来是其他人出的钱。我没向家里要钱。

邵：这个……你读书不容易了。你说恨母亲，现在不恨了，是什么原因呢？

赵：我看到了母亲的力量。我帮（同在监狱的）新疆的××× ，不会写字，不会写信，他妈妈从新疆给他写信，我就帮他回信。回信么就要看他妈妈写来的信。看了那些信，挺感动的，特别是有一句话，说儿子你是妈身上掉下的肉。我想想也是，想到了母爱的伟大，母亲不容易，就原谅我妈妈了。

邵：是啊，母爱是伟大的，是无私的。你能原谅你母亲，我也觉得挺好的。哦，还没问你，你盗窃，判了几年？

赵：5 年 6 个月。

邵：5 年 6 个月，那什么时候开始的呢？

赵：什么时候？我记得我判决是 2009 年 × 月 × 日。

邵：不是判决时间，你什么时候批捕的？

赵：这个……不知道哎。

邵：那你的刑期是从什么时候到什么时候？

赵：是从 2009 年 × 月 × 日到 2014 年 × 月 × 日。

邵：那什么时候来监狱的？

赵：来监狱是 2009 年 × 月 × 日。

邵：来监狱两年多了。你觉得自己在监狱过得怎样？有去反思吗？

赵：我觉得这次判刑来监狱有许多收获，觉得自己成熟了，成长了很多。

邵：你说这次有收获，一个呢可能是你年纪大起来了，成熟了；还有可能是在这里时间长，你也会反思反思，因为你文化程度高，各方面，反思能力、认知能力、思维能力也强。嗯，这个……我想有个问题……（笔者犹豫着，支支吾吾地说）

赵：你说好了，我都能接受，你问好啦。

邵：你不是感染了这个……

赵：HIV，这个大概是我朋友，就是“同志”么，他传给我的。我是没有乱交往的，他经常出差，到外面去乱找人，传染上了，然后传给了我。

邵：哦，这样。那你是怎么知道自己感染的呢？

赵：我2009年上半年还献过血的。献血么现在都要查HIV，这是常规项目，我当时还是献了的。

邵：这说明血是正常的。

赵：是的。后来判刑，我不是送到这儿的，是送到××监狱（另外一个监狱）。他们那边对新犯检查血常规，查出来了，然后送到这边来了。

邵：哦，这样你就知道了。

赵：一开始他们也不说的，抽血一次、二次、三次，我觉得我的血大概有问题了。第三次叫我去抽血，跟我说，他们不小心把我的血倒翻了，要再抽一次。我进抽血房间前抬头一看，是HIV检测室。我说，没关系的，你们实话告诉我好了，我是不是感染了HIV？医生还说，没有，没有，叫我不要多想，没这回事，还这么说。第三次结果出来，他们把化验单给我看，问我：你看得懂化验结果的吧。我说，看得懂的。医生说，那不要我多说了。这样就送这边来了。（这里是Z省集中关押感染HIV罪犯的一个监狱）

邵：哦，这样你知道了。你对感染HIV倒比较坦然，为什么呢？

赵：我在外面当过HIV志愿者，对这方面都比较了解。

邵：哦，你当过HIV志愿者。那你也知道这方面很多知识。你知道感染HIV后的发展过程，最后结果吗？（在去跟感染HIV服刑人员谈话前，笔者查了些资料，如果谈话对象不清楚这些知识，笔者原计划看情形给他们做一些HIV方面的知识普及）

赵：知道的（平静地说）。

邵：哦，知道的（笔者稍惊异于他的平静），知道就好啊。我了解到的情况，你朋友，你前面的同性朋友，他好像后来是感染了HIV，然后死的？

赵：他不是（因感染HIV死）的。他是知道自己感染了

HIV，接受不了这个事实，服毒自杀的。这样的人，在感染 HIV 人群中是挺多的。

邵：是的，人类免疫缺陷症，到目前还没有药来有效治疗。很多人知道自己得了这个病，接受不了，就走上了那条路。我觉得，你这方面真还是不错的。

赵：是的，得了这个病，感染了 HIV，更要懂得生命的珍贵，更要珍惜生命，要好好地生活下去，也不要去危害社会。

邵：你这个认识真是挺不错的，我真为你感到高兴。（跟赵××谈话前，与管理该监区的监区长交流。他说：我们监区的罪犯，不是说要教育他们成为守法公民、建设社会主义的有用之材，而主要是教育他们不要再去危害社会）

赵：像我们监区里有的人，像×××，他刚入监时，接受不了，哭了一个下午，我一直安慰他，安慰了一个下午，他后来感到好些了。像×××、×××，新入监的，也接受不了，我都跟他们说了。

邵：哦，你还能帮助他人，帮助监狱做工作，真是挺好的，应当感谢你。是的，生命还是要珍惜的，我们还可以做些有意义的事。你说你是 HIV 的志愿者，你还是其他什么的志愿者吗？

赵：我是××市的志愿者。我曾经到贵州黔东南××县××乡××村小学去支教两年。那边确实很贫穷，感动了我，震撼了我。我想，如果我生在那样的地方，我哪有现在的生活，所以回来后我发动这个圈子（同性恋）里的人捐物捐款，在那边建了一个希望小学。

邵：你确实是在帮助那边的小朋友，是个有爱心的人。但为什么要去偷人家信用卡里的钱？这个……好像有点儿……说不通。

赵：（低下头，然后抬头，下定决心地，并且说话提高了声音）我跟你们说，我从来没跟任何人说过，你们要替我保密，千万不要跟我妈妈说。是这样，我妈妈在2008年患了乳腺癌，到H市第一医院，后来到Z省那个妇女医院。

邵： 妇保（Z省妇女保健医院的简称）。

赵： 对，Z省妇女保健医院看病、治病，花了5万多。这些钱都是我出的。我妈现在都不知，这钱是从哪里来的。我在证券公司基金部工作，就拿了人家的基金卖了，有4万9千多。我想，到年底，我一年挣5万块钱总是有的，到年底还了。也是不巧，倒霉，那个客户……

邵： 是朋友吗？

赵： 是朋友的朋友，他家里有事要用钱，就要我卖掉基金，这样就发现了。我跟他说，等一些时间，我把钱还给他。但你知道，一下子筹不到那么多钱。他等不牢，就去报警了。

邵： 这个也怪不了人家。你没有朋友去借一借？

赵： 我在社会上没什么朋友的。

邵： 哦，你从小结交的那个朋友，你的同性朋友，他好像那时离开你了，你们分开了。

赵： 向他借钱也是可以的，但我不想向他借。

邵： 好像是说，他家给他介绍对象，要去结婚，所以分开了。

赵： 那也不是。我们感情很好的，向双方父母都表明了，要两个人在一起，永远不结婚，两个人生生死死在一起。双方父母也是知道的。

邵： 父母知道，有反对吗？

赵： 反对肯定有的，但我们自己很坚定的，也逃离家庭，自己到外面去建我们的小屋。但是，有一次，我想给他个惊喜，我在××市工作，他在另外一个市工作，我那次去想给他个惊喜，就没打电话告诉他。我买了菜，到他房间，想烧好饭菜等他。结果，我打开房间，他跟另外一个人睡在床上。（赵××说到这些

时眼睛红了，垂脸低头，几乎要流泪，但使劲控制住自己不流泪，声音也有点哽咽、颤抖）

邵：哦，他找其他“同志”了。

赵：是的，我当时就走了。他也追出来，请我原谅……我们也做过很多努力，如（房子）重新装修，房子也换过，想抹掉那个情景。但与他在一起，想想他们两个赤裸裸地躺在床上的情景，过不了（这一关），最后分开了。当时我想，你在外面找其他人，我只对你一个人好，那我也去找其他人（其他“同志”），乱来了，乱七八糟地找，结果给感染上 HIV 了。

邵：哦，是这么一个过程。那你前面说你 HIV 是你男朋友传给你的，现在又说大概是你自己后来心烦意乱，自己在外乱找人染上的，两者有矛盾。你又说 2009 年献血还正常的，我看主要是你自己乱找人后染上的吧。

赵：（沉默了一阵）应该是这样。

邵：我了解了一下，你在监狱里曾违了规……

赵：（抢着说）我不是那种低级的需求，就想宣泄宣泄，我是为了感情。我这个人是很重感情的，因为为了感情，自己当时刚来，也不懂监狱规矩，就发生了那个行为（同性性行为），违反监狱规定了。我也很后悔，我现在知道了，以后不会再违反了。

邵：我是说，你的行为，是可以理解的，你是一个重感情的人。但这是监狱，有的行为是不允许的，因为不利于监狱管理，也不是监狱可以的行为。

赵：我知道，我知道，不会再犯的。我今后不会再做的。

邵：这个好，你认识到了。这个认识是正确的。我也相信你不会再有那样的行为。但是有这么一个问题，我跟你讨论啊。你前面感染 HIV，是因为男朋友去找其他人，这对你是个打击，我们叫重大生活事件。面对这样一个重大生活事件，你选择的方式是自暴自弃，不管后果，我也去找其他人。这次，在监狱里你与一名同犯，有了感情；为了感情，去违规，这也是不计后果。

赵：（认真地听，但没理解）你是什么意思，你说明白点，你直接说好了。

邵：我是说，两件事，你朋友找了其他人，你也去找其他人；第二件事，你为了感情，在监狱内违反规定。是否可以反思一下，你的行为表明在自我控制能力上你是否有点儿问题？

赵：这个不是的。那个男朋友，我也想忘掉那个情景，我也已经原谅了他。但待在一起，睡到床上，我就会想起那个情景，那个情景就会浮现出来，我也没办法。

邵：好吧，我们这么说吧。我呢是学心理学的……

赵：我也学过心理学，我也看过很多心理学书。

邵：哦，你学过心理学，那更好。我们说，行为的前面，有心理，有你的态度、认知和对事物的看法，这些支配你的行为。你知道男朋友出轨了，你接下来的行为，是跟你对这个事物的看法、认知、态度有关。如果你认为，他发生那样的事，这个人不值得爱，我要重新开始自己的新生活，那就不会自暴自弃，会努力开始新生活；或者我不能堕落，我要控制自己不良的想法和行为，也就是你的自我控制能力足够强的话，你就不会去乱找人。这次监狱违规，违规行为之前是什么呢？还是你的看法、态度、认知，我与他有感情，我为了感情愿意发生那个违规行为。这也与你的自我控制能力有关。这虽然看起来是两件事，但我想，是不是都反映了你自我控制力的问题？

赵：那不是的，不是那么回事。我当时刚来监狱，不了解监狱规定，我也很后悔。

邵：（看来赵××一下子不能接受笔者的分析，就转换一个话题）我想问你一件事（又有些犹豫着）……

赵：警官（谈话时笔者穿着警服），你问好了，没关系的，我都能接受。

邵：谢谢你啊！是这样，你在与男性朋友一起生活的过程中，我看你那位男性朋友扮演的是丈夫角色，你扮演的是妻子角色，也就是说你的行为有些女性化倾向。你自己对自己的这种行为表现感到痛苦或别扭吗？

赵：没有的，没有痛苦，也没有别扭。

邵：那为什么会接受、发展起甚至喜欢这样一种女性行为方式呢？

郑警官：大概是在家里你经常看到妹妹能够得到父母喜欢，想与妹妹的行为表现一致。

赵：是的，想与妹妹一样，（看自己）是否能得到父母喜欢。这是一个方面。另外，邻居家的女孩，她们与男孩子在一起，经常受到男孩子照顾，男孩子就向女孩子献殷勤，我觉得挺好的，挺羡慕。还有就是男朋友的照顾，他照顾我，关心我，让我很感动。而且我想，自己是女儿身就好了。我希望自己是个女孩子。

邵：受妈妈的打，你从男朋友那里得到支持、安慰，得到心灵的寄托，慢慢、慢慢地形成了依赖与依恋，舍不得离开他。这个又促使你进一步女性化。

赵：是的吧，也可以那样说。

邵：那我还想问你，你除了那位男朋友，还有其他朋友吗？

赵：其他朋友？有的，我们圈子里，男性朋友叫嘎拉，女性朋友叫拉拉。我跟有几对拉拉也有交往的，可以算朋友。

邵：我是说，是那种知心朋友，无话不谈的朋友。

赵：那不是的，那是十分可以谈二三分的。

邵：十分之中谈个二三分。那能谈七八分，甚至九十分的朋友，有没有？

赵：没有的，可以谈十分之五六分的都没有。

邵：那位男朋友可以谈十分？

赵：是的，他是无话不谈的，我什么话都跟他说。

邵：其他就没有了？

赵：其他没有了，没有这样的知心朋友。

邵：我们说，从心理健康角度说，一个人应当有一两个知心朋友，无话不谈的朋友，不一定是丈夫或妻子，除了丈夫妻子之外要有几个知心朋友。

赵：我没有的。

邵：这个，我觉得有点缺憾，这样你就没有商量的人，有事没人可以商量。比如，你男朋友出了那种事，你就没人可以商量。

赵：是的，我就自己一个人想。我不愿与其他人去多话的。我今天说了这么多，像妈妈的事、信用卡的事、男朋友的事，没有跟人说的。

邵：这个你放心，我们会按心理咨询原则处理，会给你保密。(我转头望望郑警官)

我想再跟你谈这个事。你男朋友找其他人，你也去找其他人，自暴自弃。你这次在监狱内，做那种行为。这些是否表明你自我控制上有些问题？我希望你能去反思自己。

赵：这个……不是的。这是两件事，不是一回事。

邵：我也是这么提醒你一下，是希望你去反思一下这其中自己的问题，特别是自我控制力方面的问题。通过反思，来提高自己的控制力。

赵：这个……谢谢领导。

邵：（看了看时间）哦，我们一谈就谈了一个小时。时间关系，我想说这么一句话，我看你的精神状态，挺不错的，虽然是HIV携带者，但积极面对生活，面对人生，精神状态不错，没有消极的状态。我为此感到高兴，为你感到高兴。希望你继续保持这种精神状态，走好人生路。谢谢你！

赵：谢谢警官，谢谢领导，浪费了领导这么多时间。

邵：不能那么说，应当谢谢你。好，来，我们握个手。（伸出手，赵××不敢伸出手，但过一会儿又似伸非伸，笔者抓住他的手，用劲握了握）

（赵××整个谈话中语气轻柔，笑时掩口，说话后常会低下头，害羞的样子，女性表现与表情突出。在整个谈话过程中，笔者始终抱着鼓励的态度，支持的心态，语气也较为轻柔，抱着深深的同情之心。同时，为了保护受访者的权益，对谈话内容作了一些变动、删除）

分析：赵××的犯罪原因，与早年母亲的打骂有关。同时，母亲的打骂造成赵××的人格特征——顺从型人格，并且在与同性别的男性朋友交互作用过程中，逐渐发展起女性化的行为方式与角色特征。

赵××犯罪的重要原因，是自我控制能力不足，这从盗窃犯罪与监狱内违规可以得到佐证，但赵××对这些行为与内在自控力之间的关系给予了否认。这也表明犯罪人的矫正，特别是文化程度较高、自我认知达到一定程度的服刑人员，要接受正确的观念与认知，需要多次沟通与交流，非一次教育能奏效。

当然，赵××第一次犯罪还表现出法制观念不强的问题，第二次也可作此归因。因此，法制教育是需要的。

对于赵××的女性化角色与行为，同性恋行为，他本人不感到痛苦与烦恼，因此不是心理矫治的内容，或者说还不是他目前急需的心理矫治内容。

赵××在携带 HIV 的情况下认识正确，积极面对，没有表现出多少消极情绪，对此笔者给予了积极的鼓励与支持。

第二部分　抽样调查

在个别访谈基础上开展抽样调查，是希望对个体的犯罪原因有更深入、全面的了解。为此，研究者抽取 1100 名违法犯罪人与 400 名大学生进行对照研究，并运用统计分析技术明确造成个体犯罪的家庭、学校教育偏差与早年不良行为与犯罪行为的关系，同时提供了一批颇有价值的犯罪人数据。

违法人员犯罪原因调查报告

犯罪人所经历的不良家庭教育与学校教育对其犯罪有何影响？他们早年的不良行为与成年后的犯罪行为存在怎样的关系？对这些问题的探究，有其重要的意义与价值。本课题采用问卷调查与数理统计相结合的方式，对此作了探讨。

一、研究对象与方法

（一）研究对象

在浙江省监狱、劳教所、未成犯管教所及河北省邯郸监狱随机抽取违法犯罪人员 1100 人作问卷调查。取样时考虑了男女与年龄两个维度的分层，即成年犯与未成年犯，男女服刑人员与劳教人员各占一定比例；同时限定被调查人员年龄在 45 周岁以下，能看懂报纸。年龄限制是考虑到问卷中有早年不良行为项目。获有效问卷 1068 份，其中监狱服刑人员 736 人，占 68.9%；未成年犯 193 人，占 18.1%；劳动教养人员 139 人，占 13.0%。女违法犯罪人 361 人，占 33.8%；男违法犯罪人 707 人，占 66.2%。

被调查违法人员年龄最小 13.75 岁，最大 44.83 岁，平均年龄 27.80 ±7.97 岁。刑期最短 11 个月，最长 288 个月（死缓犯以两年从死缓改无期徒刑，再两年从无期徒刑改 20 年有期徒刑共 24 年来计算，计 288 个月，共有 55 人；无期徒刑以两年从无期徒刑改 20 年有期徒刑共 22 年来计算，计 264 个月，共有 73 人）；平均刑期 115.22 ±81.73 月。劳教期最短 12 个月，最长 24.5 个月，平均劳教期 17.30 ±5.3 月。学习年限最少 3 年，最长 16.5 年（以小学毕业 5.5 年计，因为农村小学 5 年，城市小学 6 年，故小学毕业取 5.5 年，初中一年级学习年限为 6.5 年，以此类推，16.5 年为大学毕业）；初中阶段，即学习年限在

6.5—8.5 年的占 48.3%；平均学习年限 6.90 ±2.63 年。被调查人员中 64 人曾多次劳教，其中劳教次数最多的达 4 次；141 人被多次判刑，其中判刑次数最多的达 5 次。

调查对象出生地有浙江、北京、上海、天津、重庆、新疆、海南、广东、黑龙江等 28 个省市自治区，浙江籍占 28.6%，贵州籍占 12.4%，河北籍占 8.5%，安徽籍占 7.8%，四川籍占 6.9%。民族有汉族、苗族、满族、蒙古族、维吾尔族、侗族、白族、回族、壮族等 19 个，汉族占 91.4%。案由（罪错）包括盗窃、抢劫、诈骗、故意杀人、强奸、聚众斗殴、打架、贩卖毒品、运输毒品、绑架、抢夺、走私、贪污受贿等 53 个。

本研究还设置了对照组，选取杭州三所高校大学生 400 人参加调查，获有效问卷 390 份，其中大学一年级 251 人，二年级 109 人，三年级 30 人。男学生 275 人，占 70.7%；女学生 114 人，占 29.3%。年龄最小 18.25 岁，最大 26.42 岁，平均年龄 21.01 ±1.88 岁。农村户籍 229 人，占 58.9%；居民户口 160 人，占 41.1%。上学前住农村的 189 人，占 48.6%；住乡镇的 55 人，占 14.1%；住县城的 75 人，占 19.3%；（大）城市的 70 人，占 18.0%。有兄妹的 184 人，占 47.4%；无兄妹的 204 人，占 52.6%。

对照组出生地有浙江、北京、重庆、新疆、广东、黑龙江、贵州、四川、福建、山东等 21 个省市自治区，浙江籍占 69.2%。民族有汉族、苗族、满族、蒙古族、侗族、回族、壮族、土家族、布依族、瑶族、畲族等 11 个，汉族占 95.4%。所学专业有法学、刑事执行、安全防范、工程测量、电信、建筑设备、监狱管理信息化、监狱管理、安全技术管理等 16 个专业。

（二）测量工具

测量工具为自编调查问卷。在访谈成年犯、未成年犯、劳教人员、社区矫正人员 25 人后，结合犯罪学、犯罪心理学的相关理论研究成果编制问卷。问卷内容包括：人口统计学信息、工作情况、婚姻家庭、学习、交友、抚养人、父母文化程度与工作、家庭养育方式、家庭教育与经济情况、学校教育、早年不良行为、判刑（劳教）次数等，共计40个项目。

（三）测量的实施

采用一个监区或分监区整群随机抽样方式，实施团体测验，主要由研究者本人做主试。测验一般安排在晚上进行，以不影响监狱生产劳动；但入监或出监监区服刑人员的测验，安排在白天测量。对劳教人员与未成犯的测验都在白天进行。对照组采用整班随机抽样方式，实施团体测验，主要由研究者本人做主试。测验一般都在上午进行。

（四）数据处理

有效问卷的数据输入 SPSS17.0 作描述统计、列联表分析与二项逻辑回归分析。

二、结果与分析

（一）描述统计结果与分析

1. 各变量描述统计结果

对1068份调查问卷中除家庭学校教育、犯罪人交友情况以及早年不良行为等项目之外的其他变量作描述统计如下：

表1　被捕（劳教）前工作情况

		频率	百分比	有效百分比	累积百分比
有效	有工作	259	24.3	24.9	24.9
	临时工	462	43.3	44.4	69.3
	无工作	319	29.9	30.7	100.0
	合计	1040	97.4	100.0	
缺失	系统	28	2.6		
	合计	1068	100.0		

表1显示违法犯罪人被逮捕或劳教前的工作情况是：有固定工作的259人，占24.9%；有临时工作的462人，占44.4%；无工作的319人，占30.7%。有28人未作答。

表2 被捕（劳教）前居住地

		频率	百分比	有效百分比	累积百分比
有效	农村	305	28.6	29.2	29.2
	乡镇	250	23.4	23.9	53.1
	县城	263	24.6	25.1	78.2
	大城市	228	21.3	21.8	100.0
	合计	1046	97.9	100.0	
缺失	系统	22	2.1		
	合计	1068	100.0		

表2显示违法犯罪人被逮捕或劳教前的居住地是：住在农村的305人，占29.2%；住在乡镇的250人，占23.9%；住在县城的263人，占25.1%；住在大城市（地市级城市以上）的228人，占21.8%。有22人未作答。

表3 违法犯罪人户籍情况

		频率	百分比	有效百分比	累积百分比
有效	农村	847	79.3	80.3	80.3
	居民	208	19.5	19.7	100.0
	合计	1055	98.8	100.0	
缺失	系统	13	1.2		
	合计	1068	100.0		

表3显示违法犯罪人户籍情况是：农村户籍的847人，占80.3%；居民户口的208人，占19.7%。有13人没有回答。

表4 违法犯罪人兄弟姐妹情况

		频率	百分比	有效百分比	累积百分比
有效	无	125	11.7	11.8	11.8
	有	936	87.6	88.2	100.0
	合计	1061	99.3	100.0	
缺失	系统	7	0.7		
	合计	1068	100.0		

表4显示违法犯罪人兄弟姐妹情况是：有兄弟姐妹的936人，占88.2%；无兄弟姐妹的125人，占11.8%。7人没有回答。

表5 违法犯罪人婚姻情况

		频率	百分比	有效百分比	累积百分比
有效	未婚	595	55.7	55.9	55.9
	已婚	302	28.3	28.4	84.2
	离婚	121	11.3	11.4	95.6
	其他	47	4.4	4.4	100.0
	合计	1065	99.7	100.0	
缺失	系统	3	0.3		
	合计	1068	100.0		

表5显示违法犯罪人婚姻情况是：未婚595人，占55.9%；已婚302人，占28.4%；离婚121人，占11.4%。有3人未作答。

表 6　违法犯罪人子女情况

		频率	百分比	有效百分比	累积百分比
有效	无	638	59.7	60.4	60.4
	有	419	39.2	39.6	100.0
	合计	1057	99.0	100.0	
缺失	系统	11	1.0		
	合计	1068	100.0		

表 6 显示违法犯罪人子女情况是：有子女的 419 人，占 39.6%；无子女的 638 人，占 60.4%。有 11 人未作答。

表 7　违法犯罪人婴幼儿期抚养人

		频率	百分比	有效百分比	累积百分比
有效	父母	888	83.1	83.1	83.1
	祖父母	116	10.9	10.9	94.0
	外祖父母	50	4.7	4.7	98.7
	其他	14	1.3	1.3	100.0
	合计	1068	100.0	100.0	

表 7 显示违法犯罪人在婴幼儿期（7 岁前）抚养人的情况是：父母或其中一方抚养的 888 人，占 83.1%；爷爷奶奶或其中一方抚养的 116 人，占 10.9%；外公外婆或其中一方抚养的 50 人，占 4.7%；其他人如哥哥姐姐叔叔姑姑等抚养的 14 人，占 1.3%。

表8　违法犯罪人小学阶段抚养人

		频率	百分比	有效百分比	累积百分比
有效	父母	896	83.9	84.2	84.2
	祖父母	113	10.6	10.6	94.8
	外祖父母	35	3.3	3.3	98.1
	其他	20	1.9	1.9	100.0
	合计	1064	99.6	100.0	
缺失	系统	4	0.4		
	合计	1068	100.0		

表8显示违法犯罪人在小学阶段（7岁至12、13岁）抚养人情况是：父母或其中一方抚养的896人，占84.2%；爷爷奶奶或其中一方抚养的113人，占10.6%；外公外婆或其中一方抚养的35人，占3.3%；其他人如哥哥姐姐叔叔姑姑等抚养的20人，占1.9%。有4人未作答。

表9　违法犯罪人初中阶段抚养人

		频率	百分比	有效百分比	累积百分比
有效	父母	897	84.0	87.6	87.6
	祖父母	63	5.9	6.2	93.8
	外祖父母	12	1.1	1.2	95
	其他	52	4.9	5.1	100.1
	合计	1024	95.9	100.0	
缺失	系统	44	4.1		
	合计	1068	100.0		

表9显示违法犯罪人在初中阶段（13、14岁至15、16岁）抚养人情况是：父母或其中一方抚养的897人，占87.6%；爷爷奶奶或其中一方抚养的63人，占6.2%；外公外婆或其中一方抚养的12人，占1.2%；其他人如哥哥姐姐等或者是自己挣

钱养活自己的有52人，占5.1%。未作答的44人。

到13、14岁至15、16岁，有多名违法犯罪人回答已经没有成年人抚养他们，而靠自己挣钱养活自己；对390名大学生的调查中没有这种情况。

表10　违法犯罪人父母情况

		频率	百分比	有效百分比	累积百分比
有效	父母健在	802	75.1	75.6	75.6
	一方去世	208	19.5	19.6	95.2
	父母去世	51	4.8	4.8	100.0
	合计	1061	99.3	100.0	
缺失	系统	7	0.7		
	合计	1068	100.0		

表10显示违法犯罪人父母情况：父母健在的802人，占75.6%；父母一方去世的208人，占19.6%；父母都去世的51人，占4.8%。有7人未作答。

表11　违法犯罪人父亲文化程度

		频率	百分比	有效百分比	累积百分比
有效	文盲	177	16.6	16.9	16.9
	小学	440	41.2	41.9	58.8
	初中未毕业	147	13.8	14.0	72.8
	初中	181	16.9	17.2	90.0
	高中	87	8.1	8.3	98.3
	大专	13	1.2	1.2	99.5
	本科及以上	5	0.5	0.5	100.0
	合计	1050	98.3	100.0	
缺失	系统	18	1.7		
	合计	1068	100.0		

表11显示违法犯罪人父亲文化程度情况：文盲的177人，占16.9%；小学或小学未毕业的440人，占41.9%；初中未毕业的147人，占14.0%；初中文化的181人，占17.2%；高中（含中专、技校）87人，占8.3%；大专或高职的13人，占1.2%；本科及以上的5人，占0.5%。初中以下的合计占58.8%。有18人未作答。

表12 违法犯罪人母亲文化程度

		频率	百分比	有效百分比	累积百分比
有效	文盲	381	35.7	38.8	38.8
	小学	350	32.8	35.7	74.5
	初中未毕业	83	7.8	8.5	83.0
	初中	106	9.9	10.8	93.8
	高中	52	4.9	5.3	99.1
	大专	6	0.6	0.6	99.7
	本科及以上	3	0.3	0.3	100.0
	合计	981	91.9	100.0	
缺失	系统	87	8.1		
	合计	1068	100.0		

表12显示违法犯罪人母亲文化程度情况：文盲的381人，占38.8%；小学或小学未毕业的350人，占35.7%；初中未毕业的83人，占8.5%；初中文化的106人，占10.8%；高中（含中专、技校）52人，占5.3%；大专或高职的6人，占0.6%；本科及以上的3人，占0.3%。初中以下的合计占74.5%，因此违法犯罪人母亲的文化程度总体上比父亲更低。有87人未作答。

表 13　违法犯罪人父亲工作情况

		频率	百分比	有效百分比	累积百分比
有效	有工作	375	35.1	36.1	36.1
	临时工	299	28.0	28.8	64.9
	无工作	248	23.2	23.8	88.7
	已去世	118	11.0	11.3	100.0
	合计	1040	97.4	100.0	
缺失	系统	28	2.6		
	合计	1068	100.0		

表 13 显示违法犯罪人父亲工作情况：有固定工作的 375 人，占 36.1%；有临时工作或不固定工作的 299 人，占 28.8%；无任何工作的 248 人，占 23.8%。有 28 人未作答。

表 14　违法犯罪人母亲工作情况

		频率	百分比	有效百分比	累积百分比
有效	有工作	245	22.9	24.5	24.5
	临时工	235	22.0	23.5	48
	无工作	444	41.6	44.3	92.3
	已去世	78	7.3	7.8	100.1
	合计	1002	93.8	100.0	
缺失	系统	66	6.2		
	合计	1068	100.0		

表 14 显示违法犯罪人母亲工作情况：有固定工作的 245 人，占 24.5%；有临时工作或不固定工作的 235 人，占 23.5%；无任何工作的 444 人，占 44.3%。有 66 人未作答。

表 15 违法犯罪人父母犯罪情况

		频率	百分比	有效百分比	累积百分比
有效	无犯罪	1008	94.4	95.4	95.4
	有犯罪	49	4.6	4.6	100.0
	合计	1057	99.0	100.0	
缺失	系统	11	1.0		
	合计	1068	100.0		

表 15 显示违法犯罪人父母犯罪情况是：父母都无犯罪的 1008 人，占 95.4%；父母一方或双方曾因犯罪被处罚过的 49 人，占 4.6%。有 11 人没有回答。

表 16 违法犯罪人家庭经济情况

		频率	百分比	有效百分比	累积百分比
有效	富裕	24	2.2	2.3	2.3
	较好	241	22.6	22.9	25.2
	温饱	722	67.6	68.7	93.9
	贫困	64	6.0	6.1	100.0
	合计	1051	98.4	100.0	
缺失	系统	17	1.6		
	合计	1068	100.0		

表 16 显示违法犯罪人家庭经济情况：认为自己家庭富裕的 24 人，占 2.3%；家庭经济条件较好的 241 人，占 22.9%；温饱的 722 人，占 68.7%；贫困的 64 人，占 6.1%。因此违法犯罪人即使因家庭贫困而犯罪的也是少数。有 17 人未作答。

表 17　违法犯罪人小学成绩

		频率	百分比	有效百分比	累积百分比
有效	中上	310	29.0	29.8	29.8
	中等	461	43.2	44.3	74.1
	中下	263	24.6	25.3	99.4
	没上小学	6	0.6	0.6	100.0
	合计	1040	97.4	100.0	
缺失	系统	28	2.6		
	合计	1068	100.0		

表 17 显示违法犯罪人小学成绩情况：认为自己成绩处于中上水平的 310 人，占 29.8%；成绩中等的 461 人，占 44.3%；成绩中下的 263 人，占 25.3%；没上小学的 6 人，占 0.6%。未作答的 28 人。

表 18　违法犯罪人初中成绩

		频率	百分比	有效百分比	累积百分比
有效	中上	94	8.8	9.1	9.1
	中等	295	27.6	28.7	37.8
	中下	288	27.0	28.0	65.8
	没上初中	352	33.0	34.2	100.0
	合计	1029	96.3	100.0	
缺失	系统	39	3.7		
	合计	1068	100.0		

表 18 显示违法犯罪人初中成绩情况：认为自己成绩处于中上水平的 94 人，占 9.1%；成绩中等的 295 人，占 28.7%；成绩中下的 288 人，占 28.0%；没上初中的 352 人，占 34.2%。未作答的 39 人。

表 19 违法犯罪人成绩变化情况

		频率	百分比	有效百分比	累积百分比
有效	好变差	454	42.5	43.9	43.9
	差变好	82	7.7	7.9	51.8
	没变化	492	46.1	47.5	99.3
	没上学	7	0.7	0.7	100.0
	合计	1035	96.9	100.0	
缺失	系统	33	3.1		
	合计	1068	100.0		

表 19 显示违法犯罪人成绩变化情况是：由好变差有 454 人，占 43.9%；由差变好的 82 人，占 7.9%；成绩一直来没多大变化的 492 人，占 47.5%；没上学的 7 人，占 0.7%。有 33 人未作答。

表 20 第一次被抓仍然会多次犯罪

		频率	百分比	有效百分比	累积百分比
有效	是	153	14.3	14.7	14.7
	否	888	83.1	85.3	100.0
	合计	1041	97.5	100.0	
缺失	系统	27	2.5		
	合计	1068	100.0		

违法犯罪人认为即使自己第一次违法犯罪被抓，但仍然会做第二次、第三次的情况是：回答是的有 153 人，占 14.7%；回答“不是”的有 888 人，占 85.3%。有 27 人未作答。

2. 犯罪人家庭教育情况

（1）父母养育方式分为放任不管型、打骂型、专制型、溺爱型，以及民主型与朋友型六种。从对 1041 名违法人员的调查结果看，民主型最多，占 28.5%，把子女当朋友看待的最少，占3.1%；而放任、打骂、溺爱、专制四种不良的家庭养育方式合起来占68.4%，具体见表21。

表21　父母养育方式统计表

		频率	百分比	有效百分比	累积百分比
有效	放任	184	17.2	17.7	17.7
	打骂	111	10.4	10.7	28.4
	专制	248	23.2	23.8	52.2
	溺爱	169	15.8	16.2	68.4
	民主	297	27.8	28.5	96.9
	朋友	32	3.0	3.1	100.0
	合计	1041	97.5	100.0	
缺失	系统	27	2.5		
	合计	1068	100.0		

（2）父母或抚养人在日常生活中相处情况会影响到子女的心理发展状况，经常吵架或相互关系冷淡的父母关系，会造成子女心理的不安全感，有的小孩因此离家出走或离家躲避，并可能破坏亲子关系或影响家庭功能的发挥，两种情况都可能会造成小孩加入社会不良群体。对1048名违法人员的调查表明，父母关系不良的占33.8%，见表22。

表22　父母相处关系统计表

		频率	百分比	有效百分比	累积百分比
有效	吵架	247	23.1	23.6	23.6
	冷淡	55	5.1	5.2	28.8
	分居	52	4.9	5.0	33.8
	和睦	694	65.0	66.2	100.0
	合计	1048	98.1	100.0	
缺失	系统	20	1.9		
	合计	1068	100.0		

（3）父母之间或父母与爷爷奶奶、外公外婆之间教育意见不一致，会造成子女无所适从，或者使小孩学会投机取巧、察言观色，形成不良的人格特征。从对1042名违法人员的调查情况看，父母或上辈人之间教育意见不一致的占32.3%，见表23。

表23 父母或上辈教育意见一致情况

		频率	百分比	有效百分比	累积百分比
有效	父母不一致	276	25.8	26.5	26.5
	上辈不一致	61	5.7	5.9	32.4
	一致	705	66.0	67.7	100.1
	合计	1042	97.6	100.0	
缺失	系统	26	2.4		
	合计	1068	100.0		

（4）在调查问卷中，专门设置了题目：父母或其中一方是否相信“棍棒之下出孝子”。1041名违法人员在该项目上表示同意的有399人，占38.3%，见表24。

表24 父母是否相信棍棒教育

		频率	百分比	有效百分比	累积百分比
有效	是	399	37.4	38.3	38.3
	否	642	60.1	61.7	100.0
	合计	1041	97.5	100.0	
缺失	系统	27	2.5		
	合计	1068	100.0		

（5）在调查问卷中，还设置了题目：父母或其中一方当你犯错误时非打即骂。1046名违法人员中表示同意的有510人，占48.8%，见表25。虽然在家庭养育方式调查中认为打骂型的只占10.7%（表21），但是从对25名违法人员的访谈情况看，

认为父母在他们犯错误时打骂情况相当普遍，这是设置这个项目的初衷。从调查结果看，这一情况得到证实。

表 25　犯错时父母打骂情况

		频率	百分比	有效百分比	累积百分比
有效	是	510	47.8	48.8	48.8
	否	536	50.2	51.2	100.0
	合计	1046	97.9	100.0	
缺失	系统	22	2.1		
	合计	1068	100.0		

（6）家庭如果有思想教育，对违法人员来说有没有用？为此设置了题目：小时候父母即使说很多做人的道理，仍然会去做违法犯罪的事。1040 名违法人员在该项目上表示同意的有 332 人，占 31.9%，认为父母说不了什么道理，不能有效教育的 146 人，占 14.0%，见表 26。

表 26　父母讲做人道理但仍会犯罪

		频率	百分比	有效百分比	累积百分比
有效	是	332	31.1	31.9	31.9
	否	562	52.6	54.0	85.9
	父母说不了什么道理	146	13.7	14.0	99.9
	合计	1040	97.4	100.0	
缺失	系统	28	2.6		
	合计	1068	100.0		

3. 犯罪人学校教育情况

（1）学校教育是人生成长中的重要一环，特别是一个人犯错误时，能够给予及时有效的学校教育，是极为重要的。因为学校教育工作者是经过专门训练的专业教育者，不管是知识，还是教育技能，一般都优于父母等抚养人。这也是他们的职责所在。然而，从调查结果看，学校教育功能的发挥还存在较大差距。犯罪人认为，学校“没什么思想教育”，或者犯错误后“只有批评”，又或者是“教育几次后再犯错误就不再管”的情况较多存在，这三种情况占1051名被调查犯罪人的52.0%，见表27。

表27 学校教育情况

		频率	百分比	有效百分比	累积百分比
有效	没思想教育	306	28.7	29.1	29.1
	只有批评或处罚	129	12.1	12.3	41.4
	管几次后不管了	112	10.5	10.7	52.1
	犯错误都会讲道理	172	16.1	16.4	68.5
	思想与知识教育都有	332	31.1	31.6	100.1
	合计	1051	98.4	100.0	
缺失	系统	17	1.6		
	合计	1068	100.0		

（2）学校教育对违法犯罪人来说究竟有多大作用？为此设置题目：学校老师即使说很多做人的道理，你也听不进去。1044名违法人员中表示同意的有311人，占29.8%，见表28。

表28 听不进老师讲的道理

		频率	百分比	有效百分比	累积百分比
有效	是	311	29.1	29.8	29.8
	否	733	68.6	70.2	100.0
	合计	1044	97.8	100.0	
缺失	系统	24	2.2		
	合计	1068	100.0		

4. 犯罪人交友情况

犯罪人认为自己没朋友的很少，仅占4.0%；既有知心朋友又有一般朋友的最多，占49.4%；而朋友中有违法犯罪的占36.7%，结果见表29、表30。

表29 犯罪人交友情况

		频率	百分比	有效百分比	累积百分比
有效	无朋友	43	4.0	4.0	4.0
	来往较多的人	188	17.6	17.7	21.7
	一般朋友	249	23.3	23.4	45.1
	知心朋友	57	5.3	5.4	50.5
	一般与知心朋友都有	525	49.2	49.4	99.9
	合计	1062	99.4	100.0	
缺失	系统	6	0.6		
	合计	1068	100.0		

表30 朋友中违法犯罪情况

		频率	百分比	有效百分比	累积百分比
有效	没有	648	60.7	63.3	63.3
	有	375	35.1	36.7	100.0
	合计	1023	95.8	100.0	
缺失	系统	45	4.2		
	合计	1068	100.0		

5. 犯罪人早年不良行为

本次研究调查了犯罪人在小学或者7岁至12、13岁，中学或者13、14岁至16、17岁的不良行为情况。不良行为包括：经常抽烟、偷窃、考试作弊、经常撒谎、经常上网、曾多次通宵上网、多次打架、有过性行为、赌博、多次逃学、酗酒、欺负同级或低年级同学、离家出走、吸毒、破坏公共财物、其他不良行为（由被调查人填写）等16种。1039名违法人员认为自己在小学或7岁至12、13岁有不良行为的719人，占69.2%。991名违法人员认为自己在中学或13、14岁至16、17岁有不良行为的734人，占74.1%，结果见表31。各种不良行为的分布情况见表32。

表31　中小学不良行为频率表

		频率	百分比			频率	百分比
小学不良行为	有	719	69.2	中学不良行为	有	734	74.1
	没有	320	30.8		没有	257	25.9
	合计	1039	100.0		合计	991	100.0
缺失	系统	29		缺失	系统	77	
	合计	1068			合计	1068	

表32　早年各种不良行为频率表（括号中数字为百分数）　　单位：人

	小学抽烟	小学偷窃	小学考试作弊	小学撒谎	小学经常上网	小学通宵上网	小学打架
有	263 （25.3）	79 （7.6）	256 （24.6）	181 （17.4）	153 （14.7）	98 （9.4）	230 （22.1）
没有	776 （74.7）	960 （92.4）	783 （75.4）	858 （82.6）	886 （85.3）	941 （90.6）	809 （77.9）
合计	1039	1039	1039	1039	1039	1039	1039

表 32　早年各种不良行为频率表（续）（括号中数字为百分数）　单位：人

	小学性行为	小学赌博	小学逃学	小学酗酒	小学欺负同学	小学离家出走	小学吸毒
有	47 (4.5)	124 (11.9)	371 (35.7)	62 (6.0)	81 (7.8)	187 (18.0)	8 (0.8)
没有	992 (94.5)	915 (88.1)	668 (64.3)	977 (94.0)	958 (92.2)	852 (82.0)	1031 (99.2)
合计	1039	1039	1039	1039	1039	1039	1039

表 32　早年各种不良行为频率表（续）（括号中数字为百分数）　单位：人

	小学破坏公物	小学其他不良行为	中学抽烟	中学偷窃	中学考试作弊	中学撒谎	中学经常上网
有	27 (2.6)	2 (0.2)	392 (39.6)	88 (8.9)	197 (19.9)	169 (17.1)	249 (25.1)
没有	1012 (97.4)	1037 (99.8)	599 (60.4)	903 (91.1)	794 (80.1)	822 (82.9)	742 (74.9)
合计	1039	1039	991	991	991	991	991

表 32　早年各种不良行为频率表（续）（括号中数字为百分数）　单位：人

	中学通宵上网	中学打架	中学性行为	中学赌博	中学逃学	中学酗酒	中学欺负同学
有	168 (17.0)	260 (26.2)	182 (18.4)	155 (15.6)	302 (30.5)	135 (13.6)	70 (7.1)
没有	823 (83.0)	731 (73.8)	809 (81.6)	836 (84.4)	689 (69.5)	856 (86.4)	921 (92.9)
合计	991	991	991	991	991	991	991

表32 早年各种不良行为频率表（续）（括号中数字为百分数）单位：人

	中学离家出走	中学吸毒	中学破坏公物	中学其他不良行为			
有	201 (20.3)	25 (2.5)	28 (2.8)	9 (0.9)			
没有	790 (79.7)	966 (97.5)	963 (97.2)	982 (99.1)			
合计	991	991	991	991			

从表32可知，对1039名犯罪人的调查表明，在小学阶段最多出现的不良行为是多次逃学（35.7%），其次是经常抽烟（25.3%），排第三位的是考试作弊（24.6%），除此以外，各种不良行为的排序是：多次打架（22.1%），离家出走（18.0%），经常撒谎（17.4%），经常上网（14.7%），赌博（11.9%），通宵上网（9.4%），欺负同学（7.8%），偷窃（7.6%），酗酒（6.0%），有过性行为（4.5%），破坏公物（2.6%），吸毒（0.8%），其他不良行为（0.2%）。

对991名犯罪人的调查表明，在中学阶段或13、14岁至16、17岁，出现最多的不良行为是经常抽烟（39.6%），其次是多次逃学（30.5%），第三是多次打架（26.2%），除此之外，各种不良行为的排序是：经常上网（25.1%），离家出走（20.3%），考试作弊（19.9%），有过性行为（18.4%），经常撒谎（17.1%），通宵上网（17.0%），赌博（15.6%），酗酒（13.6%），偷窃（8.9%），欺负同学（7.1%），破坏公物（2.8%），吸毒（2.5%），其他不良不为（0.9%）。

从调查结果来看，犯罪人从小学到中学，不良行为越来越多。这表现为三个结果：一是不良行为的选择比例提高了，如小学阶段不良行为最高比例是逃学，为35.7%，而到了中学最高比例的抽烟达39.6%；二是有不良行为的人数比例从小学的69.2%，上升到中学的74.1%；三是不良行为平均数，小学为2个，中学接近3个，结果见表33。

表33 中小学不良行为均值

		小学不良行为	中学不良行为
频率	有效	1039	991
	缺失	29	77
	均值	2.09	2.65
	标准差	2.36	2.82
	极小值	0.00	0.00
	极大值	14.00	15.00

（二）实验组与对照组统计检验结果与分析

运用交叉表卡方检验方法，对实验组与对照组在家庭教育、学校教育、交友情况以及早年不良行为方面作统计检验。

1. 家庭教育统计检验结果

（1）在家庭养育方式上，实验组与对照组之间存在极显著差异，放任不管、打骂体罚、专制、溺爱四种不良养育方式显著多于对照组，而民主、朋友式的养育方式显著少于对照组，结果见表34。

表34 父母养育方式交叉分析表

		父母养育方式					
		放任	打骂	专制	溺爱	民主	朋友
对照组	计数（人）	23	0	30	18	272	43
	%	6.0%	0.0%	7.8%	4.7%	70.5%	11.1%
实验组	计数（人）	184	111	248	169	297	32
	%	17.7%	10.7%	23.8%	16.2%	28.5%	3.1%

$x^2 = 292.87$, $p < 0.001$

(2) 在父母或抚养人日常关系方面，实验组与对照组之间存在极显著差异，父母或抚养人之间吵架、冷淡、分居的情况显著多于对照组，而和睦相处的情况显著少于对照组，结果见表35。

表35 父母关系交叉分析表

		父母关系			
		吵架	冷淡	分居	和睦
对照组	计数（人）	22	7	8	350
	%	5.7%	1.8%	2.1%	90.4%
实验组	计数（人）	247	55	52	694
	%	23.6%	5.2%	5.0%	66.2%

$x^2 = 84.41$, $p < 0.001$

2. 学校教育统计检验结果

实验组与对照组在学校教育的认知上存在极显著差异。犯罪人认为，学校老师的教育“除上课外几乎没什么思想教育”，或者是“犯了错误只有批评或处罚”，而对照组更多地认为，学校老师的教育“文化知识、思想教育都有”，结果见表36。

表36 学校教育交叉分析表

		学校教育				
		没思想教育	只有批评或处罚	教育几次后不再管	犯错都会讲道理	文化、思想教育都有
对照组	计数（人）	11	18	51	80	225
	%	2.9%	4.7%	13.2%	20.8%	58.4%
实验组	计数（人）	306	129	112	172	332
	%	29.1%	12.3%	10.7%	16.4%	31.6%

$x^2 = 61.08$，$p < 0.001$

3. 交友情况统计检验结果

在交友方面，与对照组相比，犯罪人的朋友中有更多的违法犯罪人，两者之间存在极显著的差异，结果见表37。

表37　交友情况交叉分析表

		犯罪朋友	
		没	有
对照组	计数（人）	366	16
	%	95.8%	4.2%
实验组	计数（人）	648	375
	%	63.3%	36.7%

$x^2 = 146.00$，$p < 0.001$

4. 早年不良行为统计检验结果

经统计检验，实验组与对照组之间在经常抽烟、偷窃、考试作弊、撒谎、经常上网、通宵上网、多次打架、早年性行为、赌博、多次逃学、酗酒、欺负同学、离家出走等13个早年不良行为上存在显著差异或极显著差异；“吸毒”在中学阶段或13、14岁至16、17岁两组之间存在显著差异，但小学阶段或7岁至12、13岁无显著差异。在“破坏公物”上两组之间无显著差异，这表明“破坏公物”不是早年不良行为，结果见表38。

表 38　早年不良行为交叉分析表

		小学抽烟		小学偷窃		小学考试作弊	
		无	有	无	有	无	有
对照组	计数（人）	382	3	377	8	353	32
	%	99.2%	0.8%	97.9%	2.1%	91.7%	8.3%
实验组	计数（人）	776	263	960	79	783	256
	%	74.7%	25.3%	92.4%	7.6%	75.4%	24.6%
		$x^2=111.31, p<0.001$		$x^2=14.95, p<0.001$		$x^2=46.41, p<0.001$	

表 38　早年不良行为交叉分析表（续）

		小学撒谎		小学经常上网		小学通宵上网	
		无	有	无	有	无	有
对照组	计数（人）	365	20	365	20	378	7
	%	94.8%	5.2%	94.8%	5.2%	98.2%	1.8%
实验组	计数（人）	858	181	886	153	941	98
	%	82.6%	17.4%	85.3%	14.7%	90.6%	9.4%
		$x^2=34.64, p<0.001$		$x^2=23.91, p<0.001$		$x^2=23.84, p<0.001$	

表 38　早年不良行为交叉分析表（续）

		小学打架		小学性行为		小学赌博	
		无	有	无	有	无	有
对照组	计数（人）	369	16	383	2	373	12
	%	95.8%	4.2%	99.5%	0.5%	96.9%	3.1%
实验组	计数（人）	809	230	992	47	915	124
	%	77.9%	22.1%	95.5%	4.5%	88.1%	11.9%
		$x^2=63.55, p<0.001$		$x^2=13.56, p<0.001$		$x^2=25.28, p<0.001$	

表 38　早年不良行为交叉分析表（续）

		小学逃学		小学酗酒		小学欺负	
		无	有	无	有	无	有
对照组	计数（人）	380	5	383	2	373	13
	%	98.7%	1.3%	99.5%	0.5%	96.9%	3.4%
实验组	计数（人）	668	371	977	62	958	81
	%	64.3%	35.7%	94.0%	6.0%	92.2%	7.8%
		$x^2=171.15, p<0.001$		$x^2=19.42, p<0.001$		$x^2=8.90, p<0.01$	

表 38　早年不良行为交叉分析表（续）

		小学出走		小学吸毒		小学破坏公物	
		无	有	无	有	无	有
对照组	计数（人）	376	9	385	0	372	13
	%	97.7%	2.3%	100.0%	0.0%	96.6%	3.4%
实验组	计数（人）	852	187	1031	8	1012	27
	%	82.0%	18.0%	99.2%	0.8%	97.4%	2.6%
		$x^2=58.04, p<0.001$		$x^2=2.98, p>0.05$		$x^2=0.62, p>0.05$	

表 38　早年不良行为交叉分析表（续）

		中学抽烟		中学偷窃		中学考试作弊	
		无	有	无	有	无	有
对照组	计数（人）	371	9	379	1	322	58
	%	97.6%	2.4%	99.7%	0.3%	84.7%	15.3%
实验组	计数（人）	599	392	903	88	794	197
	%	60.4%	39.6%	91.1%	8.9%	80.1%	19.9%
		$x^2=183.56, p<0.001$		$x^2=33.60, p<0.001$		$x^2=3.87, p<0.05$	

表38　早年不良行为交叉分析表（续）

		中学撒谎		中学经常上网		中学通宵上网	
		无	有	无	有	无	有
对照组	计数（人）	365	15	330	50	360	20
	%	96.1%	3.9%	86.8%	13.2%	94.7%	5.3%
实验组	计数（人）	822	169	742	249	823	168
	%	82.9%	17.1%	74.9%	25.1%	83.0%	17.0%
		$x^2=40.60, p<0.001$		$x^2=23.07, p<0.001$		$x^2=31.72, p<0.001$	

表38　早年不良行为交叉分析表（续）

		中学打架		中学性行为		中学赌博	
		无	有	无	有	无	有
对照组	计数（人）	369	11	375	5	366	14
	%	97.1%	2.9%	98.7%	1.3%	96.3%	3.7%
实验组	计数（人）	731	260	809	182	836	155
	%	73.8%	26.2%	81.6%	18.4%	84.4%	15.6%
		$x^2=94.36, p<0.001$		$x^2=67.78, p<0.001$		$x^2=36.33, p<0.001$	

表38　早年不良行为交叉分析表（续）

		中学逃学		中学酗酒		中学欺负	
		无	有	无	有	无	有
对照组	计数（人）	372	8	375	5	368	12
	%	97.9%	2.1%	98.7%	1.3%	96.8%	3.2%
实验组	计数（人）	689	302	856	135	921	70
	%	69.5%	30.5%	86.4%	13.6%	92.9%	7.1%
		$x^2=126.33, p<0.001$		$x^2=45.37, p<0.001$		$x^2=7.45, p<0.01$	

表38 早年不良行为交叉分析表（续）

		中学出走		中学吸毒		中学破坏公物	
		无	有	无	有	无	有
对照组	计数（人）	373	7	380	0	365	15
	%	98.2%	1.8%	100.0%	0.0%	96.1%	3.9%
实验组	计数（人）	790	201	966	25	963	28
	%	79.7%	20.3%	97.5%	2.5%	97.2%	2.8%
		$x^2=72.58, p<0.001$		$x^2=9.76, p<0.01$		$x^2=1.14, p>0.05$	

（三）逻辑回归统计结果

以是否犯罪作为因变量（编码方式：对照组为0，实验组为1），以学习、交友、抚养人、父母文化程度与工作、家庭养育方式、家庭教育、学校教育、早期不良行为、某些人口统计学特征等因素为自变量，具体有：小学不良行为数（每个人的不良行为总数）、中学不良行为数、小学抽烟（无为0，有为1）、小学偷窃、小学考试作弊、小学经常撒谎、小学经常上网、小学通宵上网、小学多次打架、小学性行为、小学赌博、小学多次逃学、小学酗酒、小学欺负同学、小学离家出走、小学吸毒，中学抽烟、中学偷窃、中学考试作弊、中学经常撒谎、中学经常上网、中学通宵上网、中学多次打架、中学性行为、中学赌博、中学多次逃学、中学酗酒、中学欺负同学、中学离家出走、中学吸毒、居住地（城市、县城为0，农村乡镇为1）、幼儿抚养人（父母为0，其他人为1）、小学抚养人、初中抚养人、有无知心朋友（无知心朋友为0，有为1）、父亲文化程度（初中及以下为0，初中以上为1）、母亲文化程度、父亲有没有工作（有工作为0，无工作为1）、母亲有没有工作、教养方式（民主、朋友式为0，放任、专制、打骂、溺爱为1）、家庭教育是否一致（一致为0，不一致为1）、家庭是否吵架（和睦为0，吵架、冷淡、分居为1)、犯错误后学校老师教育情况（有思想教育以及文化思想教育都有为0，无思想教育、只有批评或处罚、批评几次后就不管为1)、学习成绩变化情况（差变好为0，好变差为1)、朋友中有无犯罪（朋友中无犯罪为0，有为1)、农村或城市户口（农村户口为0，城市户口为1)、有无兄妹（无兄妹为0，有兄妹为1)、父母有无犯罪（无犯罪为0，有为1)、父母是否相信棍棒教育（不相信为0，相信为1)、父母有无打骂（无为0，有为1)、性别（女为0，男为1)、家庭经济（温饱及好为0，温饱不能解决为1）等52个因子为自变量，作二元Logistic回归分析，结果见表39—43。

表39　分类表[a,b]（块0：起始块）

已观测			已预测		
			实验对照		百分比校正
			对照组	实验组	
步骤0	实验对照	对照组	0	330	0.0
		实验组	0	663	100.0
		总计百分比			66.8

a. 模型中包括常量。b. 切割值为0.500

表39是回归模型不含任何自变量，只有常数时的模型（无效模型），此时总的预测准确率为66.8%。

表40　模型系数的综合检验（块1：方法=向前：条件）

		卡方	df	Sig.
步骤1	步骤	215.906	1	0.000
	块	215.906	1	0.000
	模型	215.906	1	0.000

续表

		卡方	df	Sig.
步骤 2	步骤	137. 315	1	0. 000
	块	353. 221	2	0. 000
	模型	353. 221	2	0. 000
步骤 3	步骤	141. 950	1	0. 000
	块	495. 171	3	0. 000
	模型	495. 171	3	0. 000
步骤 4	步骤	69. 420	1	0. 000
	块	564. 591	4	0. 000
	模型	564. 591	4	0. 000
步骤 5	步骤	67. 507	1	0. 000
	块	632. 098	5	0. 000
	模型	632. 098	5	0. 000
步骤 6	步骤	38. 002	1	0. 000
	块	670. 101	6	0. 000
	模型	670. 101	6	0. 000
步骤 7	步骤	20. 259	1	0. 000
	块	690. 360	7	0. 000
	模型	690. 360	7	0. 000
步骤 8	步骤	30. 624	1	0. 000
	块	720. 984	8	0. 000
	模型	720. 984	8	0. 000
步骤 9	步骤	21. 426	1	0. 000
	块	742. 409	9	0. 000
	模型	742. 409	9	0. 000

续表

		卡方	df	Sig.
步骤 10	步骤	12.006	1	0.001
	块	754.415	10	0.000
	模型	754.415	10	0.000
步骤 11	步骤	12.883	1	0.000
	块	767.298	11	0.000
	模型	767.298	11	0.000
步骤 12	步骤	8.327	1	0.004
	块	775.626	12	0.000
	模型	775.626	12	0.000
步骤 13	步骤	6.362	1	0.012
	块	781.988	13	0.000
	模型	781.988	13	0.000
步骤 14	步骤	6.092	1	0.014
	块	788.081	14	0.000
	模型	788.081	14	0.000
步骤 15	步骤	4.466	1	0.035
	块	792.547	15	0.000
	模型	792.547	15	0.000
步骤 16	步骤	4.696	1	0.030
	块	797.243	16	0.000
	模型	797.243	16	0.000
步骤 17	步骤	4.526	1	0.033
	块	801.769	17	0.000
	模型	801.769	17	0.000

表40是对回归模型总的全局检验，步骤17的 $x^2=801.769$，$p=0.000$，表明自变量中存在对应变量有统计意义的变量。

表41　模型汇总（块1：方法 = 向前：条件）

步骤	-2倍对数似然值	Cox & Snell R方	Nagelkerke R方
1	1046.821[a]	0.195	0.272
2	909.506[a]	0.299	0.416
3	767.556[b]	0.393	0.546
4	698.135[b]	0.434	0.603
5	630.628[b]	0.471	0.654
6	592.626[b]	0.491	0.682
7	572.367[c]	0.501	0.696
8	541.742[c]	0.516	0.717
9	520.317[c]	0.527	0.732
10	508.311[c]	0.532	0.740
11	495.428[c]	0.538	0.748
12	487.100[c]	0.542	0.753
13	480.738[c]	0.545	0.757
14	474.646[c]	0.548	0.761
15	470.179[c]	0.550	0.764
16	465.483[c]	0.552	0.767
17	460.957[c]	0.554	0.770

a. 因为参数估计的更改范围小于0.001，所以估计在迭代次数5处终止。

b. 因为参数估计的更改范围小于0.001，所以估计在迭代次数7处终止。

c. 因为参数估计的更改范围小于0.001，所以估计在迭代次数8处终止。

表41为模型情况简报，到步骤17时“-2倍的对数似然值”为460.957，用于统计推断及拟合优度检验。数据表明模型拟合良好。

表 42 分类表（块 1：方法 = 向前：条件）

已观测			已预测		
			实验对照		百分比校正
			对照组	实验组	
步骤 1	实验对照	对照组	271	59	82.1
		实验组	226	437	65.9
		总计百分比			71.3
步骤 2	实验对照	对照组	133	197	40.3
		实验组	17	646	97.4
		总计百分比			78.4
步骤 3	实验对照	对照组	292	38	88.5
		实验组	179	484	73.0
		总计百分比			78.1
步骤 4	实验对照	对照组	282	48	85.5
		实验组	123	540	81.4
		总计百分比			82.8
步骤 5	实验对照	对照组	277	53	83.9
		实验组	91	572	86.3
		总计百分比			85.5
步骤 6	实验对照	对照组	280	50	84.8
		实验组	78	585	88.2
		总计百分比			87.1
步骤 7	实验对照	对照组	277	53	83.9
		实验组	77	586	88.4
		总计百分比			86.9

续表

已观测			已预测		
			实验对照		百分比校正
			对照组	实验组	
步骤 8	实验对照	对照组	262	68	79.4
		实验组	53	610	92.0
		总计百分比			87.8
步骤 9	实验对照	对照组	271	59	82.1
		实验组	69	594	89.6
		总计百分比			87.1
步骤 10	实验对照	对照组	264	66	80.0
		实验组	52	611	92.2
		总计百分比			88.1
步骤 11	实验对照	对照组	267	63	80.9
		实验组	49	614	92.6
		总计百分比			88.7
步骤 12	实验对照	对照组	270	60	81.8
		实验组	52	611	92.2
		总计百分比			88.7
步骤 13	实验对照	对照组	274	56	83.0
		实验组	57	606	91.4
		总计百分比			88.6
步骤 14	实验对照	对照组	279	51	84.5
		实验组	57	606	91.4
		总计百分比			89.1

续表

已观测			已预测		
			实验对照		百分比校正
			对照组	实验组	
步骤 15	实验对照	对照组	278	52	84. 2
		实验组	56	607	91. 6
		总计百分比			89. 1
步骤 16	实验对照	对照组	279	51	84. 5
		实验组	55	608	91. 7
		总计百分比			89. 3
步骤 17	实验对照	对照组	279	51	84. 5
		实验组	54	609	91. 9
		总计百分比			89. 4

a. 切割值为 0. 500

表 42 是所建立的新模型对因应量的分类预测情况，从原来的预测准确率（块 0）66. 8% 上升到（块 1，步骤 17）89. 4%，说明新变量的引入很好地提高了预测效果，新建的模型预测良好。

表 43 方程中的变量（块 1：方法 = 向前：条件）

		B	S. E,	Wals	df	Sig.	Exp（B）
步骤 1a	教养方式（1）	-2. 184	0. 165	174. 383	1	0. 000	0. 113
	常量	2. 002	0. 139	208. 426	1	0. 000	7. 407
步骤 2b	教养方式（1）	-2. 301	0. 185	154. 216	1	0. 000	0. 100
	有无兄妹（1）	-2. 104	0. 194	118. 130	1	0. 000	0. 122
	常量	2. 654	0. 172	238. 438	1	0. 000	14. 217
步骤 3c	中学抽烟（1）	-3. 357	0. 413	65. 934	1	0. 000	0. 035

续表

		B	S. E,	Wals	df	Sig.	Exp（B）
	教养方式（1）	-2.054	0.198	107.610	1	0.000	0.128
	有无兄妹（1）	-2.175	0.219	98.578	1	0.000	0.114
	常量	5.375	0.442	148.074	1	0.000	216.029
步骤4d	中学抽烟（1）	-3.331	0.426	61.256	1	0.000	0.036
	知心朋友（1）	2.011	0.271	55.203	1	0.000	7.468
	教养方式（1）	-2.007	0.208	93.272	1	0.000	0.134
	有无兄妹（1）	-2.281	0.234	95.131	1	0.000	0.102
	常量	4.951	0.454	118.986	1	0.000	141.373
步骤5e	中学抽烟（1）	-3.287	0.441	55.595	1	0.000	0.037
	知心朋友（1）	2.106	0.283	55.280	1	0.000	8.217
	教养方式（1）	-1.911	0.218	76.659	1	0.000	0.148
	犯罪朋友（1）	-2.493	0.362	47.451	1	0.000	0.083
	有无兄妹（1）	-2.292	0.247	85.903	1	0.000	0.101
	常量	6.990	0.598	136.571	1	0.000	1086.184
步骤6f	小学逃学（1）	-2.667	0.564	22.356	1	0.000	0.069
	中学抽烟（1）	-2.875	0.462	38.640	1	0.000	0.056
	知心朋友（1）	2.057	0.286	51.561	1	0.000	7.822
	教养方式（1）	-1.808	0.225	64.698	1	0.000	0.164
	犯罪朋友（1）	-2.438	0.374	42.462	1	0.000	0.087
	有无兄妹（1）	-2.235	0.255	76.584	1	0.000	0.107
	常量	8.945	0.823	118.266	1	0.000	7668.384
步骤7g	小学逃学（1）	-2.786	0.566	24.214	1	0.000	0.062
	中学抽烟（1）	-2.973	0.465	40.805	1	0.000	0.051
	城乡（1）	0.969	0.220	19.414	1	0.000	2.637
	知心朋友（1）	2.171	0.294	54.372	1	0.000	8.764

续表

		B	S. E,	Wals	df	Sig.	Exp（B）
	教养方式（1）	-1.804	0.229	62.143	1	0.000	0.165
	犯罪朋友（1）	-2.351	0.380	38.284	1	0.000	0.095
	有无兄妹（1）	-2.402	0.263	83.569	1	0.000	0.091
	常量	8.685	0.833	108.767	1	0.000	5912.635
步骤 8h	小学逃学（1）	-2.593	0.560	21.451	1	0.000	0.075
	中学抽烟（1）	-3.002	0.476	39.801	1	0.000	0.050
	城乡（1）	1.273	0.237	28.735	1	0.000	3.572
	知心朋友（1）	2.164	0.301	51.575	1	0.000	8.708
	父初中（1）	1.562	0.296	27.824	1	0.000	4.768
	教养方式（1）	-1.738	0.235	54.827	1	0.000	0.176
	犯罪朋友（1）	-2.349	0.385	37.137	1	0.000	0.095
	有无兄妹（1）	-2.268	0.271	70.065	1	0.000	0.104
	常量	7.075	0.851	69.059	1	0.000	1182.120
步骤 9i	小学逃学（1）	-2.595	0.567	20.966	1	0.000	0.075
	中学抽烟（1）	-3.024	0.470	41.395	1	0.000	0.049
	城乡（1）	1.434	0.250	32.958	1	0.000	4.195
	知心朋友（1）	2.133	0.310	47.431	1	0.000	8.441
	父初中（1）	1.591	0.307	26.902	1	0.000	4.910
	母有工作（1）	-1.134	0.250	20.541	1	0.000	0.322
	教养方式（1）	-1.693	0.240	49.751	1	0.000	0.184
	犯罪朋友（1）	-2.317	0.388	35.700	1	0.000	0.099
	有无兄妹（1）	-2.043	0.274	55.441	1	0.000	0.130
	常量	7.681	0.874	77.239	1	0.000	2167.154
步骤 10j	小学逃学（1）	-2.860	0.579	24.361	1	0.000	0.057
	中学抽烟（1）	-3.329	0.485	47.029	1	0.000	0.036

续表

		B	S. E,	Wals	df	Sig.	Exp（B）
	城乡（1）	1.394	0.252	30.515	1	0.000	4.031
	知心朋友（1）	2.282	0.321	50.578	1	0.000	9.795
	父初中（1）	1.647	0.312	27.797	1	0.000	5.193
	母有工作（1）	-1.142	0.252	20.612	1	0.000	0.319
	教养方式（1）	-1.657	0.243	46.686	1	0.000	0.191
	犯罪朋友（1）	-2.465	0.396	38.690	1	0.000	0.085
	有无兄妹（1）	-1.929	0.281	47.052	1	0.000	0.145
	性别编码（1）	0.829	0.243	11.670	1	0.001	2.292
	常量	7.900	0.900	77.068	1	0.000	2698.111
步骤 11k	小学逃学（1）	-2.513	0.619	16.480	1	0.000	0.081
	中学抽烟（1）	-3.029	0.491	38.122	1	0.000	0.048
	中学逃学（1）	-1.924	0.611	9.926	1	0.002	0.146
	城乡（1）	1.450	0.255	32.348	1	0.000	4.263
	知心朋友（1）	2.210	0.323	46.777	1	0.000	9.114
	父初中（1）	1.688	0.316	28.568	1	0.000	5.408
	母有工作（1）	-1.184	0.255	21.614	1	0.000	0.306
	教养方式（1）	-1.629	0.246	43.783	1	0.000	0.196
	犯罪朋友（1）	-2.289	0.403	32.277	1	0.000	0.101
	有无兄妹（1）	-1.910	0.286	44.608	1	0.000	0.148
	性别编码（1）	0.890	0.246	13.128	1	0.000	2.435
	常量	8.876	1.048	71.727	1	0.000	7157.992
步骤 12l	小学抽烟（1）	-2.012	0.821	6.000	1	0.014	0.134
	小学逃学（1）	-2.290	0.613	13.937	1	0.000	0.101
	中学抽烟（1）	-2.432	0.522	21.752	1	0.000	0.088
	中学逃学（1）	-1.975	0.619	10.168	1	0.001	0.139

续表

		B	S. E,	Wals	df	Sig.	Exp (B)
	城乡 (1)	1.458	0.258	31.965	1	0.000	4.298
	知心朋友 (1)	2.187	0.327	44.816	1	0.000	8.904
	父初中 (1)	1.660	0.317	27.343	1	0.000	5.257
	母有工作 (1)	-1.211	0.257	22.278	1	0.000	0.298
	教养方式 (1)	-1.562	0.249	39.392	1	0.000	0.210
	犯罪朋友 (1)	-2.304	0.407	32.032	1	0.000	0.100
	有无兄妹 (1)	-1.956	0.293	44.492	1	0.000	0.141
	性别编码 (1)	0.948	0.247	14.720	1	0.000	2.580
	常量	10.080	1.219	68.432	1	0.000	23863.884
步骤 13m	小学抽烟 (1)	-2.071	0.819	6.392	1	0.011	0.126
	小学逃学 (1)	-2.327	0.615	14.335	1	0.000	0.098
	中学抽烟 (1)	-2.318	0.517	20.130	1	0.000	0.098
	中学逃学 (1)	-2.034	0.620	10.780	1	0.001	0.131
	城乡 (1)	1.458	0.259	31.680	1	0.000	4.295
	知心朋友 (1)	2.114	0.332	40.474	1	0.000	8.283
	父初中 (1)	1.579	0.317	24.825	1	0.000	4.848
	父有工作 (1)	-1.025	0.418	6.006	1	0.014	0.359
	母有工作 (1)	-0.915	0.282	10.521	1	0.001	0.401
	教养方式 (1)	-1.580	0.251	39.571	1	0.000	0.206
	犯罪朋友 (1)	-2.307	0.407	32.163	1	0.000	0.100
	有无兄妹 (1)	-1.931	0.294	43.186	1	0.000	0.145
	性别编码 (1)	0.987	0.249	15.707	1	0.000	2.684
	常量	10.894	1.277	72.782	1	0.000	53845.428
步骤 14n	小学抽烟 (1)	-2.098	0.831	6.371	1	0.012	0.123
	小学逃学 (1)	-2.154	0.625	11.887	1	0.001	0.116

续表

		B	S. E,	Wals	df	Sig.	Exp（B）
	中学抽烟（1）	-1.971	0.529	13.886	1	0.000	0.139
	中学打架（1）	-1.413	0.598	5.587	1	0.018	0.244
	中学逃学（1）	-1.882	0.625	9.052	1	0.003	0.152
	城乡（1）	1.449	0.260	31.085	1	0.000	4.260
	知心朋友（1）	2.143	0.336	40.620	1	0.000	8.521
	父初中（1）	1.513	0.317	22.817	1	0.000	4.541
	父有工作（1）	-1.082	0.422	6.565	1	0.010	0.339
	母有工作（1）	-0.927	0.283	10.733	1	0.001	0.396
	教养方式（1）	-1.605	0.254	39.824	1	0.000	0.201
	犯罪朋友（1）	-2.258	0.408	30.578	1	0.000	0.105
	有无兄妹（1）	-1.959	0.297	43.446	1	0.000	0.141
	性别编码（1）	1.068	.252	17.929	1	.000	2.909
	常量	11.673	1.361	73.592	1	.000	117358.598
步骤15o	小学抽烟（1）	-2.125	0.830	6.556	1	0.010	0.119
	小学赌博（1）	1.487	0.698	4.541	1	0.033	4.424
	小学逃学（1）	-2.634	0.729	13.056	1	0.000	0.072
	中学抽烟（1）	-2.221	0.559	15.764	1	0.000	0.108
	中学打架（1）	-1.344	0.604	4.954	1	0.026	0.261
	中学逃学（1）	-1.940	0.623	9.703	1	0.002	0.144
	城乡（1）	1.456	0.262	30.805	1	0.000	4.287
	知心朋友（1）	2.121	0.337	39.633	1	0.000	8.337
	父初中（1）	1.510	0.320	22.299	1	0.000	4.527
	父有工作（1）	-1.115	0.430	6.733	1	0.009	0.328
	母有工作（1）	-.902	0.285	10.040	1	0.002	0.406
	教养方式（1）	-1.613	0.255	40.057	1	0.000	0.199

续表

		B	S. E,	Wals	df	Sig.	Exp（B）
	犯罪朋友（1）	-2. 389	0. 420	32. 350	1	0. 000	0. 092
	有无兄妹（1）	-1. 976	0. 300	43. 466	1	0. 000	0. 139
	性别编码（1）	1. 041	0. 253	16. 964	1	0. 000	2. 831
	常量	11. 109	1. 371	65. 660	1	0. 000	66801. 276
步骤 16p	小学抽烟（1）	-2. 100	0. 829	6. 407	1	0. 011	0. 123
	小学赌博（1）	1. 514	0. 720	4. 415	1	0. 036	4. 544
	小学逃学（1）	-2. 588	0. 751	11. 866	1	0. 001	0. 075
	小学出走（1）	-1. 424	0. 673	4. 472	1	0. 034	0. 241
	中学抽烟（1）	-2. 226	0. 562	15. 691	1	0. 000	0. 108
	中学打架（1）	-1. 302	0. 619	4. 428	1	0. 035	0. 272
	中学逃学（1）	-1. 917	0. 640	8. 962	1	0. 003	0. 147
	城乡（1）	1. 473	0. 264	31. 194	1	0. 000	4. 362
	知心朋友（1）	2. 112	0. 340	38. 592	1	0. 000	8. 266
	父初中（1）	1. 563	0. 324	23. 322	1	0. 000	4. 772
	父有工作（1）	-1. 129	0. 431	6. 856	1	0. 009	0. 323
	母有工作（1）	-0. 896	0. 285	9. 909	1	0. 002	0. 408
	教养方式（1）	-1. 587	0. 256	38. 384	1	0. 000	0. 205
	犯罪朋友（1）	-2. 382	0. 420	32. 101	1	0. 000	0. 092
	有无兄妹（1）	-2. 053	0. 306	45. 091	1	0. 000	0. 128
	性别编码（1）	1. 013	0. 253	15. 960	1	0. 000	2. 753
	常量	12. 298	1. 529	64. 678	1	0. 000	219248. 751
步骤 17q	小学抽烟（1）	-2. 282	0. 855	7. 123	1	0. 008	0. 102
	小学偷窃（1）	1. 676	0. 786	4. 546	1	0. 033	5. 344
	小学赌博（1）	1. 398	0. 723	3. 737	1	0. 053	4. 048
	小学逃学（1）	-2. 787	0. 788	12. 502	1	0. 000	0. 062

续表

		B	S. E,	Wals	df	Sig.	Exp（B）
	小学出走（1）	-1.542	0.653	5.572	1	0.018	0.214
	中学抽烟（1）	-2.247	0.569	15.577	1	0.000	0.106
	中学打架（1）	-1.315	0.620	4.504	1	0.034	0.268
	中学逃学（1）	-1.831	0.647	8.011	1	0.005	0.160
	城乡（1）	1.479	0.265	31.159	1	0.000	4.387
	知心朋友（1）	2.187	0.346	39.982	1	0.000	8.905
	父初中（1）	1.539	0.325	22.481	1	0.000	4.660
	父有工作（1）	-1.130	0.432	6.855	1	0.009	0.323
	母有工作（1）	-0.886	0.287	9.527	1	0.002	0.412
	教养方式（1）	-1.638	0.260	39.646	1	0.000	0.194
	犯罪朋友（1）	-2.461	0.424	33.629	1	0.000	0.085
	有无兄妹（1）	-2.107	0.309	46.372	1	0.000	0.122
	性别编码（1）	0.996	0.255	15.288	1	0.000	2.706
	常量	11.334	1.543	53.929	1	0.000	83624.693

a. 在步骤 1 中输入的变量：教养方式.

b. 在步骤 2 中输入的变量：有无兄妹.

c. 在步骤 3 中输入的变量：中学抽烟.

d. 在步骤 4 中输入的变量：知心朋友.

e. 在步骤 5 中输入的变量：犯罪朋友.

f. 在步骤 6 中输入的变量：小学逃学.

g. 在步骤 7 中输入的变量：城乡.

h. 在步骤 8 中输入的变量：父初中.

i. 在步骤 9 中输入的变量：母有工作.

j. 在步骤 10 中输入的变量：性别编码.

k. 在步骤 11 中输入的变量：中学逃学.

l. 在步骤 12 中输入的变量：小学抽烟.

m. 在步骤 13 中输入的变量：父有工作.

n. 在步骤 14 中输入的变量：中学打架.

o. 在步骤 15 中输入的变量：小学赌博.

p. 在步骤 16 中输入的变量：小学出走.

q. 在步骤 17 中输入的变量：小学偷窃.

表 43 显示了通过 Logistic 回归所建立的新模型，表明 52 个自变量中有 17 个自变量进入回归模型（见步骤 17），它们对预测因变量的变化有作用。由“B”列的系数可得二元 Logistic 模型为：$p = 1/(1 + e^{-z})$，其中 z = 11.334 − 2.282 × 小学抽烟 + 1.676 × 小学偷窃 + 1.398 × 小学赌博 − 2.787 × 小学逃学 − 1.542 × 小学出走 − 2.247 × 中学抽烟 − 1.315 × 中学打架 − 1.831 × 中学逃学 + 1.479 × 城乡 + 2.187 × 知心朋友 + 1.539 × 父初中 − 1.130 × 父有工作 − 0.886 × 母有工作 − 1.638 × 教养方式 − 2.461 × 犯罪朋友 − 2.107 × 有无兄妹 − 0.996 × 性别。

从表 43 二元逻辑回归结果分析可知，对个体犯罪起作用的因子情况是：小学有抽烟、小学有偷窃、小学有赌博、小学有离家出走、中学有抽烟、中学有打架、中学有逃学、来自农村与乡镇的、有知心朋友、父亲初中以上文化、父母无工作、不良家庭养育方式、有犯罪朋友、有兄妹以及男性。把这些因素综合起来分析，可以发现：父亲初中以上文化且没有工作的，母亲亦没有工作的，容易引发子女去犯罪；犯罪人有知心朋友，而且知心朋友是违法犯罪的，容易造成个体去犯罪；中小学有抽烟、逃学不良行为的，以及小学有离家出走的，成年后容易犯罪；小学时偷窃、赌博，中学打架，即早年存在违法行为的，成年后也更容易去犯罪；家庭养育方式不良促进个体犯罪行为的产生。

三、讨论

（一）不良家庭教育与犯罪的关系

家庭是个体生活环境中最基本、最重要的社会环境，每个人都是在一定的家庭环境中生活的。家庭对于个体心理发展以及犯罪心理的形成影响作用巨大。家庭的功能是多方面的，从对个体心理发展起影响作用的角度来说，主要是教育功能、抚养功能以及情感交流功能，其中教育功能尤其重要。通过家庭的抚养与情感交流功能，年幼个体得到爱护，建立起良好的亲子关系，体会到关爱之情。这是个体走上社会后能够信任、互助的最基本的内心基础。而家庭的教育功能，使得个体初步建立起规则意识，获得感恩的优良品质，为今后良好人格形成打下基础。然而不良的家庭关系直接破坏家庭功能，本次调查表明，违法犯罪人员的家庭中父母或抚养人之间吵架、冷淡、分居的情况，即父母关系不良的占33.8%。这种不良的家庭关系对子女的健康成长造成障碍，对人际信任与互助关系产生怀疑，不仅对子女今后家庭关系能力产生不良影响，而且是造成个体违法犯罪的原因之一。

个体成长从自然人转变为社会人，需要教化，“家庭是孩子的第一任教师”、“父母是孩子最早的教师”。然而，父母的教育应当讲求方式方法，“一切听父母的安排”这样的专制型养育方式是不可取的；而小孩犯了错误只有打骂更不可取；从人格发展偏差以及犯罪心理形成角度分析，溺爱型的家庭养育方式是有更为严重影响的，它会使个体形成缺陷人格（李玫瑾，2010），这是造成个体去违法犯罪的主要内在心理特质之一。还有的家庭对子女放任不管，从而丧失了家庭教育的功能，特别是有的家庭父母放任不管，爷爷奶奶或外公外婆又溺爱、宠爱，这在违法犯罪人家庭中常可见到，两种不良养育方式共同作用于个体身上，对人格缺陷或犯罪心理的形成起到推波助澜的作用。从本次调查情况看，违法人员家庭养育方式不良的占68.4%；逻辑回归分析结果表明，不良的家庭养育方式与个体违法犯罪之间存在因果关系。这从实证角度证明了两者间的紧密关系。

（二）学校教育缺失与犯罪的关系

个体成长需要教化，除了家庭教育，学校教育更为重要。

李·罗宾斯（Lee Robins，1966）认为，在家庭中严重缺乏管教造成逃学和学业成绩差而需要治疗的儿童，可以尝试用学校取代缺乏管教的父母管教，从而预防逃学和学校失败。戈特弗里德森和赫希（Gottfredson and Hirschi，1990）则认为，甚至在没有父母支持的情况下，学校也可以发挥积极的影响作用。由于在学校的经历，一些学生学会了更好地鉴别与自我控制有关的情形和机会，从而可以有效地得到社会化，不管家庭经历如何，都能产生这样的结果。

分析我国的中小学教育，在取得巨大成绩的同时亦存在许多问题。首先是教育内容的缺陷。其次是学校教育方法和态度偏差对青少年发展的不良影响。一些教师不情愿做学生细致的思想教育工作，当学生犯了错误，以要求学生写检讨书代替思想教育，或是简单、生硬地处罚了事。在访谈中有一名未成年服刑人员告诉研究人员，他读书到初三时开始在学校犯错误（打架），第一次记得是责令写检讨书，第二次就要求回家思过一星期并交检讨书，第三次就直接要求他休学，然后到学期末时再参加考试拿到了初中毕业证。对犯罪人的问卷调查，更明确地得到学校教育在内容和方法态度上的偏差状况，违法人员认为学校“没什么思想教育”或者是思想教育不到位的占一半以上。这种情形确实令人担忧。如果再加上家庭教养方式不良，那么青少年的健康发展确实不容乐观。

但是学校教育因素在回归分析中没有进入回归模型，这与研究者的初始设计有差异。可能的原因是，一是学校教育偏差与犯罪的关系值得进一步检验；二是学校教育因素在本次调查中只设计了一个项目，可能需要从学校教育的更多维度来检测其与犯罪的关系。

（三）早年不良行为与犯罪的关系

犯罪学研究表明，个体之所以犯罪与其早年时期的不良行为存在高度相关性。桑普森和劳布（Sampson and Laub，1993）认为，儿童时期的不良行为以及违法行为与成年时期的违法犯罪行为之间存在重要的实质性的联系。帕特森等人（Patterson，et al.，1997）认为，早年不良行为者具有反社会行为的持续性，他们的反社会行为会一直持续到青年和成年期。这些观点认为，违法犯罪行为具有持续性。然而，也有学者提出犯罪的非持续性。罗宾（Robin，1985）认为，几乎所有表现出反社会行为的成年人在儿童时期都有反社会行为，但是大多数反社会的儿童却并没有成长为反社会的成人。本研究结果支持犯罪的持续性观点，认为个体早年的不良行为，如小学时期的抽烟、偷窃、赌博、离家出走和中学时期的抽烟、打架、逃学，与他们成年时期的违法犯罪行为之间存在一定的因果关系，表现出连续性特征。早年不良行为能够在一定程度上预测成年时期的违法犯罪行为。

参考文献

[1] [美] 迈克尔·戈特弗里德森、特拉维斯·赫希著：《犯罪的一般理论》，吴宗宪、苏明月译，中国人民公安大学出版社2009年版，第101页。

[2] [美] 罗伯特·J. 桑普森、约翰·H. 劳布著：《犯罪之形成——人生道路及其转折点》，汪明亮等译，北京大学出版社2006年版，第141页。

[3] 曹立群、任昕主编：《犯罪学》，中国人民大学出版社2008年版，第49-51页。

[4] 李玫瑾著：《犯罪心理研究——在犯罪防控中的作用》，中国人民公安大学出版社2010年版，第61-62页。

[5] 刘邦惠主编：《犯罪心理学》（第二版），科学出版社2009年版，第74-80页。

[6] [美] 比格兰等著：《青少年行为问题预防与心理干预》，黄秀琴等译，人民卫生出版社 2011 年版，第 18 –25 页。

[7] [美] Curt R. Bartol，Anne M. Bartol 著：《犯罪心理学》（第七版），杨波等译，中国轻工业出版社 2009 年版，第 44 –64 页。

[8] [美] 埃里克 · J. 马什、戴维 · A. 沃尔夫著：《异常儿童心理》（第三版），徐浙宁、苏雲云译，上海人民出版社 2009 年版，第 175 –195 页。

[9] 曾赟、孔一、张崇脉著：《犯罪原因分析》，华中科技大学出版社 2010 年版，第 180 页。

第三部分　研究启示

根据个案访谈与抽样调查结果，结合发展心理学、犯罪学、监狱学等学科知识，研究者在这一部分对有效的家庭教育与矫正机构对犯罪人的针对性矫治工作提出一些操作性的建议。家庭教育对个体成长极其重要，而矫正机构的科学矫正对犯罪人成长极其重要。这是本课题研究的基本启示。

1. 对家庭教育的启示

家庭教育在个体成长过程中起着极为重要的作用，对个体心理的良好发展与行为塑造作用巨大。不管是个体自身的心智发展，还是个体与他人的关系发展；不管是个体的学习活动，还是去建立良性的同伴关系，都离不开家庭教育与家庭影响。对29个违法犯罪人的访谈中，每一个犯罪人都或多或少受着家庭的影响，但是其中的绝大部分所经历的家庭教育却是不良的。这从“反面”证明良好家庭教育的重要性。那么良好的家庭教育该如何开展呢？这要从个体身心发展的规律出发，遵循人的身心发展规律。

个体成长过程（身心的发展）是连续性与阶段性的统一。人的心身在生命进程中表现出量和质两方面的变化，且与年龄有密切的联系，既表现出连续性，又表现出发展的阶段性，形成年龄特征。家庭教育要有持续性，但是相对于身心发展各阶段的特征，家庭教育又应当有所差异，教育重点又应有所不同。本书主要阐述18岁之前个体身心发展规律及其与家庭教育的紧密关系。

一、阶段Ⅰ：0—3岁，婴儿期

0—3岁是人从出生到上幼儿园前的一个阶段，是人生第一个大的阶段。在这一阶段，家人对婴儿的爱与照料非常重要。

对3岁以前的婴儿来说，心理发展的最大威胁是安全感得不到满足。家庭环境的影响在这一时间段内至关重要，即来自父母的关怀和照顾。[①] 如果父母的态度总是忽略甚至冷漠和反感，或

① 郭念锋主编：《心理咨询师》（基础知识），民族出版社2005年版，第454页。

者父母的态度是严厉和苛刻的，所给予的是“有条件的爱”，那么，在婴幼儿的内心会形成一个概念，即认为自己是坏的，不被人需要的，由此也就埋下了忧郁、焦虑、低自尊的种子。相反，如果母亲能够在婴幼儿需要的时候及时出现，在其需要陪伴的时候耐心等候，并且表现出宽容、友好和爱的态度，那么就十分有利于他建立一个完整、健康的内心世界。因此，对小孩的爱，母爱，不能缺乏。从另外一个角度说，3 岁以前的婴儿，最好是父母亲自照料与抚养，或者是抚养人对其的照料是精心的、无私的和全心投入的。

那么什么是友好的、有效的“照料”呢？适当、及时地满足小孩的饥饿需求，这是首要的；其次，当小孩需要父母（抚养人）时，父母能够及时出现，不一定是每分每秒都陪伴在婴儿的身边，要给小孩提供一种温暖、安全的氛围。

在有效的照料之下，小孩会形成“依恋”情感，即婴儿对身边某一稳定抚养人的专一的依赖与眷恋、不愿其离开的情感现象。依恋对婴儿整个心理发展具有重要作用。婴儿是否同母亲（或抚养人）形成依恋及其依恋的性质如何，直接影响着婴儿的情绪情感、社会性行为、性格特征和对人交往的基本态度的形成。[①] 因此，依恋的状况影响着儿童后来的心理发展状况。没有形成依恋的人会有终身的社会情感缺陷，以致成年后表现出对社会或他人的冷酷和残忍等。[②]

在智能方面，可以把婴儿期分为两个小的阶段：1 岁以前与 1—3 岁。1 岁前，不管是思维还是语言，都处在“准备”阶段。

---

① 林崇德主编：《发展心理学》（第二版），人民教育出版社 2009 年版，第 174 页。

② 李玫瑾著：《犯罪心理研究——在犯罪防控中的作用》，中国人民公安大学出版社 2010 年版，第 27 页。

1 岁半以后，婴儿表现最明显的特征是开始说话，即此时小孩的话语有了意义。而 2—3 岁是语言发展的关键期。因此，成人与整个婴儿阶段的小孩都要多说说话。这可以说是成人对婴儿可以开展的最主要的“教育内容”。说话时成人有两种方式：一是把婴儿当成“小大人”来对待，与婴儿说话时以完整的句子来对话；二是认为小孩就是小孩，与之说话也与婴儿一样说单音字或双音词。比如说汽车，前一种态度说的话是：“这是一辆汽车……”;后一种态度说的话是：“喏，嘟嘟。”两种说话方式都可以，但是笔者倾向于第一种。一般到 3 岁，小孩能说完整的句子了，可以成为一个颇具表达能力的“谈话者”。另外，3 岁是音乐才能发展的关键期，是否加以培养，看家长自身条件与可能。

二、阶段Ⅱ：3 至 6、7 岁，幼儿期

3 至 6、7 岁，是一个人上幼儿园的年龄。这是人生第二个大的阶段。游戏是这一阶段小孩最主要的活动内容；家长也可以通过游戏的方式来教育小孩。

从小孩健康成长角度出发，在这一阶段的家庭教育中要注意以下几点：

1. 继续给予小孩应有的关心与照料，特别是在小孩犯错误时不要动不动以打骂方式作为教育方法，特别是父亲。

2. 要开始重视思想教育，其中最关键的是感恩教育。感恩怎么教？注意三个方面：①要告诉小孩，大人抚养他们不容易，今后要记得回报。这些道理可以多次重复教育。②要教育小孩懂得为爸妈、为他人着想，如进超市时知道给大人选喜欢的食品。食物不能独享，要懂得分享；每次或经常地有分享行为，或者家里有东西与邻居或长辈分享时可由小孩去送或参与分送。③知道从他人角度去想一想。这点是需要培养的，即当发生一个事情时可以教育或要求小孩从他人角度看会是怎么一个情形，要求他这样去想一想亦行。

上述教育应当贯穿于对小孩的日常交流当中。当小孩犯错误时固然是要教育的，但是在平时的生活情景中，也可以进行潜移默化的教育。比如，给小孩买了一个喜欢吃的东西，可以这样说：××，爸爸（妈妈）给××买了喜欢吃的东西，××长大了是否会给爸爸（妈妈）买喜欢吃的东西呀？要小孩给予肯定的回答。又如，小孩在幼儿园取得好的评价，家长可以说：我们××得到了老师的表扬、肯定，很优秀呀！爸爸（妈妈）为××感到高兴（骄傲），我们××取得成绩有××老师的辛勤教育啊，老师辛苦了，我们，爸爸（妈妈）和××一起要感谢老师哦！等等。因此，感恩教育完全可以结合日常事件来展开。

3. 关于学习。①好奇心，3—5岁是一个人好奇心最强的时期，小孩遇到任何事情都会问个为什么，此时父母要给予积极回应。不能因为小孩问得太多而不耐烦，更不能训斥，特别是有时小孩问的问题把父母或大人给难住了，让父母或大人下不了台，此时更容易被训斥。这样做往往是父母把小孩的好奇心给灭掉了，“将来的科学家”也给培养没了。②如何给小孩讲故事。2岁以后甚至更早，家长就会给小孩讲故事，但到幼儿时成为最经常的事，而且幼儿时讲故事，小孩的反应最积极。通常可以指着故事书上的一个一个字来讲，或者是图画书图画下面的字来讲。到幼儿阶段，特别是5岁后，父母可以要求大人讲完故事，小孩要回讲一个给父母或大人听，可以是父母讲三个故事，小孩讲一个（讲三还一）。③小孩各类兴趣培养。到幼儿阶段，许多家长会给小孩报各类兴趣班，如钢琴班、舞蹈班、书法班、各种乐器班等。有学者反对7岁前小孩学书法。不过，是否或如何培养小孩的各种兴趣，看家长的意愿，一般以不违背小孩的意愿为前提。

4. 关于危险。此阶段小孩不知危险、不知高低，最容易出意外事件，父母或抚养人要注意照看；可能3岁时小孩就特别喜欢玩插头，要坚决制止，家长可采取严厉的态度来制止。

5. 关于攻击行为。3—6岁幼儿的侵犯行为（攻击行为）随年龄的增长而增加，但4岁时小孩出现身体攻击行为比3岁或5岁时多。[①] 对此父母或成人可平静地表明态度——不喜欢他的这个行为。如果小孩继续有攻击行为，家长或成人讲一两次后不予关注就可以了。“不予关注”，家长要学会这个教育技能。

三、阶段Ⅲ：6、7岁到11、12岁，儿童期

6、7岁到11、12岁，是儿童开始进入小学学习的时期。这是人生第三个大的阶段。小孩进入小学，学习成为他的主导活动。

小学时期是培养一个人对学习的兴趣与亲社会行为（道德行为）的关键阶段。这两个方面的培养与教育，将持续影响个体的一生。父母或抚养人必须重视对儿童学习兴趣与道德行为精心而有效的指导与教育。

1. 学习兴趣培养。初入小学的儿童，是培养学习兴趣的关键期。学习兴趣，首先是对学校的喜欢，包括学校的人、事和学习过程与内容。换言之，就是要引导儿童使之感到学校是个让人喜欢的地方，是有快乐的地方。然而，对学校的喜欢大多不是自然产生的，要父母或抚养人给予积极的引导。

怎么来引导呢？方法就是父母或抚养人每天花10分钟的时间，让小孩讲学校中令他或令人高兴的事，如老师的表扬、认识了新同学、同学中有趣的事、学了什么新体育活动，等等。小孩一开始往往认识不到这些令人快乐的事，此时家长要引导、启

---

① 林崇德主编：《发展心理学》（第二版），人民教育出版社2009年版，第232页。

发，而且对小孩说的高兴的事要充满热情，家长也要确实感到是令人高兴的，不能以冷漠的态度、无关的态度、完成任务的态度来对待小孩讲的高兴之事。如果小孩确实觉得今天说不出什么令他高兴的事，在小孩一年级上学期的后半学期或一年级下学期，家长可以问小孩今天语文学习了哪几个字、数学学习了哪个公式。等小孩说完学的字、公式，家长要充满高兴与自豪地说：我们的××，今天学会了哪几个、哪个公式，爸爸（妈妈）真为你感到高兴！真为你感到自豪！让小孩说学校高兴的事，可以称之为对学校学习的外在激励，而让小孩认识到学会几个字、学会数学公式而高兴、自豪，这是对掌握知识的直接激励，是对学习过程的直接激励，是一种对学习的内在激励。后一种激励是更为重要的。

父母与小孩的这 10 分钟交流，可以安排在饭前饭后，亦可以安排在睡觉前。坚持一段时间，小孩有时会主动跟父母交流学校中让他高兴的事。家长与子女或子女与家长的这种交流，是非常好的一种交流方式与内容。这种交流，家长要坚持 2—3 年，至少 2 年以上，而且每天（或每星期至少 4 天）都要做，不能“两天打鱼三天晒网”，想到了就交流一下，那是没有效果的。而且这种交流，至少在小孩三年级前进行，小孩年龄再大些来交流的话这个方式效果可能就不显著了。此时可以采用另外一种方式，那就是寻找小孩的兴趣点，把小孩的兴趣与学习紧密联系起来，让小孩认识到只有认真学习才能真正发展好他的兴趣。

2. 学习习惯培养。学习习惯主要包括两个方面，一是放学后做作业的习惯，二是书包的收拾。①关于做作业，小孩放学后是先做作业，还是先做其他事（如看电视、与同学玩、看课外书等）再完成作业？这个看情况，不一定强求，但一般可以先做作业。不过家长要掌握一条，小孩要在 8 点半或 9 点前完成作业然后上床睡觉。做其他事不能影响完成作业与按时睡觉。需要说明的是，放学后做作业，也可算是一个中国特色，一些国家在小学阶段是没有回家作业的。②关于书包的收拾，是家长帮忙收拾还是小孩自己收拾？在这一点上，家长要从小学一年级起就让小孩自己收拾学习用品，不要帮忙。一开始小孩常常会漏东西，怎么办？万一漏了东西，家长送到学校去，几次下来就不会漏掉了。收拾书包扩大一点，还有是收拾书桌。这个也要让小孩自己收拾。

3. 品德培养。小学时期最为关键。有研究认为，整个小学阶段是培养道德行为习惯的最佳期。[①] 好的品德（亦可称之为亲社会行为），如合作、分享、助人、关怀、利他等，要在小学阶段给予积极培养。助人即帮助他人，他人有同学、家人以及素不相识的人，特别如残疾人。如果家庭条件许可，当同学有困难时要给予力所能及的帮助；而与小孩一起去捐助是一个好办法。合作，是现代社会要培养的一个重要品质。有的小学在布置作业时有要求学生合作完成的课题，这是非常好的一个培养途径。同时，父母可以跟小孩讲讲要有合作精神，要知道自己的吃、穿、用的东西都是他人辛勤工作后才能得到与享用的，要感谢也要知道是他人合作劳动的结果；社会就是一个大合作的群体，没有合作办不了事。分享即与他人共同享用、享受。家里如果有兄弟姐妹或基本同龄的小孩，食物、各种用品都要懂得分享；还有是与同学的分享。关怀，要让小孩学会对家人与老师的关心、问候，以及同学之间的关心爱护。

小学儿童还有一个角色采择能力培养问题。角色采择，也称观点采择，是指儿童采取他人的观点来理解他人的思想与情感的

① 林崇德主编：《发展心理学》（第二版），人民教育出版社 2009 年版，第 316 页。

一种认知技能。这既是发展儿童社会性所需，也是发展儿童的人际关系所要求，还是培养小孩的道德品质所需要。家长与学校老师都有责任去培养儿童的这一能力。家长在培养时可以采用的方法，如常常要小孩从他人角度想一想，从同学、老师、父母角度，想想他们的观点、看法、情感、行为方式，等等。如果小孩一下子想不明白，家长可以给予指导，指出他人会怎么想、怎么做，会有什么样的想法与情感等，然后再让小孩想一想；以后碰到（类似）事件时要小孩自己去想一想，并告诉大人他的想象情况。

4. 对老师的态度。几乎每个学生在刚跨进小学校门时都对教师充满了崇拜和敬畏。小学低年级儿童100%认为要听老师的话。① 然而，随着年龄的增长，儿童的独立性和评价能力也随之增长起来。从三年级开始，儿童不再无条件地服从、信任教师了。他们对老师的态度开始变化，开始对教师作出评价，对不同的教师也表现出不同的喜好。如果小孩对老师的评价出现不尊重时，父母要给予指导，要求小孩尊重老师。尊师重教是中国的传统美德，不能丢。个别家长侮辱、殴打老师，少数家长在小孩面前贬低老师，都是不可取的，非常有害的。会给小孩带来非常大的不利影响，不仅会影响小孩的思想品德，而且会影响小孩对学习的态度、学习的积极性与兴趣。

小孩抱怨老师时如何教育？要从两个方面着手，一是指出小孩学得的知识是谁教的？是老师啊，所以一定要感谢老师的辛勤教育。二是老师要教育（备课、上课、批改作业、思想教育）、管理几十个学生，不是一两个学生，是非常辛苦的，要小孩理解老师的艰辛。

---

① 林崇德主编：《发展心理学》（第二版），人民教育出版社2009年版，第303页。

5. 与同学发生矛盾冲突的处理。小学阶段的儿童，相互间冲突，如打架常常会发生。家长该如何处理呢？首先，可由小孩自己去处理，教给他处理的方法，如跟同学沟通或退一步让让同学。其次，如果小孩自己处理后没有效果，可要求小孩跟老师汇报、沟通。最后，如果老师处理后没有效果，或者老师没有处理，此时家长可以出面，在小孩放学时与对方小孩以及家长去沟通一下。家长的态度应当是同学间友好相处，要成为好朋友，而不应当是指责对方，也不要去指责老师。

四、阶段Ⅳ：11、12 岁到 17、18 岁，青少年期

11、12 岁到 17、18 岁，是小孩进入初中、高中学习的时期。这是人生第四个大的阶段。其中 11、12 岁到 13、14 岁是初中阶段，称为青春期、少年期；14、15 岁到 17、18 岁是高中阶段，称为青年早期。这两个阶段的小孩已进入青春发育期，是小孩“离开”父母，走向社会、走向同伴的时期。

在青少年时期，重要的是对他们的人生观与价值观的指导与培育。

1. 关于学习。小学阶段形成的学习兴趣与良好学习习惯，在中学阶段能够得到继续发扬。也有少数小孩在小学时学习不怎么样，到中学阶段突然懂事了，开始对学习的投入，家长一定要抓住这个时机，积极鼓励与创造条件，为小孩的良好学习助力。一般地，小孩延承小学阶段的学习特征，初高中的学习按学校安排走就可以了，家长在其中往往只起协助、辅助作用，因为许多家长对初高中的学习已无法具体指导。当然有经验的家长在学习方法上可以做些指导。至于校外辅导班的选择，应当尊重小孩的选择，或学校老师的意见。

2. 关于思想教育。当小孩的年龄大于 12 岁后，父亲对小孩的影响作用大过母亲，父亲要承担起更多的教育责任。父亲（当然母亲也可以，没有父母则是监护人或小孩尊敬的人或学校老师）要跟小孩谈论今后的人生道路，即小孩今后准备做什么？要成为怎样的人？比如上什么样的大学（学什么专业），今后想从事什么样的工作，等等。小孩也往往有自己的打算，家长可以谈自己的意见，但也允许小孩保留自己的理想。同时，家长特别是父亲要跟小孩讲解是非观念、价值观念。是非、价值怎样？如何讲？在前面的案例中都有呈现了，这里不再赘述。

这一阶段的小孩，家长在与其谈话时，从表面上看往往是大人说话时小孩扭着头似乎不听，其实他们是听着的。因此，家长谈论问题时不要啰嗦，一个问题强调一两次就够了。当然，有关是非、价值观念的话题，小孩可能一下子掌握不了，那么要与事例相结合，可多重复几次。

3. 关于同伴。家长一定要关注并清楚小孩跟什么样的朋友、什么样的人在交往。可以请小孩的朋友到家来玩，买好东西或烧好吃的东西给他们吃。这样父母就清楚了小孩跟什么样的人在交往。除了家庭，同伴是青少年生活的另一个世界，有关社会生活方面的问题，如衣着、饮食、约会、毒品和娱乐等，他们更多的听从朋友的意见。①

4. 关于教育方式。在这个阶段，家长教育子女时一定注意要以平等的态度与他们说话；凡事商量，这也是处理这个阶段小孩“逆反心理”的办法。具体是：大人提方案，小孩选择，或者大人提出方案，与小孩讨论，双方达成一致后执行，双方都不能违反。如果违反，大小要道歉，小孩要承受一定处罚。处罚的事项最好与方案涉及的事项有关，如子女在玩电脑上违反协议，就以玩电脑的时间减少作为惩罚。

5. 关于处罚方法。幼儿园阶段、中小学阶段，处罚绝对不

---

① ［美］Curt R. Bartol、Anne M. Bartol 著：《犯罪心理学》（第七版），杨波、李林等译，中国轻工业出版社 2009 年版，第 46 页。

是打。怎么处罚？爱的一时性减少可以作为一个方法，如一天或二天对小孩的“忽视”。二是小孩最喜欢的事件给予暂停，如看电视暂停30分钟（低幼儿童）或一天、几天（中小学生），玩电脑暂停几天（中学生）。三是做额外的劳动且没有报酬，如倒垃圾一个星期等。正如龙应台在《孩子你慢慢来》中“触电的小牛”所写的，小孩子知道（小）朋友偷超市糖果，并与小朋友一起分享，这也是错的，是“共犯”。妈妈就要求小孩去向超市老板道歉，并罚小孩一星期不能出去玩，三天不准看电视，打扫花园（一星期）。偷糖果的邻居小孩也受到差不多的处罚。[①]这种处罚方法值得借鉴。

五、几个注意事项

1. 大人榜样的作用。在家庭教育中，家长的榜样作用非常重要。为什么知识分子家庭的小孩往往也是知书达理？因为父母本身知书达理。有的家长在家里经常性地“搬长城”，小孩耳濡目染，也许很小就学会了赌博；或者是吵闹之下无法学习，自然会厌学。家长要给孩子树立良好的榜样。在小孩子学习（成长）的重要阶段，作为家长要陪伴在侧，如中考时期，父母不能关起门来自己一味看电视，要陪伴在小孩身边但又不要影响小孩，看看报纸或者是打打毛衣也行。如果父母也一起看书自然是最好不过了，但是有的教育专家建议此时父母不要上电脑看或写东西，即父母不要用电脑。

2. 父母的沟通方式。在教育子女的整个过程中，父母的沟通方式都应当是民主的、协商式的，即平等、协商、尊重、和谐、有指导等。要把小孩当成一个平等交流的主体，把他当朋友看待。家长要放下身段与小孩说话，特别是低幼儿童。国外的家

---

① 龙应台著：《孩子你慢慢来》，生活、读书、新知三联书店2009年版，第122－127页。

长、幼儿园教师或大人与小孩说话时会蹲下身子，与小孩平视的高度，这是值得借鉴的。我们也看到，有的知识分子家庭出生的小孩也并非知书达理，这是因为这些家长的沟通方式出了问题，特别是小孩成长到青春期时相互沟通有问题，以专制的、少数可能是粗暴的方式对待小孩，加上小孩子的逆反心理，什么都对着干，就走向了知书达理的“反面”。

3. 最低限度的家庭教育。国外有学者认为，家庭在防控青少年犯罪上有决定性作用，家庭最低限度要做到四点：①父母或抚养人必须爱护子女；②父母或抚养人必须监督儿童的行为；③父母或抚养人必须鉴别出其中的不当行为；④当不良行为发生时，父母或抚养人必须能够惩罚并纠正这些不当的行为。①②

六、结论

在儿童的家庭教育方面，有以下几个关键点：

第一，3 岁前，父母的爱很重要；

第二，幼儿园阶段，感恩教育要抓紧；

第三，小学阶段，学习兴趣与品德培养最关键；

第四，初高中阶段，交友要关注，人生方向要明确。

---

① ［美］迈克尔·戈特弗里德森、特拉维斯·赫希著：《犯罪的一般理论》，吴宗宪、苏明月译，中国人民公安大学出版社 2009 年版，第 93 页。

② 曹立群、任昕主编：《犯罪学》，中国人民大学出版社 2008 年版，第 50 页。

2. 对矫正机构的启示
——违法人员犯罪原因分析与矫正途径

对犯罪人的矫正，首先应当清晰其犯罪的原因，即清晰造成某一个体去违法犯罪的内在与外在原因。针对犯罪原因来设计矫正方案、选择矫正方法，才能事半功倍。本书在分析个体犯罪原因的基础上，简要介绍分析犯罪原因的方法，并针对矫正机构（指监狱、未成年犯管教所、公安看守所、社区矫正机构与劳教机关）的特征，阐述这些单位工作人员所能开展的八项矫正工作与具体内容。

一、个体犯罪原因

造成人们违法犯罪的原因，不管是从宏观角度分析还是微观角度来看，都是纷繁复杂的。不同的犯罪个体，其犯罪原因各有差异，互不相同。然而，从对犯罪原因作简化但又符合逻辑的分析角度出发，个体违法犯罪的原因可分为主体外与主体内两个方面。具体是：

（一）主体外因素（又称社会环境因素）

主要包括：宏观社会环境因素与微观社会环境因素。

1. 宏观社会环境因素：政治环境、经济环境、文化环境、法制环境等。宏观社会环境因素与整个社会的犯罪率高低相关。

2. 微观社会环境因素：家庭环境、学校环境、社区邻里、工作单位等。这些环境因素对个体犯罪起着更为直接的作用。

（1）家庭问题与犯罪。首先，家庭结构缺陷与犯罪。因父母死亡、离婚、分居、遗弃、入狱等，致使父母一方或双方缺损。家庭结构缺陷会造成个体去违法犯罪，其中更主要的是在于因之而影响到家庭的两个功能，即因此而引发家庭教育功能的缺陷以及亲子关系的破坏。由于家庭结构缺陷，在世的父母一方可能花更多的精力到工作中以养家糊口，从而减少了对子女的教育，或者是由于家庭缺损影响在世父母的情绪，使之产生更多的负性情绪，破坏和谐的亲子关系，或者是两者共同作用，使得家庭既缺少了教育，又破坏了亲子关系。这些情形都使得子女没有从家庭中得到必要的教育，或者（又）在家庭中得不到温暖，迫使缺乏教育的小孩走向社会或（并）结交伙伴。由于这样的家庭影响在少年人身上常常积累与建构起负性的情绪与认知模式，因而走向社会就容易进一步吸收社会上的不良信息，如果去结交伙伴就容易在不良人群中寻找伙伴，或者是这样的一些人结成伙伴。如果在社会（包括学校）中得不到良好的引导与教育，不断吸收不良信息构建起不良的认知、态度与价值体系，最后可能发展成犯罪心理与犯罪团伙，也就很容易走上违法犯罪的道路。

其次，家庭教养方式不当与犯罪。家庭教养方式可分为溺爱、粗暴、专制、放任与民主五种类型。溺爱型的教养方式，表现为对小孩过分娇宠，情感过剩，理智不足。在父母与小孩的关系上，一是无原则满足，典型表现，如小孩要天上的月亮，父母也要摘下来给他；二是过分保护，自己小孩永远是对的，错的总是他人，不管是其他小孩甚至是学校老师。这种教养方式，会使青少年形成“缺陷型人格”。这一类型的人有四个主要的心理与行为特征：缺乏是非观念，以自我为中心，自私，承受挫折能力差。这些特征都是犯罪心理的构成内容。

粗暴型的教养方式，即父母或抚养人教育方法简单、粗暴，实行棍棒政策，认同“棍棒之下出孝子”，对小孩子犯错误时非打即骂，或者是父亲打、母亲骂，或者是父亲在时父亲打，父亲不在时母亲打，又或者是就父亲一人又打又骂。这种教养方式下成长起来的儿童，容易形成暴力型人格或顺从型人格。这是因为，父母是小孩的“第一任老师”，子女要从父母身上学习为人处世的方式。父母对事物处理的方式是粗暴的，子女也就容易以这样的方式来处理自己今后遇到的类似问题。还有的小孩为了避免父母的打骂，当反抗不可能时，就会采取一切听从父母的安排，自己不拿主意的策略，久而久之，就会形成顺从型人格。在粗暴的养育方式下，子女容易形成的不良品质有：撒谎，欺骗，追求眼前利益，或者是缺乏主见，被动顺从，依赖性强等。

放任型的教养方式，即父母或抚养人对子女教育放任不管，就像一棵小树苗，只施肥不修剪，让其任意成长。有的父母即使是小孩身上的错误行为也放任不予管教，丧失了家庭教育最基本的功能。在这种养育方式之下成长起来的儿童，其心理发展存在或好或坏两种发展方向，小孩成长的环境因素成为影响其心理发展的主因。从犯罪人家庭教养方式的调查情况看，还存在这样一种情形，即小孩由上一辈抚养，父母放任不管，而上一辈的养育方式却是溺爱型的，两类不良的养育方式共同作用于一个小孩身上，就非常容易造成个体不良心理的产生。

矛盾型的教养方式，即成年人之间教育态度、意见不一致，造成教养子女时一个说东、一个说西，一方肯定、另一方否定，使子女无所适从。抚养人之间教育意见不一致，有两种情形，一是父母之间教育意见不一致，二是父母与上一辈之间教育意见不一致。不管是哪一种情况，都会给儿童的心理发展带来不良影响。其结果是，一方面会使小孩在做人做事的标准上带来混乱；另一方面会使小孩形成“两面性”人格，因为小孩会把抚养人分成两拨人，在否定自己的一方人面前唯唯诺诺，或躲避拉远距离，在肯定自己的一方人面前撒娇泼辣，常常还会追求无原则的满足。如果抚养人在小孩教育态度上的矛盾在他们面前发生直接的冲突，对儿童心理的不良影响更甚。

民主型的教养方式，即抚养人在教育儿童时，以平等和谐与尊重的态度对待之，重视培养子女的自主意识，对子女的教育有协商、有指导。这样的养育方式能使儿童形成积极的人格品质。首先，民主型的沟通方式，容易让小孩接受抚养人的意见。其次，教养过程即，良好的沟通方式呈现的过程，让儿童学会正确的人际沟通模式。再次，培养起小孩的自主意识，学会负责、担当的品质，发展起儿童的责任心。最后，抚养人不放弃意见表达，是有指导的、有教育的，传输给小孩正确的观念与价值体系。家庭的教育功能、情感交流功能、良好的亲子关系在民主型教养方式的家庭中都能得到展现，是一种良好的教养方式。

(2) 学校教育问题与犯罪。首先，教育内容：重智育，轻德育。在学校教育内容上，专家学者给予广泛诟病的是“重智育，轻德育”的情形。由于片面追求升学率，考试成绩成为衡量学生及学校优劣的唯一标准或者是最重要的标准。学校以及学生唯学业成绩是瞻，只注重发展学生的智力成分，而忽视非智力因素的培养，道德教育得不到重视甚至被排除在外。更为严重的是，社会大众青睐重点学校，教师青睐学习成绩优秀者，对一般学校与学习成绩差的学生，方方面面都是持歧视或忽视的态度，给在一般学校学习的学生与工作的教师，以及学校中所谓的“差生”以极大的压力。教师不愿教，学生不愿学，必然造成学生厌学，甚至逃学。这不仅使这些学生未能完成社会化过程，而且混迹于社会，容易被他人引诱加入犯罪团伙，进行违法犯罪活动。重智育轻德育的另外一个结果，是造就了一批知识、智力上高能者，但在人格、品德上却是低下者。这些人学习成绩优异，在家受宠、在校受捧，在社会上似乎是特等公民。他们往往不注意品德修养与良好个性品质的培养，个人主义膨胀，自我中心严重，承受挫折能力差。有的对社会上的不良风气、不良文化和错误思想抵抗力脆弱，是非辨别能力差，容易受到消极影响，在某些外界诱因作用下，就容易产生违法犯罪心理。

其次，教育方法与态度：对“差生”、“双差生”忽视、冷落与放任，即学校教育方法和态度偏差对青少年犯罪心理的影响。在学校教育中，不适当的教育方法、不正确的教育态度，不仅不利于学生对知识的掌握，而且还会对受教育者的心理产生不利的影响。譬如，某些教师不能根据学生的心理特点来组织教学，教学方法死板缺乏灵活多样，造成学生对学习失去兴趣。又譬如，虽然教育主管部门三令五申不允许按学生成绩排名次，但是或者是“山高皇帝远”管不了，或者是阳奉阴违私下做，仍然有一些学校以学生考试成绩排名次的办法来考核教师或者以此督促学生学习，少数学校甚至对成绩靠后的学生劝退，以提高升学率。特别需要指出的是，一些教师对做学生细致的思想工作不情愿，当学生犯了错误，以布置学生写检讨书代替思想教育，或是简单、生硬地处罚了事。正如前面个案访谈中呈现的，有学校对犯了错误的学生，第一次犯错责令写检讨书，第二次犯错回家思过一星期并交检讨书，第三次犯错时就要求学生休学，把学龄儿童的教育责任推向了社会与家庭。不管是学习成绩差的学生，还是犯了错误的学生，一旦推向社会，很容易继续犯错或沾上行为恶习。这样只会使学生在错误道路上越走越远。

最后，学校管理：对学生中的不良现象不敢管理、放任自流。有的学校和教师忽视学生日常管理工作。特别是校风不正、学风不良的学校，常常会有学生在学校里打架斗殴、故意扰乱课堂秩序、热衷情爱不喜学习、相互攀比生活用品、搞游戏性质的赌博活动等不良行为，而学校及老师对此却放任自流，不予阻止与批评、监督，结果是不良习气在校内进一步蔓延。这不仅扰乱了正常的教学秩序，影响教育教学活动，而且使其中有的学生的不良行为进一步恶化，进而演变成恶习使其走向违法犯罪之路。

（3）社区邻里。个体的社会生活，除了家庭之外，很大一部分是在邻里和社区环境中度过的。它对个人的成长和个人的社会化有着广泛的影响。社区环境的好坏，直接影响到邻里和家庭，并通过邻里、家庭而影响到个人。如果社区文化建设好，邻里间相互关心，风气正，则使生活其中的人们形成积极、健康、向上的心理，并对社区中的青少年心理发展产生良好的影响效应。在我国某些村落中，许多人会从事某种犯罪活动，形成某类犯罪的高发区，如造假村、拐卖人口集中地等；城市主要是城郊结合部的社区，由于居住人员复杂，居住条件差，社会管理滞后，亚文化盛行，不仅容易成为犯罪的高发区，而且对居住其中的青少年的交往与心理都会产生不良影响，容易诱发他们产生犯罪心理。

邻里是由于居住地点的彼此靠近而形成的社会群体。在中国传统社会里，邻里群体发挥着重要的社会功能，如生产互助、守望相帮、情感交流、扶危济困，等等。邻里关系对犯罪有时有着直接的影响，对个体犯罪心理的形成起到一定的作用。邻里矛盾冲突容易使冲突双方发生激情犯罪。而邻里成员的犯罪活动，因模仿机制而使青少年仿效，造成青少年被不良心理传染、恶化，并最终会加入到团伙犯罪中去。

（4）工作单位。是指人们在其中工作的各种社会组织，如工厂、商店、学校、机关等。工作单位及其环境对人的价值观、行为方式等有着重要影响作用。然而，工作单位存在的某些不良因素，如管理不善、风气不正，人际关系障碍等，也会对其中的一些人产生消极影响，从而可能引发工作人员产生犯罪心理与实施犯罪行为。

单位管理不善主要包括规章制度不健全或有章不循、管理混乱等，使工作人员缺少必要的监督与约束。管理上的缺陷与漏洞，加上缺乏监督，往往会导致职业权力滥用和职业行为失控而引发犯罪行为。工作单位风气不正，歪风邪气盛行，往往会使工作人员思想混乱，从而使违法乱纪行为增多。特别是单位领导作风不正、行为不端、以权谋私，势必会强化某些人的自私自利心理，并仿效领导者的所作所为而产生非法侵占单位公共财物的犯罪心理和行为。工作单位人际关系障碍常常因利益冲突与纠纷而引起，如果没有及时处理或处理不当，则容易使矛盾激化而引发报复性犯罪行为。

在学校、社区邻里与工作单位因素中，都存在一个影响个体犯罪的重要因子——朋友。有犯罪经历的朋友对青少年是否会犯罪影响作用巨大。青少年由于辨别是非能力较弱，对学校、社区邻里或者工作单位中年龄相仿且“有权有势”的人容易产生崇拜心理，并产生盲目跟从的现象。这些青少年眼中所谓的“有权有势”的人物，可能是学校或社区中打架斗殴出名的人或帮派为首分子，甚至可能是黑社会性质的犯罪团伙人物。一旦以他们作为学习“榜样”、跟从对象，那么离自身去犯罪也就不远了。

（二）主体内（个体自身因素）

1. 生理因素，包括天生犯罪人与生理上的犯罪易感性。

（1）天生犯罪人。有学者把它与“反社会人格障碍”等同，称之为“现实原因不明的反社会人格”，又比喻为“心理上的高位截瘫病人”，他们一生都需要身边有人监督和控制。其特征是：行为问题出现始于早年（6—10 岁）；家庭背景基本正常；缺乏自然情感力；聪明且善谋划；肆意犯罪不会中止。并认为这样的人员在犯罪人群中所占比例约为 15%。①

笔者认为，天生犯罪人是人群中的极少数，可能是人性中“性恶”一面的外化表现，或者是个体在早年孕育或成长过程（1 岁或 3 岁前）中某个内在平衡机制受到抑制，它的最终表现

① 李玫瑾著：《犯罪心理研究——在犯罪防控中的作用》，中国人民公安大学出版社 2010 年版，第 55－58 页、第 63－66 页。

也许仍然是内外因交互作用的结果。

（2）犯罪易感性，即容易导致一个人走上犯罪道路的内在生理特质，如大脑半球不对称和缺陷，额叶功能障碍，脑电图异常，因孕产期造成的神经功能损伤，易患多动症的生理体质，等等。① 具有犯罪易感素质的人，在与社会环境交互作用过程中容易以消极的态度解释环境的刺激，并且容易吸收环境中的消极信息，并最终走向社会的“反面”。具有犯罪易感素质的人，在一个社会中仍然是人群中的少数。

2. 心理因素，包括犯罪人格、缺陷人格与犯罪心理素质三类。

（1）犯罪人格。个体在后天早年的社会化缺陷下造成的个人长期与违法生存方式相伴，或因违法犯罪而长期与监所为伍，在一种近犯罪化而非正常社会化的过程中形成的一种较稳定的犯罪倾向和犯罪个性特征。其形成模式是：早年不幸—违法—犯罪—处罚—异常生活方式—严重危害社会。其特征是：人生早年心理正常；基本社会化缺失；青春期有生存性违法；成年后犯罪升级；犯罪心理不可逆转；动机简单性质恶劣。有学者认为约占服刑人员的8%。②

（2）缺陷人格。在人格形成时期因抚养方式过于宠溺而造成的人格方式的严重缺陷，致使成年后出现持久性的社会适应障碍与行为问题。其特征有：是非观念不清、自私、以自我为中心、承受挫折能力差等。这是“养而不教、教而不当”造成的。

---

① ［美］Curt R. Bartol、Anne M. Bartol 著：《犯罪心理学》（第七版），杨波、李林等译，中国轻工业出版社 2009 年版，第 49－63 页。

② 李玫瑾著：《犯罪心理研究——在犯罪防控中的作用》，中国人民公安大学出版社 2010 年版，第 59－61 页、第 82－89 页。

有缺陷人格者占服刑人员的22%。[①]

（3）犯罪心理素质。首先，认知能力低下，其中最主要的是思维分析能力低下。从访谈中发现，犯罪人文化程度在小学四年级以下的，往往思维分析能力差，认知能力较为低下。这是因为小学四年级是儿童的思维发展从具体形象思维向抽象思维过渡的关键期，未能完成小学四年级教育者，抽象思维能力的发展受到阻滞。在现实中的表现则是对事对人的分析能力较差，被他人所左右，容易上当受骗；同时，在语言的组织上语词较为贫乏，常常词不达意。

其次，个性倾向不良。这表现为三个构件，即（低层次）需要恶性膨胀、是非价值观念不清、缺乏人生目标。大多数财产型罪犯表现为低层次需要的恶性膨胀，他们为了追求基本生存需要之外的物质满足，或者是早期人生经历中曾经遭受物质匮乏而发展出对物质的过分追求而犯罪。少数性犯罪者亦表现为低层次生理需求的恶性膨胀。而是非观念不清则是大多数犯罪共有的特征。缺乏人生目标在许多青少年犯罪人身上存在，不管他们的文化程度如何。

最后，自我控制能力低。表现为追求欲望的直接满足，追求刺激、冒险或紧张，不考虑长远利益，缺乏技能或计划性；不考虑别人的痛苦，用容易的或简单的方式来满足欲望；冲动、感觉迟钝、喜欢使用体力（而不是善于思考）、追求冒险、目光短浅和不善言谈。[②] 自我控制力低几乎可以解释所有犯罪现象，然而

---

① 李玫瑾著：《犯罪心理研究——在犯罪防控中的作用》，中国人民公安大学出版社2010年版，第55页。

② ［美］迈克尔·戈特弗里德森、特拉维斯·赫希著：《犯罪的一般理论》，吴宗宪、苏明月译，中国人民公安大学出版社2009年版，第13页。

暴力型犯罪、享乐型财产犯罪与追求一时性快乐犯罪似乎表现得更为明显。

二、了解与分析个体犯罪原因的方法

一般地，矫正工作人员或劳教警察了解与分析违法犯罪人员犯罪原因的方法主要有五种，即诊断访谈、心理测验、行为观察、自我陈述与亲属了解；除此之外，还有如查阅档案等方法可作为辅助方法。下面主要介绍其中的两种方法，也是最常用的方法，即诊断访谈与心理测验。

（一）诊断谈话

诊断访谈可分为三种类型，即结构式访谈、非结构式访谈与半结构式访谈。非结构性会谈，就是允许谈话者自由地重复问题、引入新问题、修改问题顺序等，并且随被谈对象的问题或思维的变化而变化。非结构性会谈需要会谈者有足够的经验、较高水平的技能和训练，尤其要熟练掌握相关的理论和概念，以及有关会谈的背景知识，因而对会谈者的要求较高。结构性会谈则是对于每一位来访者，给予预先固定的标准化问题，这样不同的会谈者可以得到同样的信息。会谈者根据预先制定的问题跟犯罪人谈话，并按要求做好记录，这样谈话经验不多的矫正工作人员或劳教警察亦可开展犯罪原因的诊断式会谈。介于两者之间的是半结构式访谈。

不管是结构式还是非结构式谈话，整个谈话调查可分为三个部分：谈话前准备、实施谈话、填写表格建立档案资料。这部分内容在附录中有详细阐述，在此仅作简要介绍。

1. 谈话的准备。主要是指矫正工作人员或劳教警察阅读有关违法犯罪人的文字、音像记录等材料。例如，谈话对象的判决书（决定书），违法犯罪人所写的自传，以及心理测验结果、观察记录、有关鉴定书等。

2. 谈话的实施。谈话应当包括以下内容：（1）进一步了解违法犯罪人员的背景信息。（2）要求对本次违法犯罪事实作简要陈述。例如，曾受到过刑事、行政处分，则需要对以往违法犯罪情况作详细了解。（3）谈话中还需要了解掌握的信息有：①家庭教养方式；②家庭经济情况；③父母兄弟姐妹或亲属犯罪情况；④已婚违法犯罪人的家庭与子女具体状况；⑤抚养与个体成长经历；⑥受教育情况；⑦（如有中学阶段）中学同伴交往情况；⑧社会交往情况；⑨工作就业情况；⑩曾经历以及目前是否有重大生活事件，如离婚、家庭重要亲人死亡、配偶死亡、夫妻分居、曾患重病或较严重受伤，等等。

3. 谈话资料建档。谈话结束，应当进行谈话回顾，并填写相应表格，建立资料档案。

亦可以按表格进行询问式谈话。具体表格见附件 1。

（二）心理测验

目前，我国矫正机构与劳教机关对违法犯罪人员开展的心理测验，使用的量表可分为通用量表和专用量表两种。通用量表是指矫正机构（及劳教所）和社会人士都可适用的心理测验量表，如明尼苏达多相人格量表（MMPI）、艾森克个性问卷（EPQ）等。专用量表是指专门用于对服刑人员、劳教人员进行心理测验而编制的针对性的量表，国外如历史/临床/风险控制量表（HCR－20）等。国内通用与专用量表开发都不多，矫正机构及劳教机关大多使用国外的通用量表。国内开发的专用量表主要有：中国服刑人员心理评估系统；服刑人员危险程度测评量表，心理认知行为综合量表[①]等。后两个量表由江苏省监狱系统研制，有其使用价值。不过，这些专用量表应当说都只是处于起步阶段，需要积累更多的经验与资料来完善。我国矫正机构与劳教机关应当重视违法犯罪人员专用量表的研制工作。

---

① 于爱荣主编：《罪犯个案矫正实务》，化学工业出版社 2011 年版。

对犯罪人心理特征的分析，有学者从犯罪心理学角度提出了有价值的诊断指标，[①] 矫正工作人员及劳教警察在与违法犯罪人谈话时可供参考。

1. 危险人格特征。危险人格指反社会人格（天生犯罪人）、犯罪人格与缺陷人格三类。

表1　危险人格分类及简要特征一览表

反社会人格 ——良知障碍者 ——后天原因不明显	1. 童年期6—12岁就有顽劣表现； 2. 家庭结构与功能基本正常； 3. 18岁前有重复违法的表现； 4. 不在乎亲情和家人感受； 5. 从不内疚或自责； 6. 成年初期即不断预谋犯罪； 7. 犯罪具有嚣张和狂妄的表现。
犯罪人格 ——情感障碍者 ——后天早年抚养残缺	1. 童年期曾有正常心理表现； 2. 依恋期内有被匮乏抚养的背景； 3. 有早年离家出走的经历； 4. 初期违法多有生存性特点； 5. 在乎亲情但表现冷漠和无情； 6. 成年后犯罪恶性逐渐升级； 7. 犯罪动机简单但手段残忍。
缺陷人格 ——性格障碍者 ——后天早年抚养宠溺	1. 青春期前心理表现基本正常； 2. 依恋期有被宠溺抚养的背景； 3. 初期违法多有任性的特点； 4. 在乎亲情但以自我为中心； 5. 虚荣，好算计取巧； 6. 成年后遇机会犯罪并重复； 7. 犯罪具有功利目的与投机表现。

---

① 李玫瑾著：《犯罪心理研究——在犯罪防控中的作用》，中国人民公安大学出版社2010年版。

2. 危险人格识别参考指标

表 2 反社会人格早期识别参考指标

	问　　题	填　　写
1	在 6—12 岁就出现破坏或骚扰他人（包括亲人）的行为*	是□；　否□
2	顽劣，屡教不改并重复不良行为	是□；　否□
3	从小一直生活在自己父母身旁*	是□；　否□
4	父母均无劣迹，老实本分	是□；　否□
5	父母齐全，家庭生活基本正常	是□；　否□
6	父母对其从小就有管教，但无效	是□；　否□
7	小学时期老师也曾管教，但无效	是□；　否□
8	警察曾接触教育过，但无效	是□；　否□
9	18 岁前有超过 3 次被送到派出所或被警察教育过的记录*	是□；　否□
10	在居住区或所在的学校具有品行不良的名声*	是□；　否□
11	在 18 岁前有过违法行为	是□；　否□
12	在 16—25 岁期间有过刑事记录*	是□；　否□
注：对当事人成年后的表现还可结合表 1 列举的 7 个特征考虑。在上述指标中，某人符合的指标越多就越有接近性。		

表 3 犯罪人格识别参考指标

	问　　题	填　　写
1	在 17 岁前就独自离家外出	是□；　否□
2	有流浪乞讨、流落街头的经历	是□；　否□
3	父母不全，或从不照顾*	是□；　否□
4	营养不良，发育明显瘦小	是□；　否□
5	有的在 14—18 岁有过违法记录	是□；　否□
6	28 岁前有犯罪处罚记录	是□；　否□
7	现在仍然居无定所	是□；　否□

续表

	问　题	填　写
8	不能从事稳定的工作	是□；　否□
9	习惯独自行动并流动性生活	是□；　否□
10	25 岁之后仍无婚姻	是□；　否□
11	具有不止 1 次的处罚经历	是□；　否□
12	已经服刑的时间累计在 10 年左右的经历	是□；　否□
注：与职业乞讨人员的区别主要在于他们 28 岁前有过刑事处罚记录。犯罪类型属于生存类（非激情类）。此外，具有 11—12 条者其犯罪人格危险性加重。		

表 4　缺陷人格识别参考指标

	问　题	填　写
1	不良行为出现时间较晚，多在 12 岁之后	是□；　否□
2	大多有与祖辈共同生活的背景	是□；　否□
3	母亲多无职业	是□；　否□
4	多为家中的晚生子	是□；　否□
5	与人亲近，讨好，但不真诚	是□；　否□
6	有学习能力但不愿学习，有厌（逃）学的表现	是□；　否□
7	喜欢游手好闲	是□；　否□
8	会欺负对他好的人（如奶奶、爷爷、妈妈或妻子）	是□；　否□
9	不愿吃苦，许多工作干不了，眼高手低	是□；　否□
10	不能被批评，尤其在家里脾气大	是□；　否□
11	无工作时有过违法行为	是□；　否□
12	即使依赖他人找到工作也不能胜任	是□；　否□
13	即使结婚也容易出现婚姻危机，夫妻不和	是□；　否□
注：犯罪类型多为习惯型或机会型，如惯偷、惯骗、机会型强奸（如奸幼）等。有轻案类型，如小偷小摸、家庭暴力等；也有重案类型，多为盗杀、奸杀等。		

对犯罪人的心理测验，另外一个可以使用的量表是生活事件量表，[①] 以分析违法犯罪人成长过程中所遭受的重大生活事件对其心理发展的影响。

在谈话、阅读各种资料及测量之后，要进行分析、归纳并得出诊断结论——明确犯因性问题。诊断结论分为三个方面，即犯因性生理、心理与社会环境三方面因素。犯因性生理因素主要包括天生犯罪人特征与犯罪易感性生理特质。犯因性心理因素主要是犯罪人格、缺陷人格、犯罪心理素质等。犯因性社会因素包括宏观社会环境中的问题与事件，家庭、学校教育偏差，社区邻里以及工作单位中的不良氛围等。这三方面因素都要根据每一个犯罪人的情况作进一步的具体化。然而，不管是犯因性生理、心理因素，还是社会环境因素，都是较为复杂的，特别是社会环境因素，影响广泛、间接且繁多。矫正人员在评估时注意从犯罪人个体层面去作分析把握，力求全面。

三、我们能做什么

从矫正角度分析，造成个体犯罪的某些宏观因素以及大多数微观因素，矫正机构或劳教机关常常是无能为力的，没有途径与办法去干预。比如，一个国家的政治、经济环境，非矫正机构及劳教机关能左右；甚至犯罪人的学校教育环境、社区邻里，亦非矫正机构及劳教机关所能干预，因为像学校教育，已成为过去，无法再干预，而犯罪人所在的社区邻里，监禁型矫正机构及劳教机关亦鞭长莫及或者是不适合做干预，社区矫正机构对此可以发挥一定的作用。因此，总的来看，矫正机构或劳教机关所能施加影响的、直接可以作用其身的是违法犯罪人员本身；可以起一定作用的是违法犯罪人员的家庭，因为矫正工作人员或劳教警察可

① 汪向东等：《心理卫生评定量表手册》（增订版），中国心理卫生杂志社 1999 年版，第 101－106 页。

以预约或在违法犯罪人员接见时与其家庭成员进行交流沟通，提出要求，以期产生符合个体再社会化要求的家庭教育与互动方式而实现干预之目的。

然而，进一步分析矫正机构或劳教机关对违法犯罪人员的干预内容，从目前现实情况看，犯罪人个体内在的生理因素常常难以改变或者是目前的科学技术还无能为力。对犯罪人神经系统或内在生化过程作干预，难度、风险以及法律许可上都存在一定问题。如此看来，矫正工作人员或者劳教警察矫正工作所能做的，主要是干预犯罪人的犯罪心理因素。那么，如何来实现这一工作目标呢？笔者认为，只有采取分类帮扶策略才能达到。

1. 天生犯罪人与犯罪易感性生理特质者：只有看护或给予针对性多体系治疗。天生犯罪人，因形成机理不明，针对性矫正难以设计与组织，或者是反社会人格障碍者需要专业的、高成本的矫正，因而对已犯罪判刑的天生犯罪人采取监禁的策略为上策。未犯罪时或者是刑满释放后，只有家庭和社会帮教人员、社区矫正人员采用看护的办法，对天生犯罪人给予终生的监督与控制。① 对于犯罪易感性生理特质的违法犯罪人员，设计针对其生理特质的治疗方案是选择之一。例如，对于多动和注意力缺失障碍的犯罪人，除了考虑医学治疗之外，最好采用多元化的治疗策略。② 这亦是一个相当专业化与高成本的矫正过程。

2. 犯罪人格者：矫治 + 关心 + 就业 + 婚姻。对具有犯罪人格的违法犯罪人员的矫正，应当采用综合的矫正策略。由于犯罪人格的形成主要是由于早年抚养残缺或者是社会化缺陷所造成，

---

① 李玫瑾著：《犯罪心理研究——在犯罪防控中的作用》，中国人民公安大学出版社 2010 年版，第 57 页。

② ［美］Curt R. Bartol，Anne M. Bartol 著：《犯罪心理学》（第七版），杨波、李林等译，中国轻工业出版社 2009 年版，第 57 页。

常常是一个情感障碍者，因此对他们的矫正，首先，还是要实施强制再社会化过程，使他们逐步接受知识、技能，建立规范意识，明确自身的社会角色。其次，给予积极的关心、照顾，给予情感关怀，使他们能够体会到人与人之间积极的情绪情感；这种体验不是一时性的或者是一次性的，而是经常地、长期性地得到体验。再次，在刑满释放前以及释放后，要有系统性的帮教；监禁型矫正机构与社会相关部门要做好接茬帮教工作，实现无缝对接。从关心他们的就业开始，在有了一个较为稳定的工作之后，还要关心他们的婚姻状况，能够建立或（并）维持好家庭；如果已有的工作不能维持家庭及支出，还要给予安排社会救助等。最后，缓慢地使他们能够实现自食其力，融入社会成为社会的一分子。这样改造（矫正）就获得了成功。

3. 缺陷人格与犯罪心理素质者：针对性矫正。这是矫正机构与劳教机关重点工作对象。对他们开展的各项教育矫正活动与内容之中，建立是非观念最重要。教育活动与内容主要包括以下八个方面。这八个方面的教育内容，在本书前述案例中都有呈现。

（1）认罪服法教育。这是开展其他教育改造活动的基础。在教育的内容方面，主要有：法律知识教育；犯罪危害、犯罪后果教育；守法意识培养。在教育的方式上，主要有集体教育与个别教育，以及将心比心、典型示范式教育方法。

（2）是非观念（是非判断标准）教育。违法犯罪人的是非观念常常是不清楚甚至是颠倒的。正是由于错误的是非观念，造成他们其他的思想与行为问题。是非观念可以说是违法犯罪人犯罪心理的核心内容。因此，是非观念教育非常重要，矫正工作人员和劳教警察一定要重视是非观念的教育工作。要注意讲清楚什么称之为“是”、什么称之为“非”。是非观念的核心是“是否损害他人利益”。损害他人利益或者社会（集体与国家）利益的思想与行为，就是“非”；而有利于他人、有利于社会的思想与行为是有价值的、是正确的。在教育方法上可采用内涵讲解、反复引导、结合事例讲解、日常生活运用与督促，并注意运用违法犯罪人员相互启发式教育。由于违法犯罪人员文化程度较低，特别是小学四年级以下的，内涵讲解时一定要结合具体事例来分析。教育时要特别注意，犯罪人在服刑或劳教生活中常常会发生是非不清的事件，这正是开展是非观念教育的良机，并且不管是做对的一方，还是做错的一方，都可从中得到教育与收获。在教育方式上可采用个别谈话与团体辅导的方式。

（3）做人要有底线。底线两条：道德“底线”与法律“底线”。要教育服刑人员与劳教人员明白，法律底线是“高压线”，是碰不得的；违反必受罚。可以联系犯罪事实与判决事实作教育。在法律“底线”教育中要结合开展法制观念教育。

（4）控制欲望。欲望无止境。要教育违法犯罪人员明白欲望与能力的关系：有多大能力，满足多大欲望；欲望要与能力相称、相适应。欲望超过了自身能力，就容易走向违法犯罪。当个体明白欲望与能力的关系后，还要讲解一个家庭或者作为个人要如何来理财。

（5）增强自我控制力。主要途径有：一是建立是非标准，要注意阐明自我控制力与是非观念的关系；二是要向服刑人员提出做事三思而后行的要求；三是教给一些自我控制的具体方法，如采用默念词语、冲动转移、增强修养等。增强违法犯罪人员的自我控制力是非常重要的。矫正工作人员和劳教警察务必注意要对违法犯罪人开展这一方面的教育与训练。

（6）调整就业预期。要向违法犯罪人员讲清，目前我国大学生的就业指导思想是：“先就业、后择业、再创业”，因此违法犯罪人员也应当树立这样的就业观念，特别是要调整就业预期，改变急于致富心理。从对浙江省若干个司法局的调研来看，只要刑满释放人员或解教人员愿意工作，司法局都可给予安排。然而，有的刑满释放人员提出少于3000元每月的工作不做。目前浙江省司法局往往安排不了这样的工作。因此，调整就业预期，“先就业”观念很重要。

（7）对家庭要珍惜与呵护。对长刑期的服刑人员，能够存续家庭的，一定要让他们懂得去珍惜完整的家庭。要教育服刑人员或劳教人员，特别是男性，对家庭要做到“信任、忠诚与责任”。这是建立与维护家庭的基本要求。以爱情为基础的婚姻，以及夫妻双方做到信任与忠诚，是美满婚姻的两块最重要的基石。

（8）对交友要做到“择友”。要告诉服刑人员或劳教人员，在刑满释放或解除劳教后，不能再与正在违法犯罪的人结交，要坚决避开。这不仅是犯罪学研究的一个基本结论；也是在对司法局的现实调研中一个最基本的反馈，因为回归社会后的刑释人员与解教人员，再回到原来的“朋友”圈中，这是他们重新违法犯罪的最主要原因。对择友的教育，要注意教给交友的辩证观，即应当指出如果曾经违法犯罪的人现在已经真诚悔改了，可以交往。

附　录

1. 违法犯罪人员矫正性谈话构想

对违法人员开展个别谈话教育，是矫正机构对每个矫正工作人员的基本要求。一段时间以来，个别谈话教育在矫正机构中有弱化的倾向，并且少数矫正人员对个别谈话技术认识不清晰、掌握不到位。笔者认为，一方面要继续重视个别谈话教育，提升矫正人员个别谈话教育的水平，另一方面要创新个别谈话教育的内涵，向矫正性谈话教育发展，从而提升整个矫正工作的质量与水平。

个别谈话教育与下面所要阐述的矫正性谈话教育，既存在一定的联系但又有一些区别。本书在阐明两者之间关系的同时，对矫正性谈话的含义与结构、方法与步骤作深入的分析，以帮助矫正人员理解、掌握好矫正性谈话方式。

一、个别谈话的分类

个别谈话根据不同标准可分为不同类型。具体有：

（一）按谈话内容来分类，可分为探究性谈话、评估性谈话、管理性谈话、解释性谈话、沟通性谈话与矫正性谈话六类

探究性谈话是一种研究性谈话，是专业人员根据研究设计需要，对违法人员开展的、围绕某一研究主题收集相关资料的谈话

类型。评估性谈话是为了解违法人员的心理状况而作的谈话，是心理评估与诊断过程中运用的谈话类型。管理性谈话是为了保证违法人员遵守矫正机构或社区矫正以及劳动教养所的相关规定而开展的谈话，以实现对违法人员的有效管理为目的。解释性谈话是为了给违法人员更好理解矫正机构或社区矫正以及劳教所的法律法规、相关规定而作的谈话。而沟通性谈话主要是为了满足违法人员的情绪情感需要所作的谈话，是一种情感沟通型谈话。

矫正人员在开展个别谈话时，上述各种谈话类型往往是交杂在一起的。一次谈话往往既有管理性谈话，也会有沟通性谈话，或者是解释性谈话、矫正性谈话等。

（二）按矫正人员主动性情况，可分为约谈式谈话与接谈式谈话

约谈式谈话是指矫正工作人员根据个别教育方案和违法人员实际，有目的地找违法人员个别谈话，及时、全面了解违法人员思想动态和行为表现，以采取针对性对策的一种方法。接谈式谈话是指违法人员主动要求找矫正人员谈话，矫正人员接谈的一种方法。

（三）按谈话性质分，可分为表扬性谈话、批评性谈话与陈述性谈话

表扬性谈话是指对违法人员表达肯定性评价的过程；而批评性谈话是向违法人员表达否定性评价的过程。陈述性谈话是指向违法人员客观陈述某个事实的谈话过程。

二、矫正性谈话的含义

矫正性谈话，是指矫正机构工作人员根据某一或某些学科理论，针对违法人员的犯罪心理（错误思想）、人生困惑、成长障碍以及不良行为习惯等缺陷或犯因性问题所作的指导性谈话。准确理解矫正性谈话内涵，需要明确以下几点：

第一，矫正性谈话所依据的理论，可以是社会学科或自然学

科的任何理论，如哲学、法学、社会学、犯罪学、教育学、心理学、管理学、医学，或者是物理学、化学等理论，并以它们作为理论指导。而本书所述的矫正性谈话，主要是指以心理学理论为基础。矫正人员对所依据的理论要有较为全面深入的了解。

第二，矫正机构除了监狱、未成年犯管教所，还包括公安看守所、社区矫正机构，以及劳动教养机关。矫正机构工作人员是指在上述机构从事对违法人员进行教育矫正工作的人员。而矫正性谈话的对象——违法犯罪人员，除了服刑人员（监狱、未成年犯管教所、社区矫正与公安看守所的服刑人员）之外，还有劳动教养人员。

第三，矫正性谈话，一般是矫正人员与违法人员一对一的、面对面的个别性谈话。而且，矫正性谈话一般一次作为一个完整单元，即明确问题、分析问题到解决问题（指导）一次完成。如果问题特别复杂，或一次谈话后发现还有问题遗留，可进行再一次谈话。但每次谈话相对独立，每次谈话都针对一个或几个问题进行指导，力求解决。正因如此，一次矫正性谈话往往需要较长时间。

第四，矫正性谈话强调谈话双方的平等性。矫正人员不能高高在上，谈话语气、姿势与谈话情景设置都要体现出平等性。

第五，矫正性谈话是一种能够触及违法人员内在思想（心理）问题的谈话；要突出教育指导性，而不是因为管理的需要。凡是为了管理而进行的谈话，如违法人员相互争吵打架，矫正人员找其谈话告知要按规定扣分，并要求遵守规定今后不许再出现，不属于矫正性谈话。但是，如果违法人员违规违纪或者又犯罪等行为暴露出他们的犯罪心理、错误思想，矫正人员针对暴露出的问题而进行的有效指导，则属于矫正性谈话。因此，问题──→以理论为基础的指导，是矫正性谈话的核心内容。

第六，实施个别化矫正方案。违法犯罪人员的犯罪心理

（错误思想）和不良行为习惯并非一朝一夕形成，因此仅仅通过一两次矫正性谈话，往往难以建立起其正确的是非观念、人生价值，改变其不良的思维方式与行为习惯，提高认知能力与自我控制能力。可以说，矫正性谈话主要指出了违法犯罪人员存在的思想与行为问题，以及指导性的解决办法。但是改正这些问题，建立良性思维与行为，需要反复体会与练习。因此，应当设计并实施个别化矫正方案。个别化矫正、分类矫治、集体教育相结合的教育矫正模式，是转变违法人员犯罪思维方式与不良行为习惯，习得社会技能，建立是非观念的有效的现代矫正模式。有学者认为，在服刑中期，个别教育目标应定位于抓好罪犯反复性教育……要在罪犯思想出现反复之后，有针对性地进行反复教育。[1]然而，仅仅是进行反复性的个别教育，特别是个别谈话教育，没有跟进实施个别化矫正工作，个别教育效果将事倍功半。另有监狱工作者认为，个别谈话要严格执行“十必谈”制度；要对个别谈话次数提出要求——监区警察对分管罪犯每月至少谈一次，监区领导每月不少于5次，禁闭罪犯每周谈话教育两次等；要实行个别谈话日制度。[2]上述观点所指个别谈话主要是指管理性谈话；而对违法犯罪人员的矫正性谈话，一般来说，每一个体谈几次明确其存在的问题就可以了。要实现对违法犯罪人员的有效矫正，应当实施个别化矫正方案。

个别化矫正，是现代行刑的基本要求，也是社区矫正的基本途径，而矫正性谈话是个别矫正的基本手段与主要方法之一。对违法人员开展有针对性的矫正谈话，是推动他们深入思考自身犯罪原因，从而去纠正错误思想与不良行为，实现改造目的的基本途径。从事矫正工作的人员要重视掌握这一方法。

三、矫正性谈话与个别教育的关系

个别教育是指针对违法人员个体的特殊问题而采取的一种单独的面对面的教育活动。[3]当我们对个别教育的内涵进行拓展，按照现代行刑理念解释与理解个别教育的含义，强调个别教育对违法人员的错误思想的矫正作用时，矫正性谈话成为个别教育的构成部分。

有学者认为，个别教育的具体方法主要有个别谈话法、个别感化法与个别训练法。[4]也有学者认为（监狱）个别教育的基本方法是个别谈话法与顽危犯攻坚工作。[5]还有学者认为，（监狱）个别教育的形式主要有谈话法、感化法、咨询法和罪犯自我教育法。[6]因此，个别谈话法是个别教育的主要方法之一。根据司法部的有关规定，违法人员（罪犯）出现10种情形时必须进行个别谈话教育：新入监或者服刑监狱、监区变更时；处遇变更或者劳动岗位调换时；受到奖励或者惩处时；罪犯之间产生矛盾或者发生冲突时；离监探亲前后或者家庭出现变故时；无人会见或者家人长时间不与其联络时；行为反常、情绪异常时；主动要求谈话时；暂予监外执行、假释或者刑满释放出监前；其他需要进行个别谈话教育的。分析上述10种谈话情形，其中的大多数情况，如新入监或监区变更的谈话、离监探亲谈话、劳动岗位调换谈话等，谈话的内容一般是解释有关规定，阐明事项原因，谈话的目的是希望罪犯能够安心这种变化，服从监狱的安排与管理。这些谈话笔者称之为解释性谈话与管理性谈话。而当罪犯行为反常、情绪异常或者相互发生冲突时实施的谈话，一般会触及罪犯的内在思想，当矫正人员运用某种理论做指导进行这类谈话时，属于矫正性谈话的范畴。因此，个别谈话教育与矫正性谈话教育之间存在交叉关系，两者之间有一定的共同性。这种共同性表现为：一是个别谈话法与矫正性谈话都是解决违法人员思想（心理）问题的方法；二是两者都是一对一、面对面的交流过程。

然而，矫正性谈话与个别谈话教育之间存在一定的差异性。一是矫正性谈话强调以理论为基础所作的指导。这是两者之间最主要的区别。矫正性谈话过程中以及结束前所作的指导都强调以学科理论作基础；而到目前为止学者们有关个别谈话教育的论述在理论指导性上没有得到应有的重视。二是矫正性谈话强调谈话的灵活机动性。有学者在论述个别谈话教育时指出，在谈话之前要通过查阅档案、检查信件、分析思想汇报材料、深入三大现场观察了解等方法研究罪犯基本情况，从中发现问题，明确找谁谈、为什么谈、谈什么、达到什么目的，并在调查研究基础上制定谈话方案。[7]另有学者认为，个别谈话教育要充分准备：掌握个体情况，确定谈话目的和主题，形成对策预案；谈话时要把握时机：要在出工前收工后休息时谈，碰到影响改造事情时谈，如上述司法部规定的 10 种情形。[8]还有学者设置了个别教育环节：吃透情况，设计方案；选择最适合的地点、场合和时机；以情动人，打开心窗；联之以身，诲之以理；因人而异，辩证施教；警钟长鸣，巩固成果。[9]这些学者从不同角度对个别谈话教育进行了较为全面的论述，对开展个别谈话教育提出了诸多要求。这丰富了人们对个别谈话教育的认识。但是，在实际操作中，面对复杂多样的违法犯罪人，以及常常是各有差异的犯罪个体原因，或者是违法人员主动求解思想（心理）困惑的时候，矫正人员在谈话时往往是满足不了上述学者所述情况，而只能运用和依靠矫正者所掌握的理论知识与解决问题的技能，灵活机动、及时准确、现场解决的方式，进行个别化的矫正谈话教育才可能奏效。这是矫正性谈话生命力的体现。强调现场指导式的矫正性谈话，也必将促进矫正工作人员提高内在素质与解决问题的能力，造就一支特别能战斗的矫正队伍。

四、矫正性谈话与心理咨询（治疗）的关系

（一）矫正性谈话与心理咨询（治疗）的联系

首先，矫正性谈话与心理咨询（治疗）都是矫正机构开展教育矫正的组成部分。当矫正性谈话以心理学理论为基础开展时，往往构成心理咨询（治疗），特别是强调指导性的咨询方法，[10]如认知行为疗法的一个部分。其次，矫正性谈话与心理咨询（治疗）都要求以一定的理论作为工作基础。最后，矫正性谈话与心理咨询（治疗）在收集资料中有基本相同的程序。

（二）矫正性谈话与心理咨询（治疗）的区别

1. 两者所依据的理论不同。矫正性谈话可以所有的学科理论作基础；而心理咨询（治疗）所依据的是心理学的理论与技术。

2. 工作人员不同。开展矫正性谈话的工作人员，是矫正机构内从事矫正工作的所有人员；而心理咨询（治疗）一般只能由矫正机构或社会上的心理学工作者承担。

3. 工作程序存在差异。矫正性谈话，一次或数次，每次都是一个独立单元；心理咨询或治疗，一般是数次，甚至数十次或更多，数次谈话之间存在递进关系，呈现出一定的程序性。例如，首先是建立咨询关系，其次是收集资料与对资料的分析，然后是评估与诊断，最后是制定咨询（治疗）方案，[11]并按步实施等。

五、矫正性谈话的结构

对违法人员开展的矫正性谈话，包括三个部分：矫正性谈话的准备、矫正性谈话的实施与资料建档。

（一）矫正性谈话的准备

矫正性谈话亦重视谈话前的准备工作。这主要是指矫正人员阅读有关违法人员的文字、音像记录等材料，如谈话对象的判决书，违法人员所写的自传，以及矫正机构对违法人员所实施的心理测验结果、观察记录、有关鉴定书（如出监鉴定），等等。阅读的结果，是形成对违法人员的初步印象，确定大致谈话方向，明确在谈话中需要进一步了解的信息。

笔者认为，要求违法人员撰写自传是一个在矫正工作中应当考虑的工作项目。这不仅能够促使他们去认真回顾自己的一生经历，总结经验教训，而且也是矫正人员了解违法人员历史与思想的有效方法之一。对违法人员撰写自传应当提出一定的要求，如要独立完成（对文化程度低的违法人员，可以采用口述他人记录的方式），并且对自传的构成提出要求，包括：背景信息、判决结果、成长经历（含就学经历）、就业情况、前科情况、作案详细经过（作案到被捕经历）、看守所表现、对自身犯罪原因的认识、矫正经历（处在社区矫正阶段的人员或者曾有矫正经历的人要求写出“矫正经历”）等九个部分。矫正人员对违法人员自传中的信息要注意鉴别。

目前，我国矫正机构工作人员所能阅读到的有关违法人员的信息资料较少，也不全面。例如，写自传也只是部分矫正机构的要求；观察记录不一定有；有关鉴定书所能提供的信息量也很少。矫正机构工作人员有时只有一份判决书或劳教决定书可阅读。因此，矫正人员谈话前的准备，往往不够充分。矫正谈话所需要的信息，常常要在谈话过程中有步骤地去收集。

另外，矫正性谈话的准备还包括矫正人员的身心准备。一方面，矫正人员要有解决违法人员的思想或心理问题的愿意，要有在矫正岗位上做出贡献的职业精神。另一方面，矫正性谈话从明确问题、分析问题到解决问题（指导）一次完成，是一件较为耗费心力的事，要求矫正人员在谈话过程中高度集中注意力，所以需要矫正人员有良好的精神状态。

（二）矫正性谈话的实施

矫正性谈话应当包括以下内容（步骤）：

1. 进一步了解违法人员的背景信息（年龄、籍贯、民族、婚姻状况、文化程度、家庭构成、出生地、居住地等）。

2. 要求对违法事实作简要陈述。主要是听取违法人员对犯罪事实的描述与认识评价，是客观描述还是辩解（推向客观化）甚至隐瞒。辩解可能是大多数违法人员的特征，而职务犯与惯累犯可能更为严重，甚至隐瞒部分犯罪事实。对隐瞒的可在谈话中即时指出，以端正谈话态度。

3. 矫正性谈话中还需要了解的信息有：①家庭教养方式，如家庭监管情况与教育态度（详细了解）；②父母兄弟姐妹或亲属犯罪情况（稍详细了解）；③家庭经济、住房情况，已婚服刑人员家庭与子女情况（简要了解）；④抚养及成长过程（详细了解）；⑤受教育情况（主要是小学、中学学习情况），以了解其认知与智力水平，与教师的互动情况（都需详细了解）；如是大学文化程度，对大学学习情况作简要了解；⑥青春期（初中与高中）同伴交往情况，以明了同龄人对其影响（稍详细了解）；⑦社会交往情况，特别是交往的朋友中是否有犯罪的（稍详细了解）；⑧工作就业情况（简要了解）；⑨曾经历的重大生活事件，如离婚、家庭重要亲人死亡、配偶死亡、夫妻分居、曾患重病或较严重受伤、婚姻变化情况、职业变化情况等（稍详细了解）；⑩（如有）矫正经历详细了解（劳教违法事实与执行情况，刑罚处分与执行情况，其他处分，如拘留、工读学校等情况）。

上述步骤与内容要求谈话者熟记于心。当然不是说非要严格按上述步骤去谈，而是谈话时这些信息要逐步收集，从而实现对违法人员的全面了解，并找准其存在的问题。

4. 根据准备阶段和前几步谈话过程中所了解到的信息，结合矫正者的理论知识，矫正者头脑中形成违法人员的问题症结及针对性指导意见，以符合逻辑结构的清晰语言表达给违法人员。这一步是见证矫正人员理论知识水平与分析、综合能力的环节，是整个矫正性谈话的核心与关键。

第4步中对违法人员的针对性指导可分为两类。一是矫正性指导，是指对违法人员的犯罪心理（错误思想）、不良行为习惯等所提出的改正性要求；二是发展性指导，是指违法人员已经对造成其犯罪的原因有了较为正确的认识，为了促进违法人员进一步或全面发展而提出的成长性要求或建议。两类指导可能相互转换，如学习的要求，对小学四年级及以下文化程度的违法人员，应当是矫正性指导，而对初中及以上文化程度的违法人员，一般是发展性指导。在矫正性谈话中，既可以有矫正性指导，又可以有发展性指导，但首先应当是矫正性指导，要把矫正性指导放在首位。

矫正性谈话是否有效，从违法人员的反应即可当场得到反映。如果矫正性谈话触及了违法人员的思想灵魂，被谈话者则反应激烈，或者感谢溢于言表。因为许多违法人员自身处于困顿、迷茫之中，矫正者谈话引起他们顿悟之感、豁然开朗之感，会引起被谈话者的喜悦、欢欣之情，也可能引发被谈话者的愤怒、惊讶之情。

矫正者从违法人员的反应，得到矫正性谈话的效果反馈。如果效果不良，则应即时进行调整，反思归纳出的问题是否具有针对性，阐述是否明晰，特别是否符合违法人员的认知水平，即违法人员是否能听得懂，等等。找到问题，如能即时改进则马上实施；如一时找不到解决之策，则结束谈话，然后进行深入的反思分析，并准备下一次矫正性谈话。

（三）矫正性谈话的资料建档

每次矫正性谈话结束，应当进行谈话回顾，或者根据录音录像整理（录音录像原则上要征得访谈对象同意），并填写相应表格，构成个别化矫正档案的一部分。

矫正性谈话的完整单元至此结束。不过，当矫正档案积累到一定量后，可以进行定性定量的分析研究，获取规律性结论，为我国矫正工作的理论与实践服务。

对矫正性谈话后所应填写的表格，笔者设计了表 1 至表 7。这些表格主要是针对监禁中的服刑人员所设计，如果是劳教人员或社区矫正对象，有的表格中的项目应作适当改动。

表1　个人与家庭基本情况表

姓名		性别		出生年月	
籍贯		出生地		民族	
受教育情况①					
父母情况	双方健在	父亲已故	母亲已故	都已去世	
父母婚姻情况	无离异		离异后（未）再婚		
父母、兄弟姐妹、亲属违法处分情况					
子女情况②	儿子 女儿	子女违法违纪受处分情况			
主要居住地	城市居民小区	城乡结合部或租房	乡村		

注①：记载实际受教育情况，如小学三年级，初中二年级等。

注②：注明子女年龄、受教育程度、婚姻状况。

填表人：　　　　　　　　　　　　　　　　年　月　日

表2　抚养与教育情况表

<table>
<tr><td>姓名</td><td colspan="3"></td><td colspan="2">出生年月</td><td></td></tr>
<tr><td>抚养人</td><td>父母</td><td>祖父母</td><td colspan="2">其他人（注明）</td><td colspan="2"></td></tr>
<tr><td colspan="2">抚养人经济状况</td><td>温饱不能解决</td><td>温饱</td><td colspan="2">经济条件好</td><td>富裕</td></tr>
<tr><td>家庭教育方式</td><td>无教育</td><td>专制型</td><td>民主型</td><td>溺爱型</td><td colspan="2">注重学习不重品德</td></tr>
<tr><td>小学学习与行为表现</td><td colspan="6">成绩（好、一般、差及变化情况）：
亲社会行为表现（合作、助人、分享等）：
不良行为表现（撒谎、打架、逃学、考试作弊、吸烟等）：
学业完成情况（是否辍学）：
与教师互动情况：①</td></tr>
<tr><td>中学学习与行为表现</td><td colspan="6">成绩：
对学校的评价：
学业完成情况（是否辍学）：
与教师互动情况：
同伴交往情况：②</td></tr>
<tr><td>大学学习与行为表现</td><td colspan="6">成绩：
行为表现：
恋爱：
就业：</td></tr>
</table>

注①：指教师对学生行为表现的关注与处理。

注②：有无朋友，朋友状况（与犯罪朋友的交往，常常是个体走上犯罪道路的起点）。

填表人：　　　　　　　　　　　　　　　　　　　　年　月　日

表3 就业及交友情况

姓名		出生年月		
工作状况	有固定工作		无固定工作	
（固定）工作单位与岗位及报酬				
（无固定）工作经历及大致收入				
主要休闲方式	赌博	打牌（无钱）	看电视、上网	其他（注明）：
交友情况	朋友多且交往频繁	有交友但不太频繁	基本没有	无任何朋友
朋友情况	朋友都是犯过罪或被处罚的	朋友中有犯罪或处罚经历	朋友中没有犯罪与处罚的	

填表人：　　　　　　　　　　　　年　月　日

表4 生理心理评估

姓名		出生年月		
以往患过的主要疾病				
是否曾有确诊的精神病患				
入监后心理评估结果	心理异常		心理正常	
	心理健康状况：			
	人格、能力等心理评估结果：			

填表人：　　　　　　　　　　　　年　月　日

表5　处分经历与认知

<table>
<tr><td>姓名</td><td></td><td>出生年月</td><td></td></tr>
<tr><td>学龄前不良行为表现及年龄</td><td colspan="3"></td></tr>
<tr><td>小学与中学</td><td colspan="3">受处分事项及年龄：
原因：
对处分的认识：</td></tr>
<tr><td>工读学校</td><td colspan="3">年龄与学习时间：
原因：
学习评价：</td></tr>
<tr><td colspan="4">曾被劳动教养情况（如有多次都需填写）：
案别（罪错）：　　　　年龄：　　　　教期：
实际劳教时间：
违法事实：

矫正经历：

对违法与矫正的认识：</td></tr>
<tr><td colspan="4">曾经受刑事处分情况（如有多次都需填写）：
案由：　　　　年龄：　　　　刑期：
实际服刑时间：
简要犯罪事实与经过：

矫正经历：

对犯罪及矫正的认识：</td></tr>
</table>

填表人：　　　　　　　　　　　　　　　　年　月　日

表6　本次犯罪及服刑情况表

<table>
<tr><td>姓名</td><td></td><td>出生年月</td><td colspan="3"></td></tr>
<tr><td>案由</td><td></td><td>刑期</td><td colspan="3">（　　年　月—　　年　月）</td></tr>
<tr><td>主从犯</td><td></td><td colspan="2">已服刑时间</td><td colspan="2">年　　月</td></tr>
<tr><td colspan="2">同案犯情况（姓名、性别、年龄）</td><td colspan="4"></td></tr>
<tr><td colspan="6">犯罪事实与经过摘要：</td></tr>
<tr><td colspan="6">对犯罪与判决的认识：</td></tr>
<tr><td colspan="6">服刑思想行为表现（奖励或立功、严重违规违纪或又犯罪及原因单独注明）：</td></tr>
</table>

填表人：　　　　　　　　　　　　年　　月　　日

表 7　矫正性谈话摘要

谈话人（签名）：

被谈话人		出生年月	
案由		刑期	（　年　月—　年　月）
已服刑时间	年　月		
谈话时间	年　月　日 时　分—　时　分	谈话地点	
对被谈话人存在问题的分析（纲要性）：			
矫正性谈话指导要点：			
被谈话人对谈话内容的反应：			
谈话所依据的具体理论：			
本次谈话小结：			
需要进一步实施的矫正项目或治疗建议：			

参考文献

［1］［3］［4］［7］王秉中主编：《罪犯教育学》，群众出版社2003年版，第236－237，230，241－244，242页。

［2］蒋才洪等著：《监狱精细化管理》，法律出版社2010年版，第172－177页。

［5］［8］应朝雄编著：《监狱分监区工作实务》，中国政法大学出版社2006年版，第118页，第118－119页。

［6］王祖清、赵卫宽主编：《罪犯教育学》，金城出版社2003年版，第109页。

［9］周雨臣著：《罪犯教育专论》，群众出版社2010年版，第203页。

［10］郭念峰主编：《心理咨询师（三级）》，民族出版社2005年版，第90页。

［11］郭念峰主编：《心理咨询师（基础知识）》，民族出版社2005年版，第424－426页。

2. 调查问卷

调查问卷

各位学员：你好！

欢迎你参加本次调查。为了更好地了解家庭、学校、社会管理等方面的情况与个体犯罪的关系，课题组设计了本次调查。请你仔细阅读下面的问题，对照自己的实际情况，实事求是地独立作出回答。题目有选择题（除特殊说明外都是单选题）与填空题；选择题把答案前的序号写到括号内即可。问卷不记名，并且对问卷及其内容进行保密。你的回答不会对你的改造生活带来任何不良影响，请放心作答。

××课题组

××××年×月×日

1. 你的性别：(　　)。①男；②女。

2. 你出生于____________年____________月。

3. 你的出生地是____________省____________市。

4. 你的民族是____________。

5. 你的案由（罪错）是____________；你的刑期（教期）多少？________年________月或无期（　　）、死缓（　　）。

6. 你在社会上时：(　　)。

①有固定工作；②有临时工作或不固定的工作；③无任何工作。

6.1　如你做过工，则第一次做工的年龄是________岁。

7. 你被捕（或劳教）前住的地方是：（　　）。

①农村；②乡镇；③县城；④除上述地方外的城市。

8. 你的户籍是：（　　）。

①农村户口；②居民户口。

9. 你的兄弟姐妹情况是：（　　）。

①独生子女，无兄弟姐妹；②有兄弟姐妹。

10. 你的婚姻情况是：（　　）。

①未婚；②已婚；③离婚；④其他。

11. 你的子女情况是：（　　）。

①无子女；②有子女。

12. 你实际学习年限是（　　）。

①小学三年级及以下；②小学四年级；③小学五年级；④小学六年级；⑤初中一年级；⑥初中二年级；⑦初中三年级；⑧高中一年级；⑨高中二年级；⑩高中三年级；⑪其他（请填写）____________。

13. 你交友情况是：（　　）。

①无朋友；②说不上是朋友但有相互来往较多的人；③有一般性的朋友；④有知心朋友；⑤既有知心朋友又有一般性朋友。

13.1　如果你有朋友或有来往较多的人，则是：（　　）。

①交往的人或朋友中没有违法犯罪的；②交往的人或朋友中有违法犯罪的。

14. 你小学以前或 7 岁前的主要抚养人（共同生活）是：（　　）。

①父母（含其中一方）；②爷爷奶奶（含其中一方）；③外公外婆（含其中一方）；④其他人（请填写）____________。

15. 你在小学阶段或 7 岁至 12、13 岁的主要抚养人是：（　　）。

①父母（含其中一方）；②爷爷奶奶（含其中一方）；③外公外婆（含其中一方）；④其他人（请填写）____________。

16. 你在初中阶段或 13、14 岁至 16、17 岁的主要抚养人是：(　　)。

①父母（含其中一方）；②爷爷奶奶（含其中一方）；③外公外婆（含其中一方）；④其他人（请填写）＿＿＿＿＿＿。

17. 你不读书后到（第一次）违法犯罪前主要是：(　　)。

①在家玩；②在本县做工或做生意；③在本县外但在本省做工或做生意；④到外省做工或做生意；⑤其他（请填写）＿＿＿＿＿＿。

18. 你父母情况是：(　　)。

①父母都在世；②父母一方已去世；③父母双方都已去世。

19. 你父亲的文化程度是：(　　)；你母亲的文化程度是：(　　)。

①文盲；②小学或小学未毕业；③初中未毕业；④初中；⑤高中（中专/技校）；⑥大专（高职）；⑦本科及以上。

20. 你父亲的工作情况是：(　　)；你母亲的工作情况是(　　)。

①有固定工作或已退休；②有临时工作或不固定的工作；③无任何工作；④已去世。

21. 你父母是：(　　)。

①父母都无犯罪情况；②父母一方或双方曾因犯罪被处罚过。

22. 你父母或抚养人对你的教育主要是：(　　)。

①管吃饱饭，其他不太管（放任不管的）；②打骂为主；③大小事都由他们决定（专制的）；④只要你提出的要求都能得到满足（溺爱的）；⑤跟你商量为主（民主式的）；⑥大人把你当朋友看待（朋友式的）。

23. 你的家庭教育常常是(　　)。

①父母相互意见不一致；②父母与爷爷奶奶或外公外婆意见

不一致；③大人们意见基本一致。

24. 你父母或抚养人在日常生活中是（　　）。

①经常相互吵架；②关系冷淡；③相互分居；④和睦相处。

25. 你在学校读书时，老师对你的教育情况总体是：（　　）。

①除上课外几乎没什么思想教育；②犯了错误只有批评或处罚；③犯错误批评或教育几次后就不管了；④只要犯了错误都会给你讲道理；⑤文化知识、思想教育都有。

26. 你在 7 岁至 12、13 岁或小学阶段有下列哪些行为？（可多选）（　　　　）。

①经常抽烟；②偷窃；③考试作弊；④经常撒谎；⑤经常上网；⑥曾多次通宵上网；⑦多次打架；⑧有过性行为；⑨赌博；⑩多次逃学；⑪酗酒；⑫欺负同级或低年级同学；⑬离家出走；⑭吸毒；⑮破坏公共财产；⑯其他（请填写）__________；⑰无上述行为。

27. 你在 13、14 岁至 16、17 岁或初中阶段有下列哪些行为？（可多选）（　　　　）。

①经常抽烟；②偷窃；③考试作弊；④经常撒谎；⑤经常上网；⑥曾多次通宵上网；⑦多次打架；⑧有过性行为；⑨赌博；⑩多次逃学；⑪酗酒；⑫欺负同级或低年级同学；⑬离家出走；⑭吸毒；⑮破坏公共财产；⑯其他（请填写）__________；⑰无上述行为。

28. 你家庭经济情况是（　　）。

①富裕；②经济条件较好；③温饱；④温饱不能解决。

29. 你在小学阶段的学习成绩是（　　）。

①中上；②中等；③中下。

30. 你在初中阶段的学习成绩是（　　）。

①中上；②中等；③中下；④没上初中。

31. 你的学习成绩变化情况是（　　）。

①由好变差；②由差变好；③成绩一直以来没多大变化；④没上学。

32. 你父母或其中一方相信“棍棒之下出孝子”。(　　)

①是；②否。

33. 你父母或其中一方当你犯错误时非打即骂。(　　)

①是；②否。

34. 你认为自己现在进监狱或劳教所还是幸运的，如果在外面可能犯更大的事。(　　)

①是；②否。

35. 小时候父母即使跟你说很多做人的道理，你仍然会去做违法犯罪的事。(　　)

①是；②不是；③父母亲说不了什么道理。

36. 学校老师即使说很多做人的道理，你也听不进去。(　　)

①是；②不是。

37. 即使第一次违法犯罪被抓，你仍然会做第二次，第三次。(　　)

①是；②不是。

38. 你第一次被刑事拘留或劳教的年龄是__________岁，案由（或罪错）是__________。

39. 除这次判刑（劳教）外，你还曾经劳教__________次，判刑__________次。

40. 请写下每次劳教时间，教期，是什么罪错；以及每次判刑的刑期，判的什么罪。

（从调查的实施过程看，有的项目违法犯罪人在回答时不能准确理解，需要主试作现场解答，这表明有的项目需要修改——笔者注）